콘텐츠자본의 시대

그리고 인간과 비인간의 공생

콘텐츠자본의 시대
그리고 인간과 비인간의 공생

초판 1쇄 발행 | 2025년 3월 5일

지은이 | 유승호

펴낸곳 | 도서출판 따비
펴낸이 | 박성경
편   집 | 신수진, 정우진
디자인 | 이수정

출판등록 | 2009년 5월 4일 제2010-000256호
주소 | 서울시 마포구 월드컵로28길 6(성산동, 3층)
전화 | 02-326-3897
팩스 | 02-6919-1277
메일 | tabibooks@hotmail.com
인쇄 · 제본 | 영신사

ISBN 979-11-92169-49-1 93300

책값은 뒤표지에 있습니다.

콘텐츠 자본의 시대

유승호 지음

그리고 인간과 비인간의 공생

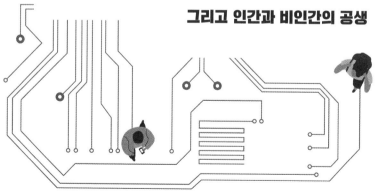

따비

차례

콘텐츠가
둘러싼 사회

1

"열심히 일해서 많이 벌자."

인간이 일하는 가장 근본적인 동기는 수입이다. 수입은 생존과 생계에 필수적이다. 그런데 생존과 생계에 필요한 만큼 벌었으면 그만 일해도 되지만 그럼에도 불구하고 인간은 계속 열심히 일한다. 이 지점부터는 생존과 생계를 넘어선, 다른 동기가 작동한다. 이른바 자아실현이다. 표현을 바꾸어 '내가 원하는 소비를 위해서'라고 하는 편이 명확할 것이다. 내가 하고 싶은 소비는 늘 불어나기만 할 뿐 좀처럼 줄어들 줄 모르는 데, 이를 계속 추적해가다 보면 결국 마주하는 것이 있다. 바로 '내가 원하는 나의 이미지'다. 내가 원하는 나의 이미지에 도달하기 위해 나는 계속 소비한다. 이것이 현대인의 노동 동기이며 또한 자아실현의 과정이다.

그렇다면 인간이 되고자 하는 이미지는 무엇이었을까? 이것은 시대와 장소에 따라 달라졌다. 자본주의 초기의 유럽 프로테스탄트protestant에게 그 이미지는 천국으로 가는 자신의 영혼이었다. 오늘날 현대인이 꿈꾸는 그들의 이미지는 인생을 즐기며 타인에게 인정받는 삶이다. 내가 원하는 '나의 이미지'를 프로테스탄트는 내세의 삶에, 지금 사람들은 현세의 삶에 투영하고 있다. 현대는 '세속화'된 사회다. 세속화란 고귀함과 성스러움보다는 현세의 쾌락이 가장 중요한 가치가 되는 현상이지만, 그렇다고 세속화가 성스러움 자체를 버린 것은 아니다. 오히려 세속화는 성스러움의 대상을 천국의 영혼에서 현세의 개인으로 옮겨 왔다.

현대의 개인은 각각 하나의 신성이 되었다. 더 이상 신의 복종자가 아닌, 개인 자체가 숭배받는 대상이 된 것이다. 개체성을 가진 개인의 자유가 가장 중요한 가치로 떠올랐다. 그러면서 각 개인이 현세에서 누리는 '삶의 즐거움'도 숭배의 대상이 되었다. 개인과 개인의 즐거움이 숭배의 대상이 되려면 나 자신뿐만 아니라 타인 역시 신성화되어야 한다. 나의 즐거움이 타인의 인정으로부터 유래하기 때문이다.

2

일과 소비는 현대사회에서 인간 개인을 평가하는 가장 중요한 잣대다. 인간성조차 일과 소비로부터 추측된다. 일을 잘 처리하거나 윤리적인 소비를 하는 사람은 인간성도 좋으리라 판단한다. 이 시대에는 '부자' 역시 그렇다. 부자는 능력에 인성까지 갖춘 '완벽한 사람'의 이미지를 가지기 때문이다. '악착'이나 '수전노'에서 연상되던 부자의 이미지는 어느덧 사라졌다. 이제 부자는 타인의 주목을 끄는 센스 있는 사람의 이미지를 갖는다.

정반대의 흐름도 있다. 돈을 위해 열심히 일하는 삶의 가치가 낮아졌다. 수입 바로 아래, 비중 있는 자리를 '자기 생활의 가치'가 차지했다. 일과 삶의 균형을 뜻하는 워라밸work-life balance이 등장한 것이다. 좋은 직장의 기준에 연봉 다음으로 워라밸이 올랐다. 좋은 직장의 정의에서 최근 가장 크게 부상한 요소이기도 하다. 워라밸이 중요해진 이유는 시간이 새로운 가치로 떠올랐기 때문이다. 소위 '시간주권'이다. 자신의 삶, 자신의 소비를 기획하고 실행하려는 이들이 늘어남에 따라 퇴근 후 함께 모이는 회식은 줄어들었고 저녁 시간은 각자의 취향에 따라 선택된 콘텐츠로 채워졌다.

업무 외에는 다른 할 일이 특별하게 없었던 세대, 그래서 일 중독자가 될 수밖에 없었던 세대와 다른 세대가 등장했다. 이들에게 여가는 직접 기획하는 시간이며, 그렇게 보낸 시간은 곧 자신의 인생 내러티브가 된다. 그래서 시간가치의 부상은 곧 자아의 부상이고, 자율성의 부상이다. 자율성은 타인으로부터의 강제가 아닌 소통하고 인정받고 싶은 개인의 욕망과 직접 연결된다. 직장과 업무에서 소통이 중요해지는 것도 그 연장선에 있다. 이렇게 본다면 시간, 자율, 인정, 소통이 모두 같은 선상에서 새로운 가치로 부상한 것이다. 그렇다면 이런 변화의 근저에는 무엇이 작동하고 있는 것일까? 무엇이 의식의 변화를 초래한 것일까?

3

지금의 청년 세대를 가리켜 '외로운 세대'라고 한다. 홀로 방 안에 머무는 청년이 많다는 것이다. 이른바 '고립의 시대'다. 정말 지금 세대는 이전 세대보다 더 외로워졌을까? 외로움은 사실 주관적인 감정이다. 적막한 시골보다 사람이 많은 도시에서 외로움을 더 크게 느끼기도 하니까 말이다. 오히려 많이 소통하는 시대여서 더 외롭게 느낄 수도 있다. 외로움을 타는 사람은 사회성이 높은 사람이라고 하지 않는가.

청년들은 이전보다 더 고립되어 있고 외로움은 몸으로 느끼는 통증만큼이나 인간을 힘들게 한다. 그러나 홀로 있는 청년을 두고 무기력하다고만 보는 것은 고정관념과 선입견일 뿐이다. 성인들이

"골방에서 기도하라."고 하고, "홀로 고요한 곳에서 생각하라."고 한 것은 다 그럴 만한 이유가 있어서다. 고정관념은 대부분 편견이며 편견은 없던 사실도 만들어낸다. 어느 누구라도 색안경을 끼고 보려 들면 문제가 있게 마련이고, 그것이 증폭되면 '사회적 사실'이 된다.

지금 우리는 어디서든 가장 넓은 가상 세계로 접속할 수 있다. 당장 한 시대를 풍미하는 일론 머스크도, 젠슨 황도 젊은 시절 자기 방에서 홀로 게임에 빠져 지낸 시절이 있지 않았던가. 그들은 그 시간을 가리켜 자신의 인생 항로를 결정하는 중요한 계기이자 사건이었다고 콕 집어 말한다. 그들은 고독한 개인의 이미지를 떠올리며 가상 세계에 접속했다. 그들이 가상 세계에서 보낸 시간은 수동적으로 소비한 시간이 아니었다. 그들은 가상 세계에서 겪은 경험을 현실로 가져와 다시 적용하고 활용했다. 이들과 같은 방식의 삶이 인정되는 사회가 있다면, 그 사회는 '수많은 종류의 독특한 사람들'에게도 지지를 보낼 것이다.

그래도 한국 사회에서 방 안에만 계속 머물러 있다는 것은, 스크린만 계속 보고 있다는 것은 여전히 염려스러운 일로 여겨진다. 이런 염려를 깨고 활기 넘치는 사회를 만드는 아주 간단한 방법이 있다. 홀로 방 안에 있던 사람을 끄집어내 바깥 공기를 맡게 해주는 간단한 방법은, 그들이 바라보는 방 안의 작은 스크린을 엄청나게 거대한 스크린으로 바꾸는 것이다. 이 거대한 스크린을 운동장과 경기장, 도시의 광장에 걸면 된다.

그러면, 방 안에서만 스크린을 쳐다보던 사람들이 경기장에 놓인 스크린을 보기 위해 모여들 것이다. 그렇게 e스포츠가 만들어졌고, 팝업스토어가 생겨났고, 또 양양의 서핑 비치가 만들어졌다. 방에만 있던 사람들이 벌떡 일어나 뛰쳐나와 모이면 그곳은 곧 핫플레이스가 된다. 주변에 마음 놓고 소리 지르며 함께 놀 만한 운동장이 전혀 없는 지금의 청년 세대에게, 그래서 방 안에서 게임과 SNS, 유튜브로 세상과 만나는 청년들에게, 활기 넘치는 거리와 장소를 선사하는 것은 그런 시도들이다.

4

사실 지금은 유사 이래 가장 많은 만남과 소통, 대화가 이루어지는 초연결의 시대다. 하루 종일 소통과 만남을 이어가는 세대들의 시대다. 무선이어폰을 끼고 혼자 걸어가면서 허공에 대고 얘기하는 사람들은 이제 평범한 풍경이다. 10여 년 전만 하더라도 이상한 사람 취급을 받았을 것이다.

이제 온라인이 사람들이 만나는 채널의 하나로 완전히 자리 잡았다. 토요일 오전, 시내의 큰 카페들에서는 처음 보는 사람들의 모임이 여기저기 펼쳐진다. 첫 대면은 어색하나 조금만 시간이 지나면 자신의 얘기를 곧바로 쏟아낸다. 온라인에서 소통하다 오프라인에서 처음으로 만나는 사람들의 모습이다. 그래서 더 가벼운 만남일 수 있지만, 그 만남이 구름처럼 가볍다고 해서 의미 없다고 폄훼할 수 있을까? 이미 많은 학자가 "약한 유대가 강한 유대보다 더 강하다."는 것을 증명해온바, 비대면 관계를 쉽게 비하하는 것은 성급한 판단을 넘어 잘못된 판단이다.

지금 중요한 것은 이러한 새로운 형식의 만남에서, 특히 SNS, 유튜브, 게임 같은 콘텐츠를 기반으로 벌어지고 있는 무수한 만남에서 무슨 일인가가 벌어지고 있다는 것이다. 그 속에서 새로운 행동과 관습, 윤리들이 생성되고 있고, 이런 조짐들이 모여 만들어내는 파동이 확산일로에 있다. 그 변화의 핵심은 이 새로운 만남이 기존의 만남과는 완전히 다른 형식으로 이루어진다는 점이다.

그 만남에는 인간과 인간의 만남에 직접 개입하는 비인간이 있다. 가상공간에서 인간은 다양한 종류의 비인간을 만나고 네트워킹하면서 새로운 관계의 형식을 만들어내고 있다.

사실 비인간은 오래전부터 인간의 특성을 결정해왔다. 브로델 Fernand Braudel(1902~1985)은 '장기 지속의 역사'를 논하며 특정한 물리적 환경에 장기적으로 영향을 받는 민족이나 집단이 있다고 했다. 항구에 사는 인간은 개방적이고, 산지에 사는 인간은 보수적인 특성을 갖는 경우가 많다는 식이다. 우리 역시 시대를 관통하는 특정한 물리적 환경으로부터 영향을 받는다. 그것은 바로 지리적으로는 '비대해진 수도권'이고, 문화적으로는 '스마트폰, 유튜브, SNS, 게임'이다.

이 환경은 우리가 어릴 때부터 가장 많은 시간을 보내고 소통하는 '사회 물리적 환경'이 되어 우리 일상생활을 지배하고 있다. 예전에는 전 세계로 뻗어나갈 수 있는 항구나 도로 같은 지리적 환경이 큰 영향력을 미쳤다면, 지금은 높은 건물과 자동차가 점령한 빽빽한 밀도의 도시 속에서 전 세계와 연결되는 스마트폰과 그 속에 담긴 콘텐츠가 영향력을 발휘하고 있다.

5

한국의 청년 세대는 스마트기기와 그것들이 제공하는 콘텐츠에 둘러싸여 있다. OTT와 게임, 케이팝과 유튜브, SNS는 우리 뇌와 신경을 끊임없이 자극한다. 뇌와 신경은 가소성을 갖고 있어서 특정한 환경에 적응하며, 한번 적응된 구조는 변인이 사라져도 그대로 유지되고 유전까지 된다. 다시 예전으로 환원되지 않는 것이다. 이러한 가소성 이론과 후성 유전을 적용해보면, 청소년 시절부터 스마트기기를 통해 다른 사람, 다른 세계와 접촉했던 감각은 뇌와 신경계에 축적된다는 것을 알 수 있다. 콘텐츠 환경이 뇌와 신경의 구조까지 바꾸어놓는 것이다. 그렇게 콘텐츠는 지난 20년간 한국인의 의식과 사고를 잠식했다.

지난 20년 동안 콘텐츠가 우리의 뇌와 신경구조를 변화시킨 결과는 무엇일까? 그것은 바로 인간들 사이에 끼어든 비인간이 이제 인간의 자리를 대신하거나, 때로는 인간보다 우위에 서게 될 수도 있게 되었다는 것이다. 한마디로 인간-비인간 네트워크의 시대다. 비인간은 캐릭터, 인형, 버튜버, 로봇, 반려동물 등 언제 어디서나 인간이 관계를 맺으려는 이미지, 사물, 동식물 등 그 어떤 것도 될 수 있다.

콘텐츠의 부상은 이러한 인간-비인간의 네트워크가 새롭게 생성되고 있음을 보여주는 지표다. 콘텐츠를 감상함으로써 그 안에 존재하는 이미지와 캐릭터 그리고 그들의 이야기를 경험하게 되고, 그렇게 알게 된 모든 것이 기억에 남는다. 콘텐츠를 경험하는 시간은 지나가고, 그 뒤 뇌리에 남는 것은 비인간이다. 심지어 스타라고 불리는 '진짜 인간'도 콘텐츠 속 이미지로 비인간이 되어야만 자신이 원하는 '일반인들'과의 압도적인 관계를 맺을 수 있다. 이미지일 뿐인 캐릭터와 나의 관계는 다 콘텐츠 속의 스토리들, 몸짓들, 시선들, 언어들이 맺어준 것이다. 나의 외로움도, 즐거움도 이들 비인간과의 연결로 손쉽게 해결된다. 비인간이 끼면서 인간과 인간의 직접적인 만남은 줄어들기도 하고 촉발되기도 하지만, 어떤 방향이든 인간과 비인간의 관계는 더 깊어진다.

인간과 비인간의 관계에는 인간과 인간의 관계와는 완전히 다른 측면이 존재한다. 경험의 과정에서 자기 주도성과 통제력은 늘어나며, 또한 정서적이고 물리적인 안전판이 작동한다는 점이다. 인간이 비인간과 네트워킹할 때 비인간의 반응은 참으로 매력적이다. 비인간은 피곤해하지도 지겨워하지도 않는다. 또한 상호 관계 상실로부터 받는 상처에 대한 걱정도 없다. 비인간들이 보이는 이미지에는 폭력이나 강압보다 감언甘言과 수용이 언제 어디서나 큰 비중을 차지한다. 이 시대가 예측 불가능한 위험사회임을 전제한다면 안전판의 확보는 가장 중요한 행위 동기 중 하나다. 그래서 안전판에 의지하게 된다.

6

콘텐츠가 인간에게 제공하는 편익은 자본주의의 모순을 해결한다. 자본주의의 생산적 모순은 과잉생산과 과소소비 간의 충돌이고, 문화적 모순은 금욕과 쾌락 간의 충돌이다. 쾌락은 소비를 보장하지만, 금욕은 생산을 보장한다. 그래서 자본주의에 사는 현대인은 낮에는 '성실한 금욕자', 밤에는 '고삐 풀린 탐닉자'가 되어야 한다.

그런데 이런 모순의 상황에서 콘텐츠가, 더 정확하게는 수용자가 참여할 수 있는 '인터랙티브 콘텐츠interactive contents'가 나타났다.

게임부터 웹툰까지 매력적인 콘텐츠의 가장 큰 특징은 '쌍방향적 속성'을 장착했다는 것이다. 인터랙티브 콘텐츠는 문화적 모순을 일거에 해결했다. 고삐 풀린 쾌락을 관리하고 통제할 수 있기 때문이다. 인터랙티브 콘텐츠는 쾌락의 욕망을 새롭게 생성하는 동시에 콘텐츠를 통해 쾌락을 적절히 관리할 수 있는 지식과 정보도 제공한다.

'쾌락 관리'를 반복하고 학습하면서 체화할 수 있게 된 소비자는 생산자로 순조롭게 전환한다. 소비자에서 참여자로, 참여자에서 생산자로 진화하면서 매력적인 콘텐츠를 즐길 수도, 만들 수도 있게 된다. 자기가 좋아하는 분야에서 긴 노동을 기꺼이 감내하며 쾌락을 일상에서 관리할 수 있게 된다. 쾌락과 금욕의 공존이 가능해지는 것이다.

현대인의 소비에서 최정상 품목인 여행도, 그 욕망은 콘텐츠에 의해 만들어졌지만, 그것을 누리기 위해 거쳐야 하는 과정인 검약과 기획도 콘텐츠가 제공했다. 여행의 이미지는 여행을 위한 검약과 여행에서의 쾌락이라는 모순적 이미지가 조화되면서 폭발했다. 이제 여행지의 사진은 그런 모순을 해결한, 승리한 사람임을 증명하는 자기표현이다. 그렇게 현대인은 주목을 끌 만한 콘텐츠를 매개로 다른 사람들을 만나고, 대화를 나누고, 웃고 즐기면서 정서적 에너지를 얻는다.

1981년에 장 프랑수아 료타르Jean-François Lyotard는 "자본주의는

'사회의 모든 것을 컴퓨터화'하기 위해 '정보 기술'을 이용할 수 있는데, 그것은 자본주의를 미래 위기에서 벗어나게 할 수 있을 것이다."[1]라고 했다. 료타르는 IT 기술이 현재의 위기를 악화시키기보다는 해결할 것으로 믿었다. "지식은 그저 단순히 엘리트들의 도구만이 아니다. 그것은 차이에 대한 우리들의 감각을 세련되게 하고 통약 불가능한 것incommensurability에 대한 관용을 강화해준다. 그 원리는 전문가의 상동성이 아니라 발명가의 배리다."[2]

배리背理/paralogy는 말 그대로 틀리거나 그릇된 논리를 말하는데, 이미 존재하는 규칙을 파괴하는 것, 기존에 정리된 것을 불안정하게 만드는 것이다. 그래서 배리는 집단지성의 힘을 믿는다. 집단지성은 불확실한 문제를 여러 사람의 협력을 통해 대처해나가는 '생성하는 지식'이다. 협력은 경우의 수를 수없이 늘린다. 새로움을 추구하는 지식은 전통과 정통을 추구하는 머리에 있는 것이 아니라 인간과 인간의 만남 속에서, 더 정확히는 만남과 만남의 연속선상에서 나온다.

콘텐츠도 '발명가의 배리'를 추구한다. 콘텐츠는 끊임없이 새로운 것을 창조하는 속성을 지녔으며, 새로운 것은 만남의 연속선상에서 실현되고 있다. 그 만남에는 인간뿐만 아니라 비인간도 개입한다. 그리고 콘텐츠가 만들어내는 풍부한 만남과 네트워크는 문화자본과 사회자본으로 쉽게 전환된다. 그렇게 콘텐츠가 자본이 되는 것이다.

그러나 새로운 콘텐츠가 만드는 즐거움이 자본이 된다고 해서 그것이 언제나 좋은 것은 아니다. 좋은 것은 나쁜 것의 앞면이다. 불경 〈대반열반경大般涅槃經〉에는 공덕천 이야기가 나오는데, 생명과 환희의 공덕천功德天은 슬픔과 고통의 흑암녀黑闇女를 늘 데리고 다닌다. 어리석은 인간은 공덕천이 주는 즐거움에 넋을 잃어 흑암녀를 받아들이고야 만다.[3] 즐거움은 처음에는 넋을 잃고 빠져들지만 한편으로 스스로의 미래에 그리고 다른 누군가에게 고통으로 바뀔 수도 있다. 편익과 유대의 뒤로는 사익과 배제가 늘 따라붙는다.

좋은 것 속에서 나쁜 것을 가려내거나, 또 나쁜 것 속에서도 좋은 것을 솎아내는 리터러시 능력은 콘텐츠가 휩쓰는 시대에 자신의 존재와 공동체의 선을 증진시키는 중요한 자질이 되고 있다. 우리가 스트리트 스마트*에서 콘텐츠 스마트로 바뀌고 있는 시대를 읽어야 하는 이유다.

---

* 현장에서의 실전 경험을 통해 지혜로워진 사람.

1장

일루지오*
50억 명의 경험기계

경험기계 이야기

영화 〈매트릭스〉(The Wachowskis 연출, 1997)로 유명해진 할리우드의 배우 키아누 리브스는 한 감독의 집에 방문했다가 그의 15살 된 딸에게 자신이 오래전 출연했던 영화 〈매트릭스〉에 대해 설명하게 되었다. "그 영화는 말이지, 현실과 가상을 섞어놓은 영화지. 그

---

* 일루지오는 개인들이 갖고 있는 개별적 믿음이 아니라 사회적으로 합의되고, 공유된 믿음이다. 문제는 일루지오가 그것을 공유하고 있지 않은 자들의 눈에는 하나의 환상(illusion)에 불과한 것으로 나타난다는 것이다.[1]

영화에서는 무엇이 현실이고, 무엇이 가상인지를 정말 구분하기 어렵지."

그런데 그의 말을 들은 감독의 딸은 이렇게 말했다고 한다. "그걸 왜 구분하죠?"

키아누 리브스는 그 반응에 정말 "놀라웠다It's awesome."라고 말한다. 키아누 리브스에게 현실과 가상을 특별히 구분하지 않는 청소년의 생각은 선뜻 이해하기 어려운, 놀라운 일이었다.

키아누 리브스는 1964년생이다. 키아누 리브스의 놀람은 그가 여전히 현실과 가상을 구분하는 세계에 살고 있음을 뜻한다. 〈매트릭스〉가 처음 나온 1990년대 후반의 가상공간이란 그 당시의 키아누 리브스의 세대에게는 충격적인 공간이었다. 그러나 지금 시대를 사는 젊은 세대에게는 당연한 공간이 되었다. 스마트폰을 장착한 세대에게 가상의 공간에 접속하는 것은 '자연스러운 현실'이며, 가상과 현실의 구분은 별 의미가 없다. 오히려 가상과 현실이 상호 혼융된 세계, 가상이 현실보다 우위에 있는 세계가 이미 펼쳐져 있다.

그렇다면 지금 이 시대의 대한민국을 사는 청년들도 과연 그런 '혼융의 세계'에 살고 있을까? 강의 시간에 대학생들에게 이런 질문을 해봤다. "평생의 즐거움을 주는 경험기계가 있다. 여생을 그곳에서 보내기 위해 들어갈 수 있을 것인가?"

이것은 미국의 철학자 로버트 노직Robert Nozick이 그의 저서《아나키에서 유토피아로Anarchy, State and Utopia》에서 밝힌 유명한 시나리오 실험 질문이다.

경험기계에 들어가면 현실로는 돌아올 수 없다. 노직의 주장에 따르면 그런 경험기계에 들어갈 사람은 아무도 없다. 왜냐하면 인간은 '쾌락을 주는 가짜'보다 '고통도 있는 진짜'를 추구하기 때문이다. 노직은 쉽고 참신한 시나리오 질문으로 쾌락주의를 비판했다.

그런데 같은 질문을 이 시대의 청년들에게 던지니 사뭇 다른 반응이 나왔다. 절반에는 미치지 못하지만 꽤 많은 학생이 경험기계에 스스로 들어가겠다고 한 것이다. 다시 물었다. "평생을 경험기계 속에 있어야 하는데도 그렇게 할 것인가?"

학생들 대답에 머뭇거림이 없다. "네."

노직의 시나리오 실험은 이제 효력을 다한 것인가?

이 시나리오 실험이 처음 발표되었을 때에도 비판이 제기되었다. 피터 싱어Peter Singer는 이 실험의 대상이 현실 세계에 살고 있는 사람들이었기 때문에 전제가 잘못되었다고 지적했다. 인간은 현재 편향에 갇혀 있기 때문에 늘 현재를 중시하고, 그래서 경험기계에 들어가지 않겠다고 한다는 것이다. 그래서 피터 싱어는 다르게 물어야 정확한 답을 구할 수 있다고 했다. 이렇게 말이다.

"지금 당신은 평생의 즐거움을 주는 경험기계 안에 살고 있다. 당신은 현실 세계로 빠져나올 것인가?"

노직의 논리의 허를 찌르는 비판이다. 이런 질문에는 대부분의 사람들이 경험기계에서 나오지 않겠다고 답한다. 경험기계라는 현재에 갇힌 인간은 그 상태를 고수하려 들 것이기 때문이다. 그렇다면 지금 시대의 대학생들은 노직의 질문에 왜 다른 반응을 보이는 것일까? 그들은 왜 현실에 있으면서도 경험기계로 스스로 들어가려고 하는 것일까? 지금 시대의 청년들에게는 현재 편향이 적용되지 않는 것일까?

아니다. 현재 편향은 그대로 적용된다. 지금 시대에 청년들이 경험기계에 기꺼이 들어가려는 이유는 키아누 리브스에게 놀라움을 선사했던 청년 세대가 이미 가상의 공간에 익숙해졌기 때문이다. 그들은 디지털 네이티브, 게임 네이티브, 유튜브 네이티브, SNS 네이티브로서, 이들에게 '현재 편향'이란 가상 세계에 있으려고 하는 편향이다.

그래서 이번에는 노직의 원래 질문을 살짝만 바꿔 학생들에게 다시 물었다. "매일 하루에 3시간씩 즐거움을 주는 경험기계가 있다. 그런 기계에 매일 들어갈 것인가?"

이 질문에는 거의 모든 학생이 들어가겠다고 한다. 4시간, 5시간으로 시간을 늘려도 대부분이 들어가겠다고 한다. 다시 덧붙여 물어본다. "굳이 가상의 세계에 매일 그렇게 오랜 시간을 있을 이유가 있을까요?"

학생들이 되묻는다. "안 있을 이유가 없지 않습니까?"

이유를 따지는 것이 더 이상하다는 말이다. 내게 즐거움을 주는 것이라면 그것이 어떤 경험기계든 거부할 이유가 없는 시대가 된 것이다. 지금 우리에게 경험기계로 들어가는 입구는 스마트폰의 스크린이다. 스크린 속으로 들어가면 즐거움을 주는 콘텐츠들이 끊임없이 생성되는 거대한 공간이 나타난다. 그렇게 가상의 콘텐츠에 익숙해진 사람들은 주저함이 없다. 즐거움을 주는 경험기계에 들어가지 않을 이유가 없는 것이다.

지금 시대를 사는 세대가 콘텐츠에 그렇게 많은 주의력을 쏟게 된 이유도, 그것이 우리 주변에서 가장 강력하게 존재하는 경험기계이기 때문이다. 기성세대, 중년 세대가 온라인에 푹 빠진 지금의 청년 세대에게 게임, 유튜브, SNS, 톡으로부터 뛰쳐나와 세상을 느껴라, 나와서 몸을 움직이며 운동해라, 스포츠야말로 몸과 정신에 모두 좋다고 외쳐봐야 '쇠 귀에 경 읽기'일 뿐이다.

철학자 흄David Hume은 이런 말을 했다.

어떤 사람에게 왜 운동을 하느냐고 물어보자. 그러면 그는 건강을 유지하고 싶어서 운동을 한다고 답할 것이다. 그런데 왜 건강해지려고 하는가라고 물으면, 그는 병은 고통스러운 것이기 때문이라고 주저 없이 답할 것이다. 만약 이런 조사를 더욱 진척시켜 그에게 어떤 이유 때문에 고통을 싫어하는가라고 묻게 되면, 그런 이유를 대는 것이 불가능하게 된다. 이것이 최종 목적이며 이것이 결코 다른 목적과 관련된 것이 아니다.[2]

이런 흄의 이야기를 약간 변형하면 경험기계의 효용은 더욱 잘 드러난다.

만약 어떤 사람에게 왜 영화나 드라마, 게임을 보거나 하냐고 물어보자. 그러면 그는 재미가 있어서라고 답할 것이다. 그런데 왜 그런 것에서 재미를 추구하는가라고 물으면, 그는 그것 이외에는 재미가 없고 다른 것은 심심하고 따분하기 때문이라고 답할 것이다. 조사를 진척시켜 그에게 '어떤 이유 때문에 심심하고 따분한 것을 피하려고 하는가'라고 물으면, 동어반복 이외의 다른 이유를 대는 것은 불가능하다. 재미와 즐거움이 최종 목적이기 때문이다. 그것 이외의 다른 대상과 관련되는 것은 없다.

지금 시대에는 즐거움이라는 최종 목적의 대상이 콘텐츠에 꽂혀 있다. 수많은 콘텐츠가 헤아릴 수 없이 많이 생산되고 있다. 재미있는 것들이 너무 많아 콘텐츠에서 눈과 귀를 뗄 수가 없다. 콘텐츠는 즐거움을 주는 최고의 경험기계가 되어 즐거움을 대량생산하고 있다. 콘텐츠는 지금 이 시간에도 끊임없이 생성되는, 끝을 알 수 없는 '바벨의 도서관'이 되었다.

경험기계의 시초, 텔레비전

1960년대 텔레비전이 처음 등장했다. 한 동네에 텔레비전이 한 대 있을까 말까 했다. 동네 사람들이 모두 한집에 모여 텔레비전을 봤다. 그런 집은 부잣집이었고 또 작은 극장이었다. 모두가 같은 프로그램을 같은 시간에 모여서 봤다. 전 국민이 모두 같은 화면으로 똑같은 콘텐츠를 봤다. 같은 화면을 보면서 내가 보지 못하고 닿지 못하는 다른 곳에서 무슨 일이 일어나는지, 다른 사람들이 어떤 생각을 하는지 알게 되었다. 세상에서 일어나는 모든 일을 안방에 앉아서 보고 들을 수 있게 되었다.

다른 세상을 만나는 것은 참으로 흥미진진한 일이었다. 뉴스 같은 정보도 있었지만, 역시 인기 있는 것은 만화영화나 드라마였다. 그 당시 어른들 중에는 드라마를 못마땅하게 여기며 "남의 얘기를 함부로 훔쳐보느냐."라고 하는 분도 있었다. 그때 텔레비전이란 '상놈'의 윤리였다.

그럼에도 불구하고 텔레비전은 사람들의 생각을 하나로 모았다. 획일화와 표준화는 상품만이 아니라 사람의 생각에도 적용되었다. 다른 동네, 다른 지역에 살아도 텔레비전 덕분에 같은 생각을 하게 되었다.

지역과 계급을 넘어 모두 같은 생각을 하게 되니, 국가도 국민을 끌고 가기에 용이해졌다. 민족주의적 감성이 텔레비전으로 송출

되었고 덕분에 국가 발전도 이루었다. 열심히 일하면 가난한 후진 국에서 벗어날 수 있다는, 그러니까 선진국이 되어 모두가 잘살 수 있다는 '하면 된다'의 정신을 텔레비전 덕분에 공유했다. 모두 일사 불란하게 일사천리로 움직였다. 그때는 모두 같은 생각을 했고, 같은 목표를 향해 달렸다. 동네와 마을, 가문의 권위는 사라지고 방송국의 권위가 지배하는 시대가 되었다. 방송국은 국민의 정신을 관리하는 최고 권위의 기관이었다.

그렇게 텔레비전 채널이 1개에서 2개로, 그리고 3개로 늘어났다. 케이블TV가 도입되고는 100개까지 늘어났다. 그래도 지상파의 힘은 여전해서 국민 대다수가 비슷한 프로그램을 봤다. 1990년대에도 어지간한 인기 드라마는 시청률 50%를 넘겼다. 그러다 채널이 1,000개가 되었다. IPTV가 등장하면서다. 그 후 스마트폰이 등장했고 넷플릭스, 유튜브, 모바일게임이 나왔다. 그야말로 1993년 4월호《타임》지가 인터넷의 등장을 설명하면서 헤드라인 문구로 썼던 "곧 다가올 당신의 TV 스크린Coming soon to your TV screen"의 시대가 되었다. 이제 텔레비전은 거실에서 사라졌다. 국민 개개인이 서로 다른 콘텐츠를 보는 세상이 된 것이다. 각자 보는 화면이 달라지면서 각자의 생각도 달라졌다.

이제 사람들은 각자의 TV를 갖고 있고, 만나면 인기 드라마 얘기보다 자기 스크린에서 본 콘텐츠를 말하기 바쁘다. 서로 즐겨 본 콘텐츠를 잘 모르기 때문에 자기가 봤던 정보를 대화의 소재로 삼는다. 서로 다른 콘텐츠를 추천하면서 더 많은 대화를 이어간다. 예전에는 같은 콘텐츠를 두고 서로 다른 생각을 얘기했다면 지금은 서로 다른 콘텐츠를 얘기하고, 그러다 같은 콘텐츠를 본 사람을 만나면 서로 놀란다. 같이 본 콘텐츠가 한 개에서 두 개가 되면 둘은 "소름이 돋는다."라며 서로 친구가 된다.

"나 말고 이런 사람이 또 있었네!"라는 말은 당신과 내가 아주 특별한 관계 속으로 들어가고 있음을 의미한다. 과거에는 인기 드라마는 우리 모두가 본 것이 전제되어 있었으므로 그것에 관해 얘기하거나 비평하면 될 일이었지만, 지금은 같은 콘텐츠를 봤다는 그 자체가 신기한 일이다. 그 일을 계기로 공통점을 찾고 이야기는 풍부해진다. 이전 세대가 학교와 지역, 직업으로 갈렸다면 지금 세대는 콘텐츠가 무리를 가르는 중요한 기준이다.

지난 20년간 콘텐츠산업이 폭발적으로 성장하고 한류가 세계적인 흐름을 만들어내면서 한국 경제에서 콘텐츠가 차지하는 비중은 거대해졌다. 콘텐츠산업 부흥 이전 시대, 그러니까 지상파 독점 시대의 방송국은 시선 독점의 권력을 누렸다. 그때의 방송국은 일종의 권력기관이었다. 방송국은 자신의 프로그램에 참여할 사람과 소재를 '선택'함으로써 그들을 지배할 수 있었다. 그러나 시대는 완전히 달라졌다. 스마트폰의 등장이 촉발한 콘텐츠의 양적 폭발은 자연스럽게 '콘텐츠의 민주화'를 가져왔다.

권력은 방송국에서 콘텐츠로 넘어왔다. 이제 국내 기업 순위 최상위에는 엔터테인먼트와 게임 같은 콘텐츠기업이 자리하고 있다. 청년 세대도 이 분야로 대거 유입되고 있다. 콘텐츠 분야 종사자만 60만 명이 넘는다. 기업의 규모와 전통, 연봉 못지않은 일의 매력이, 분위기가 이들을 끌어당기고 있다. 콘텐츠산업의 폭발적인 성장은 동시에 콘텐츠의 폭발적인 분화를 가져왔고 이제 '저잣거리의 사람들'도 자기가 좋아하는 특정 분야의 콘텐츠를 콕 집어서 볼 수 있게 되었다. 소비 영역만이 아닌 생산 영역에서도 이제 자신의 자아를 숨기는 것이 아니라 자유롭게 표현하면서도 '벌어먹고 사는 것'이 가능한 시대가 되었다. 모두가 같은 곳을 주목하던 텔레비전이 사라지니, 서로를 비춰보며 응시하는 스크린이 나타난 것이다. 콘텐츠의 시대는 그렇게 왔다.

콘텐츠, 경험기계가 되다

이 시대의 가장 강력한 경험기계는 콘텐츠다. 콘텐츠는 애초에 텔레비전에 묶여 있었다. 그러다가 PC, 게임기, 스마트폰으로 건너가서는 바로 우리의 주의attention, 관심interest, 초점focus을 옮겨 새로운 세계 앞에 펼쳐놓았다. 이제 좋은 콘텐츠를 즐기고 만드는 능력은 중요한 자본이 되었다. 콘텐츠자본은 '다른 사람에게서 즐거움을 끌어내는, 개인과 집단이 소유한 특정한 특성의 질과 그것으로부터 생성된 양'을 의미한다.

콘텐츠자본은 기존 경제자본과는 독립하여 형성되었다. 콘텐츠 창작과 향유의 능력은 즐거움을 생산할 수 있는 능력이고, 이러한 능력에서 가장 우선적인 속성이 표현 능력이다. 그런 능력을 인정받게 되면 경제자본도 획득할 수 있다. '잘 먹고 잘살게' 되는 것이다. 언어 구사력이 뛰어난 사람들이 회사에서도 인정받듯이, 콘텐츠를 만들고 향유하는 표현 능력은 어느 곳에서나 인정받는 능력이 되었다. 그것은 이제 중요한 자산이 되어 경쟁이 벌어지고, 결과적으로 불평등하게 배분된다.

혹자는 표현이 무슨 능력이 되냐고 따져 물을 수 있다. 기술 개발이 능력이지 표현에는 큰 차이가 없기 때문에 능력이라는 말조차 붙이기 어색하다는 말이다. 인간은 누구나 표현할 수 있다. 언어로, 몸으로, 이미지로 말하고 표현할 수 있다. 표현 능력의 가장 중요한 부분인 언어 능력은 평등하게 주어지는 능력이라고 볼 수 있다. 촘스키의 '언어획득기제LAD, Language Acquisition Device'처럼 언어 능력은 "선천적이고 보편적인 능력이어서 인위적인 훈련 없이도" 언어를 쉽게 습득하고 구사할 수 있다.*

---

* 촘스키는 "언어 능력은 매우 일찍 시작되어, 4일째 된 영아는 이미 주변에서 사용하는 언어와 다른 언어를 구별할 수 있다. 언어가 정상 상태로 성숙하는 과정은 결정적이고 자동적이다. 언어 학습은 실제로 아이가 하는 일이 아니다. 적절한 영양과 환경적 자극을 받으면 아이의 몸이 미리 정해진 방식으로 성장하고 성숙하는 것과 비슷하다."고 말했다.[3]

그러나 모두가 언어 구사 능력이 있다고 해도 '특정 상황에서 특정한 스타일로 말할 수 있는 능력'은 사람마다 차이가 있고 또 불평등하게 분배된다. 이러한 언어 능력의 불평등은 일상적인 상호작용에서 끊임없이 드러난다. 사적인 수다, 공적인 모임, 세미나, 입사 면접 그리고 라디오나 텔레비전 등에서 말이다. 언어 능력은 실제 차별적으로 기능하며 재화 시장에서처럼 독점이 있다.[4] 사회학자 부르디외Pierre Bourdieu의 말을 인용하면, 이는 '자기가 읍장 선거에 출마하려는 꿈을 꿔본 적 없다고 설명하는 농부'나 마찬가지다. 그들은 이렇게 말한다. "나는 어떻게 말해야 되는지 하나도 몰라!" 이것을 콘텐츠의 시대에 적용해도 똑같다. 카메라를 들이대면 사람들은 말한다. "나는 어떻게 말해야 되는지 하나도 몰라!"

그러나 그 상황에서 어떤 말과 제스처를 해야 상대방을 설득하고 나를 매력적으로 보이게 만드는지 잘 아는 사람들도 있다. 그런 사람은 사실 의도적이라기보다는 육화된 형태로 자연스럽게 발화한다. 그들은 낯선 것, 새로운 것에 대한 긴장의 강도가 높지 않다. '낯선 상황들에 익숙해질' 기회가 많았던 사람이기 때문이다. 외국인을 처음 만나도 여러 상황에서 외국어를 경험해볼 기회가 많던 사람의 긴장도가 그렇지 않은 사람에 비해 낮을 수밖에 없는 것과 같은 이치다. 그런 사람들은 자신의 현재 위치를 잘 파악하고 어떻게 행동해야 하는지를 안다.

어떤 언어나 행동이 능력이 되면, 그것은 전환 가능성transformity

을 갖게 된다. 자신이 갖고 있는 지식과 정보, 능력이 경제자본이나 사회자본으로 전환 가능해지는 것이다. 이때 그 능력은 그 자체로 자본이 된다. 그러니까 특정 지식과 능력을 갖고 있는데, 그런 능력과 연결되기를 원하는 다수의 사람이 있고, 또 그 능력으로 돈벌이가 지속적으로 가능하다면, 그것은 특정한 자본이 되는 것이다. 그러한 능력이 콘텐츠의 영역에서 생성된다면 그것은 '콘텐츠자본'이 된다.

콘텐츠의 자본화: 참여자 수의 폭발

콘텐츠가 자본이 된 것은 기술 발전 덕택이다. 수많은 기술 중에서도 스마트폰을 통한 SNS, 유튜브 같은 자아-대중 소통 기술self-mass communication technology, 즉 특정 개인이 거대한 대중과 바로 만날 수 있는 기술 덕택이다. 자아-대중 소통 기술은 소통 장벽을 제거했고 결과적으로 물리적 조건을 평등화했다. 중간계급을 포함한 모든 개인에게 창작의 기회가 주어졌고 대중과 직접 만날 수 있는 기회가 제공된 것이다.

이렇듯 기술에 의해 특정 영역으로 밀려오는 참여자 수가 많아지면 그 기술의 성격 또한 변화한다. 전화의 일대일, 텔레비전의 일대다에서 자아-소통 기술에 의한 다대다, 그것도 거의 모든 사람이 참여할 수 있는 다대다 기술은 미디어에 의한 인간관계도 완전히 변형시킨다. 자아-소통 기술에 의해 생산·유통되는 수많은 콘텐츠는 참여자의 수가 많아지면서 이전 미디어와는 완전히 다른 관계를 만든다.

예전 거대 방송국의 시대에는 스타와 스타를 만들어내는 PD의 능력에 콘텐츠의 생산이 좌우됐다. 이들은 학력고사나 수능시험으로 명문대에 들어가고, 또다시 수험교재를 달달 외워 '언론고시'를 패스한 후, 방송국의 제작과 송출 장비의 실질적 운영자가 되어 자신의 능력을 발휘했다. 사실 범접할 수 없는 방송 장비 장악권이 그들 능력의 배경이었다. 스타도 그런 PD의 능력에 전적으로 의존했다. 그 후 기술의 진화는 거대 방송국과 대중의 일대다 관계를 해체했다. 다대다의 기술은 방송국의 시대를 콘텐츠의 시대로 바꾸었다.

콘텐츠 시대가 되면서 콘텐츠산업에서 요구하는 능력도 바뀌었다. 과거에는 방송국의 PD 같은 제작자의 눈에 들어야 스타가 될 수 있는 기회를 얻었다. 그러나 콘텐츠 시대에는 스타라고 할 만한 사람들이 무수히 생기는, 알 만한 사람만 아는 '일반인 명사micro-celeb'가 될 수 있다. 소위 '인플루언서', '스트리머', '유튜버'의 영역이 생긴 것이다. 이른바 크리에이터의 영역이다. 이들 일반인 명사는 작은 기업 자체로서, 거대한 장비나 큰 비용이 필요하지 않다. 단지 자신이 체득하며 쌓아온 표현 능력과 그것을 활용할 수 있는 능력만 있으면 된다. 소통 기술의 발전으로 생산 참여자는 엄청나게 늘어났고 이전에는 주목받지 못했던 특이하고 다양한 표현 능력이 특별한 것으로 대접받게 되었다. 그것으로부터 콘텐츠가 창작되면 네트워크와 수익으로 전환될 수 있다.

'언론고시'를 통해 입사한 방송국에서 PD를 3년 정도 하다가 퇴사하고 개인 채널 '키키tv'를 운영하는 한 유튜버는 이렇게 말했다. "유튜브란 오픈 레주메résumé(이력서)라 이곳저곳에서 연락이 오고 내가 몰랐던 나의 쓰임새를 알 수 있다. 나의 셀링 포인트는 기획, 연출, 출연, 편집까지 통합패키지가 가능하다는 점이다. 최근에도 기업 등에서 MC를 봐달라고 연락이 왔다. 사람들에게 꿈과 희망을 전달하는 스토리텔러가 되고 싶은데, 유튜브를 통해 기회가 생기니 신기하다." 그러면서 "유튜브 덕택에 유튜브를 하지 않았더라면 만나지 못했을 사람들을 만날 기회가 생긴다. 다양한 장르의 크리에이터를 만나고 가끔 구독자도 만난다. 얼마 전엔 나만의 토크쇼도 열었다. 내 토크쇼를 만드는 게 꿈 중 하나인데, MC가 되기를 기다리기만 하는 게 아니라 내가 판을 깔자는 생각이었다. 10명 정도 초대해 내가 하고 싶은 주제에 대해 1시간 30분 정도 이야기했다. 유튜브가 아니었으면 불가능했을 일이다."라고 덧붙였다.[5] 유튜브는 아무런 자율권이 없었던 '초짜 PD'에게 네트워킹과 의사결정의 권력을 준 '휴대용 플랫폼'이 된 것이다.

물론 기술이 갖추어졌다고 해서 아무나 크리에이터가 될 수는 없다. 크리에이터는 스스로의 동기로 움직이기 때문에 상사의 명령을 필요로 하지 않는다. 크리에이터가 되려는 사람은 소통 기술 덕분에 더 쉽게, 더 빠르게 꿈을 이룰 수 있다. 이전의 자기 진화와 양상이 달라졌다. 오직 상사를 통해서만 '스트리트 스마트'가 될 수 있었던 과거와는 달리, 수많은 유튜버 동료가 세상의 지식을 전해 준다. 물론 그 깊이가 얕을 수 있지만, 얕은 네트워킹은 그만큼 넓어서 지식의 위치를 파악하기에 용이하다. 그렇게 배움을 얻는 유저는 크리에이터로 진화하고, 다른 크리에이터와 네트워킹하고, 또 유저들과 만나며 공진화한다.

여기에 인공지능AI 기술의 발전은 창작 영역의 소프트웨어 발전, 유통 영역의 추천 알고리즘을 불러왔고, 크리에이터의 참여와 창작 수준을 높였다. 일상 언어 구사력에서 컴퓨터 언어 구사력까지 넓어진 언어 능력 안에서 속도감 있게 콘텐츠를 만드는 능력을 갖춘 이는 가만히 집에 앉아서 세계인으로부터 인정받을 수 있게 되었다. 창작자에게 큰 판이 벌어진 것이다. 특히 AI 기술은 실제 창작에 참여하는 창작자의 수를 폭발적으로 늘리고 이들이 창작한 작품을 지구 반대편까지 몇 초 내에 손쉽게 배달함으로써 콘텐츠 업계의 판도를 크게 바꾸고 있다. 추천 알고리즘을 장착한 유튜브는 세계인이 가장 많은 시간을 보내는 미디어가 되었으며, '개인이 만든 창작물'이 거대 방송국이 만든 창작물과 동등한 위치에서 경쟁하며 유튜브에서 더 많은 조회 수를 얻는 일은 더 이상 낯선 일이 아니다.

개인 창작의 영역은 이제 프로젝트의 크기에만 그치지 않는다. 엔비디아 미디어 및 엔터테인먼트 책임인 리처드 캐리스는 '생성AI 장편영화'도 머지않아 등장할 것으로 봤다. 그는 "35mm 필름 카메라로 촬영하는 영화 제작자는 동일한 콘텐츠를 생성AI를 통해 70mm 영화로 제작할 수 있다. 이를 통해 IMAX 포맷의 영화 제작에 드는 막대한 비용을 절감하고, 여기에 더욱 많은 감독이 참여할 수 있다."라고 했다.[6] 게임 네이티브 세대는 〈로블록스〉, 〈포트나이트〉, 〈클래시 오브 클랜〉, 〈발로란트〉 등을 플레이하면서 LLM(대형 언어 모델)으로 구동되는 생성형 에이전트 NPC(비플레이어 캐릭터)와 함께 플레이하고, 플레이하는 것 자체가 곧 그 게임을 더욱 풍성하게 하는 생산이 되어 기획형 크리에이터가 된다.

동료 창작자, 시청자, 관람객, 유저의 역할은 수동적 태도에서 참여적 행동으로, 그리고 참여적 행동에서 창조하는 생산으로 완전히 바뀌었다. 이들은 과거의 경험 많고 나이 든 고참이 아닌, '집단 경험'으로 무장한 '인터랙션 네이티브' 세대로서 어디든 판만 깔아주면 스스로 그리고 집단적으로 콘텐츠를 창조한다. 창의성과 자율성으로 무장한 이들이 외부의 권위에 의해 지배받고 통제당하는 것은 사실상 불가능해졌다. 이 모든 것이 '대량개인화 기계'인 콘텐츠에 의해 가능해졌다. 콘텐츠가 하나의 자본으로 면모일신한 것이다.

경험기계와 화장실의 공통점

노상에서 '일 보는' 사람들을 우리는 언제부터 혐오했을까? 중세에는 궁정의 귀족부터 평민까지 어디서나 용변을 보는 것이 가능했다. 화장실이 따로 없었기 때문이다. 베르사유궁에도 화장실은 따로 없다. 궁에서도 배설물 용기를 두고 용변을 본 후 용기가 차면 정원에 내다 버렸다. 간혹 아주 부유한 사람들의 집에는 실내에 화장실이 있었지만, 외벽 돌출 공간에 구멍을 내는 식이었다. 배설물은 똑같이 집 밖으로 버려졌다. 급하면 길거리든 실내든 아무 곳에서나 일 보는 것이 일도 아니었다. 길바닥의 배설물을 피하는 하이힐, 위에서 떨어지는 분뇨를 피하기 위한 양산, 아무 곳에서나 일을 볼 때 가려주는 망토, 쉽게 일을 볼 수 있게 넓게 퍼진 드레스, 악취를 숨겨주는 향수, 이 모두가 오물 가득한 도시에서 살아가는 방법의 소산이었다.

그러다 전염병이 창궐하고, 그 후에야 화장실이 생겼다. 과학과 위생의 발달로 하수도와 수세식 화장실이 등장하게 되면서 길거리에서 용변 보는 일이 지탄받기 시작했다. 노상에서 일 보는 사람은 지저분한 자이자 혐오스러운 자가 되었다. 전염병을 옮기는 사람과 같은 부류가 된 것이다. 이제 화장실은 단순히 용변을 처리하는 장소의 의미를 뛰어넘는다. 화장실이 등장하게 됨으로써 비위생적인 사람에 대한 혐오가 나타나기 시작한 것이다. 화장실 때문에 비위생적 행동을 금기시할 수 있는 규범을 얻었고 덕분에 위생적으로 살 수 있게 되었다. 지금 우리는 노상 방뇨하는 '사람'을 혐오한다.

최근 로봇청소기가 인공지능 기술을 달고 집집마다 진출하며 '신 3대 가전'* 중 하나로 등극했다. 로봇청소기의 등장은 청소에 대한 의식을 바꾼다. 집이 어지럽고 지저분해도 바쁘니까 하고 그럭저럭 넘어가던 세상의 인식이 바뀌는 것이다. 어느 정도 지저분한 집과 방에 사는 사람은 게으르거나 부주의한 사람이 되어 점차 혐오의 대상이 된다. 화장실과 로봇청소기 같은 기술의 탄생은 이전에는 없던 일상생활에서의 윤리—배뇨와 청소 등 위생과 관련된 윤리 등으로 특정 집단을 배제하게 되는 것—를 결정하게 되는 것이다.

일상에서 본다면 기술은 이중적인 결과를 낳는다. 우선 화장실과 로봇청소기의 등장으로 인간은 편리해졌다. 오물을 피하거나 냄새를 참지 않아도 되고, 청소를 하지 않아도 된다. 자연스레 위생 관리에 대한 개인의 숙련도는 낮아진다. 반면 냄새나 청결에 대한 감각은 더욱 민감해진다. 도구와 기술 덕분에 모든 것이 편리해진 것처럼 보이지만, 다른 측면에서는 자신의 배변과 위생을 더 잘 통제해야 하는 상황에 처한 것이다. 타인과 특정 집단에 대한 혐오는 역사적 산물이다. 우리 의식은 상황에 규정당하고, 탓할 것이 필요

---

* 20세기 초기에 등장해 가사노동을 획기적으로 줄여준 세탁기, 냉장고, 진공청소기에 빗대, 현재의 가사노동을 획기적으로 줄여준 식기세척기, 세탁물 건조기와 더불어 로봇청소기를 '신 3대 가전'이라고 부른다.

한 때는 약한 개인을 먼저 찾는다. 희생양을 찾으면 힘들게 근본 원인을 해결할 이유가 없다. 가장 간단하게 원인을 찾을 수 있고 자신의 책임도 모면할 수 있다.

스크린의 탄생은 인간에게 유익함을 제공하는 것을 넘어 즐거움을 극대화했다. '죽도록 즐기기'가 가능해졌다. 그렇지만 스크린이라는 기술의 유익함 또한, 눈치채지 못하는 사이에 다른 집단에 대한 배제와 혐오를 담고 있지 않을까.

영화가 태어났을 때 동시에 영화배우도 태어났다. 우리는 현실에서 볼 수 없던 사람을 영화에서 본다. 그것도 아주 자주, 동네 사람보다 훨씬 더 많이 말이다. 그러다 동네에서 진짜 영화배우를 보게된다면 어떻게 될까? 서울 시내에 톰 크루즈가 동네 아저씨처럼 나타났다. 움베르토 에코의 〈유명인을 만났을 때 반응하는 방법〉[7]에서처럼 톰 크루즈의 멱살을 잡고 내 핸드폰의 영상통화 버튼을 누른다. 내 친구에게 전화를 걸어서 이렇게 소리친다. "내가 누구를 만났는지 알아? 한번 맞혀봐! 바로 톰 크루즈야. 그런데 이 자는 영화 속에서 걸어 나왔는지, 꼭 진짜 사람 같아." 그러고 나서 톰 크루즈를 옆으로 밀치고 내가 하던 일로 돌아간다. 톰 크루즈는 현실에 나타나도 가상 세계의 사람이다. 잠실에서 길 가다 그를 보았다는 말이 도저히 현실처럼 느껴지지 않는다.

가상 세계는 영화를 통해 세상에 출현했다. 그리고 영화를 보다보니 현실이 영화처럼 보이기 시작한다. 그 덕에 톰 크루즈는 현실에서 멱살을 잡히는 곤욕을 치렀지만, 가상 세계 덕분에 엄청난 돈을 벌 수 있게 되었다. 이제 영화에 나오지 않은 사람, 그러니까 TV, 유튜브, SNS에서 주목받지 않는 사람은 무시되기 시작했다. 가상 세계에 있다가 현실 세계로 튀어나오는 사람만이 뭔가 다르게 보이고, 현실에 원래 존재하던 사람은 별 볼 일 없는 사람이 되었다. 꺼 놓으면 그냥 컴컴한 스크린일 뿐인데, 불 켜진 스크린은 어두운 밤하늘에 반짝이는 별보다 더 추앙받게 되었다.

스크린의 발명이 사회에 미친 영향을 따져보면 그것은 화장실의 발명이 사회에 미친 영향과 같다. 더 나아가 '대유튜브 시대'의 스크린 확장은 스크린에 나오지 않는 사람, '좋아요'를 받지 못하는 사람, 스크린에서 언급되지 않는 사람을 '일반인'으로 하대하게 되었다. 일반인은 묵묵히 자기 일을 열심히 하고 있었을 뿐인데, 이른 바 셀럽들이 일반인을 낮잡아 보는 현상은 알게 모르게 스크린 속에서 만연해졌다.

한편, 열광의 뒤에는 차가운 시선이 잠재되어 있다. 특별함이 특정한 장에서 보편화된 규범이 되면, 그것은 또 다른 특별함을 비정상의 영역으로 밀어낸다. 인공지능 시대라고 예외는 아니다. 인공지능 시대는 무엇을 정상과 비정상의 경계로 분류할까? 인공지능을 둘러싼 어떤 얘기가 떠돈다. 이제 보고서를 작성할 때 진부한 단어를 쓰고 아는 척하고 당연한 말을 늘어놓는다면 "이 보고서, 인공지능 돌려서 썼니?"라는 말을 듣는다고 한다. 물론 이 인공지능은 저품질의, 공짜의, 버전이 낮은 것이겠지만, 이제 인공지능은 인간의 표현에 대한 어떤 경계를 설정한다. 이제 '입에 발린 말', '당연한 말'만 하는 사람보다는 독특하고 창의적인 얘기를 하는 사람들이 훨씬 더 존중받는 시대가 된다.

인공지능 시대가 요구하는 새로운 윤리는 '톡톡 튀는 독특함so weird singularity'이 분명하다. 그래야만 인공지능의 경쟁력이 높아진다. 인공지능을 구동하는 대량 언어 저장고에 새로운 정보와 지식이라고 부를 만한 것들이 계속 쌓여야 하기 때문이다. 그리고 그런 인공지능의 도움을 받아 인간은 자신의 독특성을 만들어내고, 또다시 인간이 만든 독특성을 인공지능은 자기 진화의 재료와 근거로 삼는다. 그렇게 독특성 대 독특성의 경쟁이 격화한다. 그리고 어떤 독특성이 앞서나가며 차츰 독점해 다른 독특성과 격차를 벌림으로써, 그 독특함은 정상이 되고 좋은 것이 되며, 다른 독특함은 비정상이 되고 나쁜 것이 된다.

인공지능 시대에 다양성은 적극적으로 권장되고 포용되나 그저 하나의 특성으로 수용될 뿐 공감을 일으키지 못하는 까닭에 서로 섞이지도 순환하지도 않는다. 문제는 인공지능의 효율성이 객관성으로 둔갑하고 기존의 편견을 중립화하여 세인의 통념을 더욱 굳힐 수도 있다는 데 있다. 예컨대 다큐멘터리 〈Coded bias〉(Shalini Kantayya 연출, 2020년)에서 실험했던 AI 안면 인식 기술에서는 흑인 여성의 얼굴이 잘 인식되지 않았다. 반면 피부색이 밝을수록, 그리고 남성의 경우 인식 정확도가 높았다.

 인공지능은 확연한 차별 언어를 효율적으로 걸러내지만 반대로 은밀한 차별 언어는 효율적으로 빠르게 확산시킨다. 인공지능은 '인디언'—'아메리카 원주민'이 아닌—이라는 말 자체에 박힌 편견과 혐오를 모르고 제멋대로 퍼트린다. 그래서 인간은 비인간 인공지능에게 끊임없이 의문과 문제를 제기해야 한다. 그래야 인공지능은 편견과 통념을 수정하려는 알고리즘을 작동시킨다. 그렇게 하지 않는다면 비인간 인공지능은 세인의 편견과 통념의 승리에 기여할 뿐이다. 이것이 바로 인간이 비인간 기술과 소통하며 의식적인 개입을 지속적으로 해야 하는 이유다.

2장

구별짓기
손가락 스펙터클

상향비교 기계

자신의 지위를 높이고 싶은 것은 모든 인간의 욕망이다. 상향비교는 개인의 행복감을 떨어뜨리는 중요한 요인이지만, 그렇다고 상향비교를 하지 않는 사람은 거의 없다. 타르드Jean Gabriel Tarde는 모방은 자기 주변에서 가장 지위가 높은 사람을 흉내 내며 일어난다고 말했다. 지금 시대에는 내 주변에서 모방할 만한 사람을 찾을 필요가 없다. 눈앞에 있는 스크린만 쳐다보면 되기 때문이다. 드라마에는 내가 닮고 싶은 사람만 나온다. 유튜브, SNS에도 나보다 더 멋진 경험을 많이 해본 사람들의 이야기가 가득하다.

콘텐츠는 상향비교를 대량생산한다. 재벌이나 부자가 나오지 않는 드라마는 인기를 얻기 어렵다. 상향비교할 만한 인물이 등장하지 않으면 대중의 주의를 끌기 어렵기 때문이다. 반대로 재벌이나 부자가 나오면 별다른 언급이 없어도 사람들은 집중한다. 그들이 흥하거나 망하는 스토리에 자연적으로 집중하게 된다. 드라마나 유튜브, SNS뿐만이 아니다. 게임도 그렇다. 상향비교는 사람들이 게임을 하는 이유 중 하나다. 일반 유저들은 아이템이 많고 화려한 캐릭터에 '자동적으로' 집중한다.

그래서 콘텐츠란 군이 관심을 둘 필요가 없는 이들의 삶을 군이 '화려하게 치장해서' 보여주는 것을 주업으로 삼고 있다. 콘텐츠는 지위에 대한 욕망을 일깨우고, 또 그들처럼 되라고 독려하며 대중의 내면 깊숙이 동기를 심어 넣는다. 그렇게 콘텐츠는 그 시대가 요구하는 지위의 이미지와 그것의 모방을 생산한다.

'연예인병'이라는 게 있다고 한다. 예컨대 연예인이 사석에서 챙이 긴 모자를 푹 눌러써 자신의 얼굴을 가리는 등의 행동을 하는 것이다. 이는 그 연예인이 타인의 시선을 많이 의식한다는 뜻일 테고, 역으로 자신이 '응시의 권력을 많이 갖고 있음'을 애써 드러내는 행위이기도 하다. 한국에서 성형수술이 널리 퍼진 이유 중의 하나는 치료보다는 미모를 위해서인데, 더 근원적인 이유는 '예뻐짐으로써 바뀌는 영향력'에 있다. 외모가 예뻐지면 주변으로부터 부러움이 담긴 시선을 받는다. 응시를 일으킬 정도의 매력은 곧 권력이 된다. 집단에서 지위가 높은 성원은 지위가 낮은 성원보다 언제나 더 자주 시선을 받는다.[1]

성형외과 의사들은, 자신들이 하는 일은 때로는 정신건강의학과적 성격을 띤다고 말한다. 성형수술이 한 사람의 인생 태도를 바꾸기 때문이다. 이것은 일견 맞는 말이다. 우리 사회에 훌륭한 외모가 만들어낸 권력이 없었다면 성형수술에 대한 관심도 자연히 낮았을 것이기 때문이다. 성형 후에는 삶의 태도가 변화하니 성격이 바뀌는 것은 당연하고, 또 그것이 성형을 위해 병원에 가게 만드는 힘이기도 하다.

성형 중독자와 상담을 진행했던 정신건강의학과 전문의는 방송에서 이런 말을 했다. "처음엔 '저렇게 되고 싶어'로 시작합니다. 그런데 그 기준이 늘 변하거든요. 그리고 인간은 이중적이어서, 막상 되고 싶던 얼굴이 되고 나면 차별성이 없다고 느끼고, 그럼 다시 '달라지고 싶어' 하며 재수술을 하죠. 다른 이들과 비슷해지면 자신의 정체성이 흩어지면서 오히려 만족감이 떨어지거든요."[2]

성형수술을 한 사람이 재수술을 하겠다고 판단한 것을 두고 '인간의 이중성'의 발현이라 보기는 어렵다. 내가 되고 싶은 것은 외모적으로 나보다 위에 있는 사람이다. 그래서 성형수술 후 나의 외모 수준이 올라갔다고 생각하면 기준점이 달라진다. 내가 올라갔기 때문에 그만큼 기준점이 재조정된 것이다.

'꿀벌의 우화'로 유명한 버나드 맨더빌Bernard Mandeville은 비교와 관련해 이런 말을 했다. "마차가 없어서 걸어가는 사람이 여섯 마리의 말이 끄는 마차를 타고 가는 사람을 부러워하는 정도보다, 오히려 네 마리 말이 끄는 마차를 탄 사람이 여섯 마리의 말이 끄는 마차를 타고 가는 사람을 부러워하는 정도가 훨씬 더 크다."[3] 지위가 올라가면 지위에 대한 민감성이 커진다. 사회비교 이론을 처음 제안한 페스팅거Leon Festinger는 자기를 평가할 만한 객관적 근거가 없을 경우 자신을 평가하려는 목적으로 비교할 대상을 타인에게서, 그것도 유사한 타인에게서 얻는다고 했다.[4]

페스팅거의 말대로라면, 지위를 추구하는 사람은 지위가 올라갈수록 그만큼 비교 대상은 적어지고 경쟁의 밀도는 높아지면서 비슷한 지위의 사람, 자기보다 높은 지위의 사람과 자신을 더욱 면밀히 비교하게 된다. 지위가 올라갈수록 비교감정의 민감성이 더 강해지고 차별의 감정도 더 강해지는 것이다. 자신의 지위가 올라갔다고 판단함으로써 상위와의 비교는 강해지면서 동시에 차별하고 배제할 수 있는 '아래쪽 사람'이 늘어났다고 생각하기 때문이다. 지위를 추구하는 사람에게 지위의 상승은 차별과 배제에 그만큼 익숙해진다는 것을 의미한다. 그러니까 기술의 발전으로 지위의 상승을 얻은 사람들, 예컨대 자신의 매력으로, 그리고 자신의 직업으로 높은 지위에 올라섰다고 생각하는 사람들은, '화장실' 기술이 만들었던 차별과 배제의 기능처럼 신기술이 부여한 차별의 감정을 생산하는 사람이다.

이렇듯 기술의 발달은 사람들에 대한 분류 기준을 바꾼다. 새로운 분류를 통해 낙인의 범주는 더 세부화되고 더 정교해지는 것이다. 예를 들면, 자신의 외모가 가져다준 지위가 우월하다는 것을 인식하기 시작하면, 외모가 별로인 사람을 비하하고 통념을 강화하는 습성을 키운다. 굳이 성형을 하지 않으려 하는 사람에게 '돈이 없구나, 성형할 만한 배포를 갖지 못했구나, 사람 사귈 의욕이 없으니 사회생활도 별로겠구나.'라고 낙인찍는 식으로 말이다.

제1의 콘텐츠와 제2의 콘텐츠

통념은 콘텐츠로 인해 재생산되고 확산된다. 통속 드라마, 막장 드라마는 외모, 돈, 지위, 남아선호, 순결의 추구를 전제로 전개되는데, 이를 두고 벌이는 갈등관계가 재미를 주고 그 재미가 다시 통념을 강화한다. 통념에 기댄 드라마는 딱히 독특한 스토리라인이 없어도 몰입하기가 쉽다. 차별과 배제의 언어를 만들어 손쉽게 보는 사람을 긴장시키기 때문이다. 우리는 그런 콘텐츠를 '제1의 콘텐츠'라고 부를 수 있다. 제1의 콘텐츠는 기존의 권력과 위계를 강화하며 그것으로부터 배제된 집단에게 부러움과 질투의 감정을 끊임없이 주입하는 콘텐츠다. 결국 콘텐츠는 '강요된 비교'를 수행하는 모든 감정을 재생산한다.*

인간은 상향비교를 피하기 어렵다. 태어난 직후부터 줄곧 나보다 뛰어난 사람들을 보고 그들의 언어나 지식을 배우며 자란다. 나보다 잘하는 사람을 부러워하고 모방하는 것은 당연하다. 그러나 그것이 '무거운 갑옷'이 되어 성인이 되어서도 나를 옥죄는 것이 되면 주체적인 삶을 살기 어렵다. 일생을 타인의 욕망을 욕망하며 살게 되는 것이다.

그러나 상향비교가 '가벼운 외투'가 되면 상황은 달라진다. 상향비교를 자신을 객관화하는 계기로 삼아 자아를 확대할 수 있게 되는 것이다. 콘텐츠는 그런 가벼운 외투의 역할을 해야 한다. 그렇게 되면 콘텐츠는 교양 있는 시민, 예의 바른 시민을 만드는 역할을

---

* 통념을 강화하는 콘텐츠를 제1의 콘텐츠라 부르는 이유는 벤야민이 인간을 제물로 바치는 기술을 제1의 기술이라고 명명한 것과 연결된다. 반면, 제2의 기술은 자연과 거리를 두려는 시도, 즉 유희하는 기술이다(발터 벤야민, 최성만 옮김, 《기술복제시대의 예술작품(발터 벤야민 선집2)》, 길, 2007 참고). 제1의 기술에 대한 내용은 〈기술복제시대의 예술작품 보론〉에서 더 자세히 다뤄지는데, 보론에서 벤야민은 제1의 기술과 제2의 기술을 구분하여, 제2의 기술은 자연과 인간의 공동유희(Zusammenspiel)를 목표로 하는 기술이라고 했다. 벤야민은 제2의 기술이 개척해낸 새로운 생산력에 인류의 심신 상태가 완전히 적응하게 되는 때에야 비로소, "기계 장치에 봉사하는 노예" 상태 대신에 "기계 장치를 통한 해방"이 성취될 수 있다고 했다. 기계 장치가 인간을 해방시키는 방법은 인간의 감각 및 반응의 새로운 모습을 만들어낼 때다. 벤야민에게 이것은 그 시대의 기술, 특히 영화에서 행해진다. 이러한 제2의 기술처럼 제2의 콘텐츠는 생산성에 봉사하는 초합리성을 철의 우리 속에 가두지 않고 가벼운 외투로 만들어 '소통하는 합리성'으로 바꾸는 노력 속에서 만들어진다. 제2의 콘텐츠는 기술과 인간의 상호소통을 촉진하며 '기계 장치를 통한 인간 회복'에 기여하는 콘텐츠다.[5]

할 수 있을 것이다. 우리는 그런 콘텐츠를 '제2의 콘텐츠'라 부를 수 있다.

제1의 콘텐츠는 위를 향하는 아래의 시선을 즐기며 과시하는 콘텐츠다. 세인을 향한 본능적이고 충동적인 과시에 기반한 콘텐츠다. 제2의 콘텐츠는 위에서 아래를 바라보며 내면을 관조하는 콘텐츠다. 제1의 콘텐츠는 하위 해석의 수준을 작동시키고, 제2의 콘텐츠는 상위 해석의 수준을 작동시킨다. 그것의 구분은 콘텐츠의 흐름에 의해 결정된다. 한 장면 한 장면은 일상에서 흔히 보듯 평이하지만 그 흐름 속에 들어가면 일상을 깨는 충격과 낯섦을 만들어낸다. 웰메이드라고 부르는 콘텐츠는 궁극적으로 늘 자기 내면으로 시선을 이끈다. 그리고 자기 배려, 자기 수련, 자기 수양으로 이어진다.

제1의 콘텐츠와 제2의 콘텐츠를 두부 자르듯 명확히 구분할 수 있는 것은 아니다. 같은 콘텐츠를 두고도 어떤 사람은 과시를, 어떤 사람은 관조를 택할 수도 있다. 그것은 그 사람의 사회적 출신과 그로부터 축적된 일상적 대화의 경험, 욕망과 지식, 삶의 태도인 아비투스habitus를 반영한다. 콘텐츠 자체가 갖는 힘도 크다. 좋은 콘텐츠는 이용자의 보는 행위에서 어떤 거리를 확보하면서 더 많이, 더 깊이, 더 자세하게 사물의 원리를 볼 수 있도록 시각의 확장을 이끈다.

카타프로네인으로서의 제2의 콘텐츠

콘텐츠에 의해 위에서 아래를 내려다보며 관조할 수 있다는 것은, 아비투스에 지배되고 있는 삶의 어떤 연속성에 단절을 가할 수 있다는 뜻이다. 카타프로네인kataphronein, 즉 위로부터 성찰하기, 위에서 아래로 성찰하기[6]를 행하면 내 삶을 분해해서 볼 수 있게 되고, 내 삶을 지배하는 연속적 원리, 연쇄적 원리들에 타격을 가하고, 결과적으로 그만큼 삶에서 자유를 획득할 수 있다. 제2의 콘텐츠를 본다는 것, 그리고 제2의 콘텐츠를 볼 수 있다는 것은 '시간적 불연속 훈련'이다.

예를 들어, 사람은 어떤 상황에 사로잡혀 욕하고 소리 지를 수 있다. 그런데 어떤 사람이 〈성난 사람들〉이라는 넷플릭스 드라마를 본 덕분에 욕하고 소리 지르는 일이 가져올 연쇄적 결말을 상상할 수 있게 되고, 욕과 악다구니 대신에 자신을 돌아보는 생각의 전환을 가져올 수 있다면, 자신의 일상을 촘촘하게 지배하는 아비투스에 파괴와 단절을 고할 수 있는 것이다. 우연히 마주친 매너 없는 운전자에게 공격과 위해를 가하는 행동은 결국 자기 내면의 한계 안에 있고, 그래서 화는 '나는 것이 아니고 내는 것'이라는 사실을 일깨울 수 있다면 가능하다.

카타프로네인을 행하는 것은 '방앗간 주인의 일'에 비유할 수 있다. 방앗간 주인은 곡물자루에서 좋은 알맹이만을 추리고 절구에 나쁜 알맹이가 들어가지 못하게 한다. 카타프로네인을 행하면 끊임없이 죽 끓듯 변하는 내 마음에 사로잡히지 않고 그 마음의 연속과 연쇄로부터 벗어나 자기가 자신을 지배하며 결국 자유로워질 수 있다.

그렇다면 카타프로네인은 어떻게 획득할 수 있는가? 그것은 경청listening으로 실현된다. 경청은 인간이 높은 시야를 갖게 한다. 가장 수동적인 행위이면서도 나를 변화시키는 가장 적극적인 행위가 되는 것이 바로 경청이다. 겉과 속이 다른, 겉으로 쉽게 판단해서는 안 되는 행동이 경청이다. 경청한 것은 내 안에 쌓이고 그렇게 쌓인 생각은 행위가 되고, 행위는 습관을 만든다. 경청은 나를 바꾼다. 또한 경청은 나의 에너지를 쓰게 할 뿐만 아니라 타인의 에너지도 쓰게 만든다. 경청의 자세, 경청의 태도, 경청의 얼굴을 마주하고 있는 그 어떤 사람도 자신의 진실을 말하지 않을 수 없다. 그래서 미덕의 말을 듣고 싶으면 그 말을 요청하기보다 경청의 자세를 보여야 한다. 《영웅전》을 쓴 스토아철학자 플루타르코스는 감각 중에 청각이 가장 덕에 충실한 감각이라고 했다. 촉각, 시각, 미각은 쾌락에 빠지기 쉽지만, 청각은 오직 덕을 추구한다는 것이다.

어떤 콘텐츠가 경청 훈련을 제공하는 '비인간'이 될 때, 이 콘텐츠는 인간의 카타프로네인을 확장한다. 타인의 생각을 경청하게 만드는 드라마도 있지만, 사실 게임에서도 상당한 경청의 능력이 필요하다. 팀을 꾸려 협력하는 게임에서는 리더의 말을, 또 리더는 동료들의 말을 빠르고 정확하게 잘 알아들어야만 정확한 판단을 통해 자신의 행동을 개선할 수 있다. 그런 면에서 경청할 필요가 없는 콘텐츠는 인간의 본능적·충동적 욕망에 의존한다. 좋은 배우가 스토리 속에서, 삶의 맥락 속에서 진심을 드러내는 순간을 담은 콘텐츠는 경청을 필요로 한다. 이런 순간들의 연속과 뭉침을 파악하기 위해서는 그저 스크린을 보는 것이 아니라 '경청'이 필요하며, 작은 메시지까지 놓치지 않으려는 경청의 태도는 콘텐츠가 주는 재미와 함께 삶의 카타프로네인을 확보하는 데 큰 도움이 된다.

영화를 통해 예를 들어보자. 〈헤어질 결심〉(박찬욱 연출, 2002년)에서, 살인 용의자인 서래(탕웨이 분)와 그녀에게 묘한 감정을 갖게 된 형사 해준(박해일 분)은 함께 초밥을 먹는다. 이 모습을 본 해준의 후배인 수완(고경표 분)은 해준에게 "왜 그 여자한테 초밥을 사 준 거예요?"라고 따져 묻는다. 초밥은 해준의 마음을 드러낸다. 해준은 "아무 초밥이나 먹기 싫어."라고 말하는, 초밥을 까다롭게 고르는 사람이었고, 서래를 심문하면서 그녀에게 비싼 초밥을 대접한다. 그러니까 이 영화에서 초밥은 해준과 서래, 두 세계의 만남을 상징한다.

콘텐츠를 경청하면 콘텐츠 안의 어떤 사람이 쓰는 단어의 고유한 의미를 전체 속에서 파악할 수 있게 되고, 이를 통해 곧 그 사람을 알게 된다. 콘텐츠를 애써서 경청하고, 또 현실에서 만나는 사람도 그렇게 대하려 한다면, 상대방은 내게 스스로 미덕을 말하려 애

쓸 것이다.

제2의 콘텐츠는 경청을 제공하는 재료이기도 하지만 또 경청에 의해 만들어지기도 한다. 자신의 편향이나 선입견 없이 세심한 관찰을 행하는 것은 좋은 콘텐츠가 창작되는 전제다. 향후 콘텐츠는 첨단 기술의 전이 과정처럼 '딥테크에서 딥소트로from deeptech to deepthought'[7] 이전할 것으로 예측된다. 딥소트를 이행하는 기업들은 경청의 태도로 무장되어 있다. 아이폰처럼 사용자가 뭔가 잘못 터치했을 때 직접적인 경고를 바로 보여주기보다는 아이콘이 스스로 살짝 좌우로 움직이며 적절치 못한 터치임을 은근히 알려주면 사용자의 놀람이나 부담이 덜한 것처럼 말이다. 콘텐츠에 경청의 딥소트가 없다면 콘텐츠로부터 배울 것도 없고, 콘텐츠 자체도 매력을 얻기 어렵다.

제1의 콘텐츠와 제2의 콘텐츠를 구분하고 선택하는 능력은 이제 문해력의 새로운 요소로 인식되고 있다. 접하기 쉬운 콘텐츠는 제1의 콘텐츠다. 그렇다고 제2의 콘텐츠가 제1의 콘텐츠에 비해 늘 소수이지는 않다. 자아-대중 기술의 발전은 콘텐츠 간의 세력다툼을 경제자본에 의해서만 결정되도록 하지 않았다. 아무런 자산과 학력 없이 시골의 작은 동네에서 자란 사람도 음악 하나로 세계적인 스타가 되어 제2의 콘텐츠를 만들 수 있다. 비틀즈가 그랬고 지금은 테일러 스위프트 같은 이가 그렇다.

미국의 테일러 스위프트는 현재 가장 관객 동원력이 높은 세계적인 가수다. 그의 소녀 시절 학력이나 경력은 보잘것없지만 음악에서만은 달랐다. 어릴 때부터 미국의 음악도시 내슈빌에서 컨트리 음악을 하며 컸고 지금은 대중이 선망하는 스타가 되었다. 그러나 그는 스타가 되어서도 자신의 지위를 '건물주의 과시'로 옮기지 않았다. 그녀의 공연이 지역경제에 미치는 파급력이 워낙 큰 까닭에 '스위프트노믹스Swiftnomics'라 불리기도 하지만 그녀의 '어록'만큼은 범상치 않다. 보통의 셀럽들이 하는, 통념에 기반한 말이 아니다. 그녀의 수많은 말은 통념과는 다른 영역의 말들이다. 예컨대 이런 말이다.

삶을 살아가며 모든 인간과 사물을 단순화하고 일반화하려는 욕구가 우리에게 있지만, 본질적으로 인간은 단순화가 불가능합니다. 우리는 그냥 선하거나 그냥 악하기만 할 수가 없습니다. 우리는 최악의 자아와 최고의 자아, 깊디깊은 비밀과 디너파티에서 즐겨 떠벌리는 이야기들이 어우러져 짜인 모자이크입니다.

학창 시절에는 제 머리카락이 싫었어요. 엄청난 곱슬머리였거든요. … 다른 애들은 다 생머리여서 저도 그러면 얼마나 좋을까 간절하게 바랐어요. 그래서 언제나 머리를 펴려고 했고, 아침마다 몇 시간씩 노력했어요. 그러다 어느 날 눈을 떴는데 갑자기 사람들과 다르다고 해서 꼭 나쁜 건 아니라는 생각이 들더라고요.

누가 여러분을 헐뜯거나 뒤에서 험담한다면, 그 사람들이 여러분을 두고 한 그 말들이 여러분 얼굴 전체에, 여러분의 온몸에 쓰여 있다는 느낌이 들잖아요. 그러고는 그 말들이 여러분의 마음속에서 메아리가 되어 울리기 시작해요. 그러다 그 말들이 여러분 스스로 자신을 바라보는 시선의 일부가 되어버리는데, 그게 정말로 위험한 거예요. 여러분을 알지도 못하고 아끼지도 않는 어떤 사람의 의견이 여러분 자신이 될 수는 없다는 사실을 깨닫는 순간, 자신이 깨끗하게 정화되었다는 사실을 알게 되죠.

인간 본성을 생각해보면, 우리가 제일 좋아하는 신발은 바로 어제 산 구두잖아요. 제일 좋아하는 물건은 새것이고요. 우리가 가장 많이, 가장 오래 보아온 게 뭘까 생각해보면 그건 거울 속의 우리 모습일 거예요. 그러니 당연히 그 모습을 제일 덜 좋아하겠죠.

인터넷의 칭찬에 의존해서 자존감을 달래는 일이 적을수록 건강하다고 생각해요. 특히나 바로 세 줄만 내려가도 '트럭이 치고 지나간 족제비를 술 취한 박제사가 다시 꿰매 붙인 것 같은 면상을 한 년'이라는 댓글을 보게 되는 상황에서는 말이죠. 실제로 제가 받아본 적 있는 댓글이에요.[8]

'대학도 나오지 않은' 가수가 이런 말을 쏟아낼 수 있는 것은 그녀가 세상에서 가장 쌓기 어려운 지식, 즉 자신의 자아와 자신이 속한 세계를 오랫동안 단단히 반추하며 쌓아온 지식을 갖고 있기 때문임을 확인할 수 있다. 그녀의 말에는 세인의 서열과, 서열을 평가하는 척도를 생산하는 '빈말'이 없다. 인간 각각이 전적으로 고유한 존재방식과 고유한 세계를 갖고 있음을 평온하고 충만한 기분과 언어로 말할 뿐이다. 그녀의 언어는《돈키호테》에서 돈키호테가 산초에게 하는 말들을 연상시킨다. 산초가 섬을 통치하러 가기 전에 돈키호테는 이런 충고를 해주었다. "자네 자신에게 눈길을 보내 스스로 어떤 인간인지를 알도록 하게. 이것은 세상에 있을 수 있는 가장 어려운 지식일세."

지배에 맞서 세상에 도전장을 던졌던 돈키호테의 생각처럼, 스위프트는 지금 시대의 청년 대중에게 세상에 도전장을 던지라고 말하고 있다. 스위프트는 굴욕감의 시대에, 자신을 닮고 싶어하는 대중에게 자신의 세계와 자신의 자아를 어떻게 보호하는지를 몸소 드러내고 있다. 콘텐츠는 상향비교 기계이지만 제1의 콘텐츠와 결합하는가, 제2의 콘텐츠와 결합하는가에 따라 그 영향력과 파급력은 비선형적으로 파동한다.

정상성의 강박

조르주 페렉Georges Perec의 소설《사물들》은 부자가 되고 싶어하는 프랑스의 가난한 청년 두 명의 이야기다. 그들은 탐욕스러워졌고 그 탐욕을 채워야 한다는 강박에 갇혀 있었다.

그들은 단번에 너무 탐욕스러워진 것이리라. 그들은 지나치게 빨리 가고자 했다. 세상의 물건이란 물건은 모두 그들의 것이어야 했고, 소유의 기호들을 계속 늘려야 했다. 차츰 부자가 될 수는 있었다. 하지만 처음부터 부자였던 것처럼 살 수는 없었다. 그들은 안락한 가운데 미를 추구하며 살고 싶었다. 그들은 목청을 높이며 감탄하곤 했는데, 이것이 바로 부자가 아니라는 제일 확실한 증거였다. 몸에 배서 너무나 당연한 것, 봄의 행복에 따르기 마련인, 드러나지 않고 내재하는 진정한 즐거움이 그들에게 부족했다. 그들의 즐거움은 머리로만 하는 것이었다.[9]

페렉의 두 청년에게는 남들을 따라 하는 것이 중요했다. 그러지 않으면 불안해졌다. 우리도 그랬다. 통속의 TV 드라마는 부자의 존재와 영향력을 전제했고, 지위를 상승할 수 있는 기회는 일을 하거나 부자와 사랑에 빠지는 길뿐임을 강요했다. 이런 판타지는 판타지일 뿐이지만, '들러리들'―루소가 말한 소위 미개인―의 욕망에는 직접 개입한다. 들러리들의 욕망은 떠벌려지고 통념이 되어 보통 사람의 욕망이 된다. '가난하지만, 아니 가난하기 때문에 부자처럼 살아보기'. 드라마가 생산한 신화는 들러리들에 의해 통념으로 재생산된다. 통념의 재생산은 인정의 욕망을 실현할 수 있는 삶의 내러티브를 획일화하면서 인간의 인정 욕망을 강박으로 바꾼다.

드라마에 나오는, 점심 한 끼를 위해 자가용 비행기로 이동해 도쿄의 스시집을 찾는 장면은 극본을 옮겨놓은 것뿐이다. "우리, 점심 도쿄 긴자거리에서 스시나 할까."라는 말은 보통 사람에게는 농담이다. 우리는 현실에 발 디딘 채 드라마를 보기 때문에 그것이 허구임을 안다. 그렇지만 이를 '진정 추구해야 할 어떤 것'으로 수용하는 사람들도 있다. 그것을 '진정한 어떤 것'으로 다수가 받아들이면 그것은 재미에서 진실로, 게임에서 신념으로 이행한다. 진지해진다는 것은 삶의 모든 것 또는 아주 많은 부분을 걸기 시작했다는 것이다. 그게 사회의 룰이 되면 게임에서 졌다고 해도 좀 기분 나쁘고 마는 '아니면 말고의 정신'에서 삶 전체를 따는 것과 잃는 것으로 나누는 '도박 정신'으로 바뀐다.

대표적인 예가 연애와 결혼 강박이다. 연애와 결혼을 제대로 할 수 없다면 이는 패배자가 되는 길이다. 세상의 불평등은 심해지고, 청년들은 더 가난해지고 있다. 그런데 현실은 정반대로 간다. 청년들이 결혼에 들이는 비용은 점점 더 불어나고 있다. 프로포즈도 진정성을 담아 '많은 돈'을 써야 한다. 결혼식은 점점 화려해지고 있다. 한 결혼정보회사 통계에 의하면 2024년 기준, 주택 마련을 제외한 결혼 준비 비용은 6,298만 원이다. 결혼이 인생의 한 과정이 아니라 이뤄내야 할 판타지이자 신화가 되었다. 왜 그런지 연구한 논문도 있다. 그 무의식을 추적해보니 괴로운 현실을 외면하고 미래에는 왕자와 공주가 된다는 판타지가 결혼식에 투영되고 있었다.[10] 20년 전 연구이지만 지금도 크게 다를 것 같지 않다.

그러니 대충 간단히 할 수 없다. 결혼식에서 신부는 하늘에서 내려와야 하고, 신랑은 땅에서 올라와야 한다. 신혼여행은 해외의 최고급 호텔이어야 하고, 신혼집은 제대로 갖춘 가전과 최신식 인테리어로 꾸민 신축아파트여야 한다. 어느새 가난해진 청년들이 궁정의 사교계 인사들처럼 예식을 치르고 번듯하게 시작하는 신혼 생활을 꿈꾸게 되었다. 그러니, 청년 시절에 모아놓은 돈을 다 쓰게 된다.

화려한 결혼식에 대한 강박은 자연스레 결혼의 가능성을 낮출 수밖에 없다. 특히 남성에게 말이다. 판타지가 실현되는 결혼식을 감당하기 어려운 남성은 결혼 자격요건을 갖추지 못한 사람이 된다. 이는 남성들 사이에서 유독 소득에 따라 결혼 비율이 차이 나는 이유이기도 하다. 현대사회에서 유한계급은 따로 존재하는 것이 아니라 '부자를 꿈꾸는 가난한 청년들의 머리' 속 이미지로 존재한다.

중산층은 물론, 만성적인 빈곤 속에서 자란 청년들의 결혼 이미지도 이와 다르지 않다. 2017년 남성들이 결혼을 포기하는 이유를 파악하기 위해 심층인터뷰를 실시한 한 연구에서는 그 결과가 연구자의 예상을 벗어났다.[11] 연구자는 생계 부양 능력이 약한 남성이라면 남성이 생계를 부양해야 한다는 '남성 생계 부양자 규범'에 대한 동의를 철회할 것으로 예상했다. 그러나 이들은 오히려 연애와 결혼을 포기했다. 연애나 결혼을 위한 소비에서 남성이 주도해서 비용을 부담해야 한다는 관행을 빈곤층이라 하더라도 그대로 갖고 있었던 것이다.

아버지처럼 직장을 갖고 그렇게 살 수만 있다면 일단은 다행이죠. 근데 그렇게 하지 못할 것 같다면 사실 저는 그건 지옥이라고 생각해요. 능력이 없는데 간신히 가정을 구성해가지고 단순히 어린아이들이 '아빠 고마워' 하는 걸 본다면 저는 오히려 그것에 대해서 큰 행복감을 느끼지 않을 것 같아요.

… 아버지 미만으로 살게 될 거라면 별로 그렇게 인생에 재미가 없을 것 같아요. 아버지 미만이라는 건 아버지 경제력이죠. (박○현)

이들은 저잣거리의 들러리들이 던지는 '미만이라는 빈말'의 강박과 폭력에 무방비로 노출되었다. 연애하고 결혼하고 가족을 구성하는 데 요구되는 비용이 보통 사람들에게도 너무나 커졌다는 것을 스스로 잘 알고 있었다.

세상은 많이 변했어요. … 온고지신하고 남편만 바라보고 요즘 세상에서 그런 여자들을 만나기는 어려울 것 같아요. 왜냐하면 옛날에는 안 그랬는데 외제차가 당연히 지면 광고에도 나오고 케이블 광고에도 나오고 앞으로는 공중파에도 나올 건데, 앞으로는. 그리고 미디어가 발달해서 정말 혹하고 갖고 싶은 것도 많이 보이고 살고 싶은 인생들도 많이 나오고 있는데 과연 그런 유혹들에서 남편이 200 간신히 벌어주는 그런 돈으로 만족할 여자가 있을까요? (이○민)

이들은 미디어가 보내는 상향비교와 강박에 의한 무력감을 호소한다. 경제적 비용에 신경을 덜 쓰더라도 스스로 감당할 수 있는 마음의 능력을 갖고 싶겠지만 이는 사치스러운 고민일 뿐이다. 모든 일과 사건은 경제적 이유들과 연결된다. 스스로 감당할 수 있을 것이라는 작은 희망으로 텔레비전을 켜고 결혼과 이혼 프로그램들을 보지만, 좋은 직업에, 좋은 외모에, 좋은 언변이라는 결혼에 대한 '정상성의 이미지'만 끊임없이 주입받을 뿐이다.

내면을 끄집어내기

2024년 2월에 개봉한 영화 〈파묘〉(장재현 연출)는 3월에 그해 첫 관객 수 1,000만 명을 돌파한 영화가 되었다. 이 영화의 제작비는 약 140억 원이다. 당신이 이 영화를 재미있게 봤다고 치자. 그런데 만약 〈파묘〉가 나오지 않았다면 〈파묘〉라는 영화에서만 느꼈던 즐거움을 다른 것에서 느낄 수 있었을까? 당신이 많은 돈을 지불한다고 해도 그 영화만의 독특한 즐거움을 다른 어떤 것에서 똑같이 느끼기는 쉽지 않다. 그런데 〈파묘〉는 홀로 영화관을 찾아서 단돈 1만 5,000원을 지불한 사람에게 1억 5,000만 원을 들여도 느끼기 어려운 즐거움, 즉 '그것이 없었다면 느낄 수 없었던 즐거움'을 선사했다. 관객은 돈의 액수를 떠나 개인의 내면으로부터 '영화 〈파묘〉만이 주는 즐거움'을 얻을 수 있었다.

사실 이것이 봉건주의를 뒤엎고 자본주의가 일어난 힘이기도 하다. 중세에는 영주가 주문하면 장인은 그의 마음에 들도록, 그가 주문한 대로 만들었다. 장인은 영주에 복속되어 있었고 영주는 그것으로 만족했다. 영주는 생산자를 지배했고, 생산자는 영주의 요구에 철저하게 봉사했다. 그런데 자본주의가 등장하면서 생산자 스스로 생산할 수 있게 되었다. 영주의 보호가 없어 불안정한 대신 고객은 영주 한 명에서 수많은 대중으로 확장되었다.

그러면서 상황은 뒤바뀌었다. 생산자가 자기 방식대로 만들면, 그러니까 불특정한 소비자가 이런 것을 좋아할 것이라는 추측과 자기도 이런 걸 만들고 싶다는 생각이 '우연히' 만나면, 상품이 제작되고 그것을 소비자가 선택한다. 영주라는 거대 토지자본가이자 거대 소비자가 생산자나 상품을 '간택'하는 것이 아니라 생산자가 자율적으로 생산한 제품을 소비자가 '선택'하는 시대가 왔다. 결과적으로 생산성이 높아졌고, 원격지 상인들이 새로운 고객을 찾아 시장을 개척했다. 그 결과 개별 소비자의 선택 폭은 넓어졌다. 소비를 통해 영주가 얻었던 즐거움보다 일개 평민 소비자가 훨씬 더 큰 즐거움을 얻을 수 있게 된 것이다. 봉건의 시대가 붕괴하고 자본의 시대가 올 수밖에 없었던 이유다.

여기서, 자본주의라는 체제를 만들어낸 강력한 힘은 바로 경험이 갖는 독특한 성격이라는 것을 알 수 있다. 〈파묘〉라는 영화가 나오고, 내가 그것을 선택해서 보기 전까지는 그 영화가 내게 즐거움을 줄지 아닐지 모른다는 것이다. 모든 사람이 즐거움을 추구하지만, 그 즐거움이 구체적으로 어떻게 실현될지는 생산자도 소비자도 알기 어렵다. 봉건 영주가 요구하는 것은 그대로 맞춰주면 되지만, 익명의 무수한 고객들의 요구를 맞춰주기란 무척 어렵다. 아무리 시장 조사를 해도 소비자들이 딱 원하는 제품을 만들어내기는 쉽지 않다. 지금 이 시대에 수많은 생산자가 막연해하고 답답해하는 이유다.

그런데 여기에 묘한 부분이 있다. 이런 상황이 역설적으로 생산자의 자율성을 높이게 되기 때문이다. 소비자의 요구와 수요를 쫓아 맞추려고 하지만, 그것을 완벽하게 구현하는 것은 궁극적으로 불가능한 일이다. 때문에 결국 최종 생산물에는 생산자의 자율적인 판단이 개입할 수밖에 없다.

소비자로부터 '구체적으로 드러나는 세세한 욕구'를 알아내기는 어렵다. 욕구는 많은 부분 무의식에 잠재해 있어서 소비자 스스로도 자신의 욕망을 찾아 밝히기 어렵다. 점심 메뉴조차 딱 잡아 고르기 어려운 것이 인간의 선택인데, 하물며 자기가 원하는 상품을 구체적으로 특정할 수 있겠는가. 이러한 소비자 욕망의 비구체성, 모호성으로 인해 생산자의 자율성이 가장 크게 보장되는 업종이 콘텐츠산업이 된다.

콘텐츠산업은 소비자의 선택을 받아야 하지만, 생산자의 자율성이 가장 높은, 그러니까 창작자의 정신이 가장 잘 투영되는 산업이다. 제조 상품과 달리, 소비자는 콘텐츠 앞에서 세세한 기능적 불만을 토로하지 않는다. 재미의 유무로만 판단할 뿐이다. 재미있다면 소소한 결점은 큰 의미가 없다. 예측 불가능했던 상품이 나왔기 때문이다. 그래서 생산자, 창작자는 자신의 정신을 결과물에 온전히 투여할 수 있다.

콘텐츠 생산도 거대한 경제자본으로부터 자유로울 수 없다. 즉 자본의 크기가 클수록 재미있는 콘텐츠를 생산할 가능성은 높다. 그러나 그 생산의 주된 과정은 생산자의 정신이 투영되는 과정이기 때문에 경제자본의 지배력은 일정한 한계를 갖는다. 그래서 자율성의 측면에서 보자면 콘텐츠산업을 낳고 확대하는 자본주의는 자본주의의 발전 단계 중에서 가장 고도화된 단계라고 할 수 있다.

〈파묘〉를 만든 창작자들은 자신들의 영화가 이렇게까지 흥행할 것이라고는 생각하지 못했다고 한다. 한국에서 흔하지 않은 오컬트 장르에다 인지도가 높은 감독의 작품도 아니었기 때문이다. 그래서 자신이 생각한 방식대로 영화를 만들었다고 한다. 물론 관객의 관점도 고려했겠지만, 이 영화는 기본적으로 창작자의 문제의식을 기반으로 만들어졌다. "다른 사람의 눈치 안 보고 그냥 화끈한 영화 하나를 만들려 했고 끝까지 밀어붙인" 것이다.

평범하고 매끄러운 유령 영화를 만들 수도 있었는데 그렇게 하면 (나의) 필모그래피에 발전이 없을 것 같았다. 〈파묘〉로 앞으로 나아가고 싶었다. 그래서 몇 가지 부분들은 그냥 먹살잡이하다시피 끌고 가려 했다. … 외부 의견에 위축되거나 하는 것 없이 지금껏 안 해본 새로운 장면들을 넣으려 노력한 건 확실하다.[12]

내면으로부터의 과시: 장인 자본주의와 스펙터클의 기원

대량생산은 자본주의를 유지하는 핵심 요소다. 최소의 투입으로 최대의 산출량을 만들 수 있는 대량생산 체제는 이윤을 극대화하는 데 가장 효율적인 시스템이다. 대량생산은 대중시장을 만들어냈다. 대중이 소비할 수 있는, 자신이 상품을 선택할 수 있는 기반을 만들었다. 그러나 다른 한편으로 대량생산 체제와 동시에 발달한 것이 수공업의 고도화다. 봉건시대의 수공업은 영주에게만 봉사했지만, 대량생산 시대의 수공업은 대중 소비자를 벗어나 상위의 소비 계층에게 봉사하는 역할로 자신의 위상을 새롭게 획득했다. 바로 오트 쿠튀르haute couture(파리의 고급 양장점)의 출현이다.

오트 쿠튀르는 수공업자이지만, 영주 같은 특정 사람에게 봉사하지 않는다. 이들은 자신의 모델과 취향을 특정 집단이나 개인이 받아들이게 했다. 창조자로서의 쿠튀리에가 나타난 것이다. 그러고 나서 그들 중 일부가 그랑 쿠튀리에grand couturier(유명 의상 디자이너)로 부상했다. 이들은 자유롭고 독립적이었다. 자본주의가 고도화된 오늘날까지도 이들은 최고의 명성과 지위를 누리고 있다. 이들 브랜드가 소비자에게 종속되어 있다고 보는 사람은 아무도 없다. 이들 브랜드는 쿠튀리에, 즉 디자이너의 자율적인 결정으로 성장했고, 품위와 품격의 상징으로 대우받는다.

콘텐츠 생산자도 그랑 쿠튀리에처럼 자유롭고 독립적이다. 그래서 그만큼 외롭다. 창작은 기본적으로 외로운 작업이다. 그러나 그런 외로움 속에서 축적한 능력이 대중과 통하면 이들 중 일부는 그랑 쿠튀리에와 같은 지위에 오를 수 있다. 이들이 만든 콘텐츠는 적은 수의 사람이 모여 만든 창작의 결과물이지만 바로 대량복제가 가능하다. 반도체, 정보처리, 인공지능 같은 첨단 소통 기술은 콘텐츠와 바로 연결되어 이들을 실어 나른다.

이렇듯 콘텐츠산업에서 창작자의 수공업은 대량생산과 바로 접합된다. 콘텐츠 시대에는 '장인주의'가 자본주의와 양립할 수 있는 것이다. 소기업이라 해도 창작의 역량만 있다면 거대 기업과 대등한 세력을 가질 수 있는 '비선형의 네트워크' 시대가 도래한 것이다. 그러나 '오트에서 그랑으로' 가는 것은 험난한 여정이다. 자본주의의 태동과 동시에 등장한 과시의 욕망 때문이다.

대중의 '필요 욕구'가 어느 정도 충족되면, 자본주의는 인정, 품위, 품격 그리고 허영, 사치, 과시의 '파생 욕구'를 기반으로 한 소비에 의존해야 성장할 수 있다. 그럴 때 대량생산 체제도 유지되는데, 왜냐하면 다량의 대중화된 유사품, 준사치품, 모조품을 만들어낼 수 있기 때문이다.[13] 백화점은 이들 유사품과 준사치품의 대중화 거점이다. 그 방식은 스펙터클의 주조를 통해 이루어진다. 수많은 불빛으로 반짝이는 경이로운 대향연을 만들어내는 방식이 그것이다. 백화점은 물질주의적 차원을 완전히 벗어나서 명성과 지위를 부여하는 판타지의 생성소가 된다. 콘텐츠가 '그랑'으로 간다는 것 또한 백화점의 반짝이는 대향연의 빛을 받는 것과 같다. 사람들은 스펙터클한 콘텐츠로 시선을 돌린다.

애덤 스미스는 사람들의 '존중받고자 하는 마음'에서 경제의 작동 원리가 생성된다고 보았다. 그는 사람들이 기기의 편리함보다는 기기의 우아함에 더 신경 쓴다고 했다.[14] 18세기에는 시계가 몇 분씩 느리게 가는 일이 흔했지만 고가의 사치품이었다. 시간을 정확히 알기 위해 시계를 산 사람도 있었겠지만, 오직 시계를 가진 사람만 시간 약속을 잘 지킬 수 있는 것도 아니었다. 사람들은 단지 시계가 고급스러웠기 때문에 샀다. 지금 시대에도 수천만 원 하는 시계가 저렴한 시계에 비해 정확도가 크게 높은 것은 아니다. 그런 시계를 가졌다고 해서 시간 약속을 더 잘 지키지도 않는다. 하지만 많은 사람이 고급 시계를 가지고 싶어한다.

애덤 스미스는 "시계 고를 때는 그토록 까다로운 사람이 약속 시간은 정확히 지키지 못하는 이유는 시간이라는 정보를 얻기 위해 시계를 산 것이 아니라 시계의 그럴듯한 겉모습에 끌려 구입했기 때문"[15]이라고 말한다. 우리가 그럴듯한 겉모습에 현혹당하는 이유는 무엇일까? 그것은 바로 존중에 대한 갈망 때문이다. 그럴듯한 겉모습을 가진 것을 소유함으로써 타인의 존중을 얻을 수 있기 때문이다. 애덤 스미스는 《도덕감정론》에서 이렇게 말한다.

우리가 재부를 추구하고 가난을 피하고자 하는 것은 인간의 감정에 대한 이런 고려 때문이다. … 인류 사회의 각계각층의 사람들 모두에게서 나타나는 경쟁심은 어디에서 생기는 것인가. 그리고 소위 자기 자신의 지위의 개선이라고 하는 인생의 거대한 목적을 추구하는 것은 어떤 이익이 있어서인가? 남들로부터 관찰되고, 주의와 주목을 받는다는 것, 그리고 그들로부터 동감과 호의와 시인을 받는다는 것이 바로 그것으로부터 얻을 수 있는 이익이다. 우리의 관심을 끄는 것은 안락함이나 즐거움이 아니라, 허영이다.[16]

존중에 대한 갈망은 허영으로, 즉 눈에 띄는 그럴듯한 겉모습을 갖추는 것으로 나타났다. 그렇다면 존중에 대한 갈망은 구체적으로 어떻게 허영과 연결될까? 존중에 대한 갈망은 인간의 기본적인 욕망이다. 그러나 그것이 허영으로 나타나는 것은 '그럴듯하게 보이는 물건에 대한 소유가 곧 나 자신'이라는 의식을 통해서다. 존중받고 싶은 욕망이 우아한 물건에 대한 소유로 바로 이어지면서 존중의 욕망은 경제적 개선을 통해 완전히 충족될 수 있다는 '특정한 편견'이 형성되었다. 사실 애덤 스미스도 이런 편견에서 벗어나지 못했다.[17]

반면, 홉스나 루소는 이를 구분했다. 홉스는 경제적인 개선은 실제적인 필요의 충족에서 이루어지는 사적 영역으로, 동료들의 승인과 존경은 공적 영역으로 구분했다. 루소는 노동의 이유를 삶의 편의를 충족하는 경제적인 영역과 타인들로부터의 존중이라는 관계적인 영역, 양쪽에서 비롯된다고 말하며, 두 범주를 명확하게 구분했다.

그러나 홉스와 루소의 구분은 역사 속에서 흐려지고 말았다. 자본주의가 발전할수록 물건에 대한 소유를 자기 자신과 동일시하는 것, 곧 허영이 그 원래의 경제적 범주를 넘어 존중에 대한 갈망까지 쓸어 담는 방식으로 발전했다. 역사는 사적 영역과 공적 영역을 따로 구분하지 않은 애덤 스미스의 손을 들어준 것이다. 브로델에 의하면, 그것은 사회 규모가 도시에서 국가로 발전하면서 나타난 결과였다. 도시들이 몰락하고 국가라는 중앙권력이 등장하면서 사람들을 경탄시킬 목적으로, 그래야만 사람들이 따를 것이라는 이유로 사치와 허영이 크게 주목받게 된 것이다. 이는 16세기 도시국가와 근대국가 수도의 부자들을 비교하면 잘 드러난다.

16세기 베네치아, 제노바, 암스테르담의 부자들은 검소하게 살았다. 암스테르담의 길거리에서는 높은 지위의 사람과 일반 시민이 전혀 구분되지 않았고, 베네치아의 귀부인들은 공공장소인 카페에 갈 때 마스크를 이용했다. 마스크를 쓰면 모든 사람이 똑같아진다. 베네치아에서 사치는 장엄한 공공 기구나 엄격히 사적인 생활에만 한정되어 있었다.[18] 제노바에서 축제는 길거리나 광장이 아니라 시골 저택 등에서 신중하게 치러졌다.

반면 근대국가의 수도나 왕도로 가면 분위기가 완전히 바뀐다. 여기서는 검소함이 사라지고 으스대고 과시하는 행동이 난무한다. 부유한 가문의 장대한 결혼식이 공공의 축제가 되기도 했다.[19] 으스대고 과시함으로써 먼 곳에 있는 평범한 사람들에게도 지배력을 행사하는 동시에 그들과 자신을 분리할 수 있기 때문이었다. 이때 스펙터클은 아주 효과적으로 기능한다. 스펙터클이 지배의 한 방식이 되는 것이다.[20]

스펙터클을 향한 시선은 부유한 인물이나 부류에게 향하는 일방향의 시선이다. 허영이 스펙터클과 결합하고 경탄과 결합하면서 스펙터클을 모방하려는 갈망이 생성된다. 스펙터클이 대중의 소비 욕망을 극대화하게 되었고 그것을 쫓기 위해 열심히 일하게 된 것이다. 스펙터클에 의한 시선의 독점은 결국 존중의 불균형을 생산했다.

과시의 이미지: 대유튜브의 도시

현재 MZ 세대의 스펙터클은 그 대상이 달라졌다. 궁정과 부유한 가문의 결혼식, 휘황찬란한 귀금속과 마차가 16세기의 스펙터클이었다면, 지금은 눈앞의 작은 화면, 손가락에 닿는 스마트폰이 그 자리를 차지했다. 혼자 있을 때는 물론, 친구와 함께 간 카페에서조차 시선은 오직 각자의 스마트폰을 향한다. 대규모 행사를 향했던 열광은 스마트폰의 작은 스크린 속 콘텐츠에 대한 열광으로 바뀌었다.

손 안의 스펙터클은 2013년부터 본격화된 유튜브에서 구체적으로 나타난다. 유튜버에게 구독자 수는 자신의 팬덤을 의미하며, 팬덤의 규모는 그의 영향력을 지시한다. 만약 당신이 100만 명 이상의 구독자를 가진 유튜버가 된다면 골드 크리에이터 어워드Gold Creator Award라는 상패를 유튜브 CEO로부터 받게 되는데, 이는 유튜버로서 최상위 그룹이 되었음을 뜻한다. 상패의 문구는 이렇다. "밴쿠버보다 크고 베네치아보다도 큽니다. 라스베이거스보다도 큽니다. 어쩌면 오랫동안 꿈꿔온 순간일 수 있고 전혀 예상치 못한 순간일 수도 있습니다. 나만의 창의성과 아이디어, 그리고 목소리가 100만 명이 넘는 세계인에게 전달된다는 만족감에 비할 바 없을 것입니다."

그러나 골드 크리에이터가 되면 사생활은 사라진다. 베네치아의 귀족이 썼던 가면은 사라지고, 자신의 일거수일투족은 모든 사람에게 노출된다. 한편 명성과 동시에 재물도 얻게 된다. 유튜브 통계분석 전문업체인 '플레이보드'에 따르면 2021년 기준 한국의 광고수익 유튜브 채널은 인구 529명당 1개꼴로 집계됐다. 사실상 세계 1위다. 유튜브의 본고장 미국보다 한국에서 유튜브가 더 확산되었다는 뜻이다.

이제 한국에서 유튜브, 그리고 유튜브를 실어 나르는 스마트폰은 일반인을 스타로 변신시키는 기계다. 여기서 일반인과 스타라는 말을 새겨볼 필요가 있다. 일반인이라는 말은 연예인이 대중을 가리켜 곧잘 쓰는 말이다. 스스로 경계를 세우는 것이다. 가장 큰 이유는 시선의 차별이다. 시선의 독점은 곧 존경의 독점이다. 존경을 독점하려는 이는 곧 권력의 불균형을 추구한다. 자신을 향한 시선이 다른 방향으로 돌아가지 않게 해야 한다. 이것이 스타가 되고자 하는 유튜버를 번아웃을 불사하게 만드는 초경쟁으로 내몬다.

스마트폰 스크린의 스펙터클은 수많은 이미지로 구성된 것들이다. 이것으로 구축된 스펙터클은 사람들의 직관을 자극하고 모방을 촉진한다. 스크린의 스펙터클은 이제 현실로 이동한다. 스크린에서 본 가상의 콘텐츠를 현실에서도 찾으려 하는 것이다. 인간은 사회화 과정에서 자기가 본 것을 그대로 모방하는 습성을 지닌다. 특히 자기 가까이 있는 것, 그리고 자신보다 지위가 높은 것에 더 많은 영향을 받는다. 가까이 있다는 것은 자주 접한다는 의미다.[21] 가장 가까이에 있는 스크린을 보다 시선이 멈춘 곳, 그곳이 곧 스펙터클의 장소다. 모방의 욕망은 손가락에 의해 직접 스펙터클로 접속한다.

스마트폰 속 이미지로 인해 해외여행이 폭증했다. 현실에서 이미지를 확인하는 순간 현존감presence이 생성되고, '그곳에 있는 느낌being there'의 현존감이 육화肉化하여 소비의 욕망을 추동한다. 손가락으로 접속한 스펙터클을 실제로 생성하기 위해 여행하는 것이다. 스마트폰의 스펙터클이 현실의 스펙터클을 즐기고 싶다는 욕망을 생성시킨다. 현존감은 가상현실을 현실처럼 느끼는 감정인데, 가상현실을 현실처럼 느낄수록 현존감은 현실을 대체하기보다 현실에 대한 갈망을 만들어낸다.

스펙터클을 생산하는 콘텐츠는 이제 사람들의 이동mobility을 규정한다. 그래서 이동 역량은 스펙터클을 모방할 수 있는 역량이다. 이동의 욕망은 자신의 삶을 향상하고자 하는 욕구에서 나온다. 이제 인간은 자기 발전의 욕구를 스펙터클을 대량생산하는 스마트폰에 내주었다. 스마트폰에서 멋져 보이는 광경들로 현실의 발걸음을 옮기고, 그곳에서 직접 본 광경을 스마트폰에 담아 SNS, 유튜브 같은 가상공간에 올리고, 그것에 대한 수많은 반응을 확인하고, 그것으로써 내가 존중받는 느낌을 얻는다.

내면 없는 과시: 연예인의 부동산

강한 각성의 이미지 A와 강한 각성의 이미지 B, 이 두 개가 합쳐지면 각성 효과가 배증해 쉽게 주목을 끌 수 있다. 그래서 뉴스 기사들은 강한 각성을 가진 이미지들을 합치려고 애쓴다. 강한 각성의 이미지와 약한 각성의 이미지가 결합하면 약한 각성의 이미지가 사라져 완성된 기사로서 갖는 매력이 줄어든다.

그래서 기자들은 강한 것 두 가지를 섞으려고 한다. 그렇게 되면 간단하게 주의를 끌 수 있고 조회 수를 높일 수 있다. 대표적인 예가 '연예인 부동산'이다. 요지의 빌딩을 구입해 시세차익을 엄청나게 남겼다는 연예인들의 기사가 종종 뜬다. 아마도 가장 쓰레기 같은 기사 순위를 매길 때 '연예인+부동산' 관련 뉴스가 상위권에 오르겠지만, 이런 기사가 나오면 욕하면서도 보게 된다. 대중적인 아이콘인 연예인에다 '건물주'라는 시대적인 아이콘을 결합했기 때문이다. 강한 각성을 가진 두 이미지가 모여 각성 효과를 배가한다. 몇 다리 건너 아는 사람의 주식이나 가상화폐 투자, 도박장에서 번

돈 얘기는 금방 잊는다. 그러나 '모두가 잘 아는' 연예인이 부동산으로 돈을 벌었다는 이야기는 스펙터클하다.

모든 사람이 쥐고 있는 작은 스크린 덕분에 연예인의 영향력은 엄청나게 강해졌고, 유명세는 그들에게 요지에 큰 건물을 살 수 있는 능력을 주었다. 물론 그들에게는 건물을 살 권리가 있다. 지금 유명하다 해도 언제 내리막길을 걸을지 모르니 감가상각이 덜한 부동산에 투자하는 것은 당연한 일일 수도 있다. 그러나 일반인의 부동산이 아닌 연예인의 부동산에는 남다른 점이 있다. 바로 기자들과 자기가 건물주임을 알리고 싶은 연예인들의 공모에 의해 '보도'된다는 것이다. 그리고 그 소식에는 꼭 특정 지역이 따라붙는다. 어느 동네의 건물이라고. 그 동네는 소위 부촌이라는 이미지를 갖고 있는 곳이다. 그런 기사는 그 연예인이 '건물주 부자'가 되었다는 증표로 작동한다. 그동안 유명세만 있던 사람에게 부자라는 이미지가 덧붙여진다. 통장을 보여줄 순 없으니 건물주가 되었다는 소식을 알려 부자의 증표를 내보이는 것이다.

그렇지만, 조금 다르게 생각해보면 그런 보도는 연예인이 그들의 '공적 역량'으로 존중받는 것이 아니라 부자가 되었다는 과시로 존중받으려는 시도로 보인다. 배우로서, 가수로서 존중받으려는 연예인이라면 굳이 본인이 건물주임을 드러내며 세간의 존중을 받으려 할 이유가 없기 때문이다.

이 시대에서 부富는 곧 능력을 방증한다. 일반인도 스타가 될 수 있는 '보편적 능력'의 시대가 되면서 부자가 되려는 욕망은 더 강해졌다. 다 유튜브 덕분이다. 누구나 스타가 될 수 있는 시대이니 너도 스타가 되면 된다. 가능성이 열려 있는데도 네가 여전히 볼품없는 사람인 이유는 노력하지 않았기 때문이다. 스타의 '가능성'이 열렸다―모든 이가 공평하게 유튜브에 접속하고 활용할 수 있게 되었다―는 것은 이제 너의 능력을 문제 삼는 시대가 된다는 의미다.

유튜브와 SNS로 조건은 평등해졌다. 무언가를 향한 경주에서 사람들 사이의 출발점은 점점 더 벌어지고 있었지만, 이제 조건의 평등을 만든 자아-대중 기술이 그 격차를 단박에 뛰어넘게 만들었다. 그러니 유명인에 대한 갈망은 더욱 커진다. 격차에 대한 의식이 평균점을 올리고 그 평균점이 개인을 압박한 결과다. 연봉 상위 10%의 괜찮은 직장과 막대한 투자 수익, 건물주 등을 지향하는 시대의식이 만들어진 것이다.

유튜브는 갖가지 성공 사례를 만들며 '너의 능력을 보여줘'라는 말을 시대적 화두로 만들었다. 다양화가 대중화―더 정확히는 속물주의snobbism―와 결합하면서 '자신만의 능력으로 성공하라'는 획일화된 규범이 지배하게 된 것이다. 모든 사람은 무슨 능력이든 어떤 하나는 갖추고 있을 것이고, 그래서 그것을 끄집어내는 노력은 오직 너에게 달려 있다. 이제 모든 사람에게 부여된 작은 스크린을 활용할 수 있는 능력만 있으면 너는 관심을 받고 '출세'할 수 있다. 그걸 해내지 못하면 결국 능력과 의지의 박약이다. 이런 생각이 보편화된 것이다. 별로 잘생기지 않은 사람, 별로 뜰 것 같지 않은 사람이 '자신의 탁월한 능력'으로 유튜브에서 일반인 스타가 되는 것을 보게 될수록, 그들이 강남의 건물주가 되고 있다는 것을 여기저기서 보고 듣게 될수록, 그런 '뉴스'가 주는 각성은 격차와 '격차에의 염려'를 더욱 키운다. 그렇게 건물주가 되기 위한 능력주의, 실력주의는 우리 사회의 통념이 되었다.

3장

분류하기
알고리즘이 만든 군집

알고리즘, 개인화를 대량생산하다

대학생들과 유튜브의 추천 알고리즘에 대해 이야기를 나누던 중
한 학생이 자신의 알고리즘을 이렇게 평가했다.

유튜브를 사용하면서 '좋아요'와 '채널 추천 안 함'을 여러 번 하다 보
니 개인화 맞춤 추천을 받게 되었다. 결국 알고리즘이 점차 범위를 좁히
며 자신이 '좋아요'를 누른 것과 비슷한 유형의 영상만 보여주었고, 필터
링된 정보만 얻게 되는 일명 필터버블filter bubble 현상에 갇혔다. 필터

버블 현상이 왜 개인화 알고리즘의 약점인지 잘 알지 못했다. 하지만 어느 날 친구들의 대화 주제에 끼지 못하고 쉽게 이해하지 못하는 자신을 발견했다. 친구들은 모두 '토모토모'를 알고 있고, 그 '토모토모'가 거의 50만 구독자(2024년 현재는 105만)를 가진 유튜버라는 것을 그날 처음 알게 되었다. 그날 이후, 나의 알고리즘을 다시 구축하기 위해 뉴스 채널과 증권사 채널을 구독했다. 내 주변의 20대 여자들이 좋아하는 것을 나도 해본 것이다. 하지만 유튜브 화면에 뉴스가 뜨니 시청에 흥미를 잃었다. 최종적으론 뉴스 채널의 구독을 취소하고 구독 목록을 원상 복구했다. 뉴스는 웹서핑을 통해 보고 유튜브에선 원하는 영상만 추천받아 보는 것이 편하다고 생각했기 때문이다. 개인적 경험으로는 자신의 입맛대로 정리된 개인화 알고리즘이 더 매력적이었다. 화면을 내려도 내려도 원하는 영상만 나오는 것이 만족스러웠기 때문이다.

이 학생의 유튜브 사용기는 유튜브 추천 알고리즘의 역사를 단적으로 보여준다. 유튜브는 초기에 사용자에게 조회 수 중심으로 추천을 해주다가 조회 수가 콘텐츠의 질과는 관련이 없다고 판단되자 조회 시간을 기준으로 영상을 추천했다. 그러나 이것도 콘텐츠의 질을 제대로 확인할 수 있는 기준은 아니었다. 유저들이 오래 보았다고 다 좋은 콘텐츠는 아니었기 때문이다. 그래서 이번에는 조회 수나 조회 시간이 아닌, 개인이 선택한 콘텐츠의 주제나 인물 등 속성을 파악하고 이와 유사한 콘텐츠를 추천하기 시작했다.

취향 중심의 콘텐츠를 추천한 것이다. 2006년 유튜브가 알고리즘을 도입한 이래 취향 중심으로 콘텐츠 추천 방식이 바뀐 것은 10년이 지난 2016년이었다. 그 후 유튜브 이용 시간은 폭발적으로 증가했다.

이러한 취향 중심의 추천 알고리즘은 유튜브의 매출과도 직결되었다. 수많은 기업의 광고가 따라붙었다. 취향 중심의 추천 알고리즘이 타깃 광고에 적합한 방식이기 때문이었다. 기업은 일반 고객이 아닌 타깃 고객을 잡아야 하지만, 이들을 구별해내는 것이 또 가장 어려운 일이기도 하다. 백화점에서 향수 마케팅을 위해 시향지를 나눠주는 직원들은 중년의 남성에겐 눈길도 주지 않는다. 사실 중년 남성 중에서도 향수에 관심 있는 사람들이 꽤 있을 텐데도 말이다.

그러나 유튜브에서는 다르다. 향수에 관심 있는 중년의 남성이 유튜브에 접속하면 대번에 추천 알고리즘에 향수 광고를 띄울 수 있다. 그러니 고객에 집중하기에 유튜브만큼 좋은 플랫폼도 없는 것이다. 유튜브는 알아서 해당 범주의 고객을 찾아 정확하게 연결시켜준다. 유튜브 광고 시장이 취향 중심의 추천 알고리즘과 함께 폭발적으로 성장한 이유다. 이제 유튜브는 세계에서 가장 '압도적인 광고 시장'이다.

하지만 추천 알고리즘은 그 탁월한 장점에도 불구하고 문제점과 한계도 많다. 앞서 언급한 알고리즘과 관련한 대화에 참여한 학생들 중에는 계속 비슷한 콘텐츠만을 추천하는 알고리즘을 심히 거북해하는 이도 있었다. 계속 유사한 영상이 뜨니 갇혀 있다는 느낌을 받는다는 까닭이다. 그런 이유로 아예 계정을 새로 만들었다는 학생도 있었다. 그러나 이러한 의견은 소수였고, 대부분은 추천 알고리즘에 감시받는 느낌보다는 감사한 느낌을 받는다고 많이 이야기했다. 유튜브 알고리즘은 내게 맞는 콘텐츠를 추천해주는 '친구의 수고로운 친절'과 같다는 느낌이란다.

인간은 감언flattering에 약하다. 그리고 감언을 하려고 노력하는 친구에게는 더 약하다. 필터버블의 번성도 사실은 이러한 감언에 약한 본성에 기초한다. 친절한 친구들에 둘러싸여 있는 것은 즐겁고 편안한 일이 틀림없기 때문이다.

좋아하는 노래를 찾아 유튜브를 검색하니, 옛날 노래여서 그런지 맨 위에 달린 댓글은 이랬다. "2024년에도 이 노래 듣는 분!" 여기에 '좋아요'가 수천 개나 달렸다. 그리고 이어 달린 수백 개의 댓글은 그 노래를 듣던 세대들이 남긴, 그 노래와 함께했던 사연들이다. '다들 여기에 있었군. 같은 노래를 좋아하는 사람들은 어쩌면 그리 비슷한 감정인지.' 댓글들을 읽으며 같은 노래를 좋아했던 동세대가 있음을 확인한다. 얼굴 한번 본 적 없는 이들이지만 서로 흐뭇한 감정을 공유한다.

필터버블의 가장 큰 효용은 이렇게 외로움을 잊을 수 있다는 점이다. 필터버블은 하나의 일시적인 현상이라기보다는 가상 세계가 지배하는 현대를 특징짓는 중요한 현상이다. 필터버블 장치는 경험기계의 범용성을 대폭 높였다. 모두가 경험기계에 들어가려 하며, 필터버블은 그 즐거움을 보증하는 장치가 되었다.

콘텐츠의 세계는 필터버블 장치로 작동한다. 유사한 사람들을 모으는 데 콘텐츠만큼 좋은 장치는 없다. 유튜브는 노래와 음식처럼 같은 취향을 가진 사람들을 모으는 장치이고, 게임은 비슷한 놀이를 좋아하는 사람들을 모으는 장치다. 콘텐츠 시대에 유튜브와 게임, 인스타그램이 가장 크게 성장한 이유도 이것이 유사한 사람들을 모아주는 가장 좋은 장치이기 때문이다.

같은 음악을 듣는 사람들, 같은 게임을 하는 사람들, 같은 취향을 가진 사람들은 모종의 유대감을 공유한다. 그 공연에 참석해서, 그 게임에 접속해서 낯선 사람들을 만나더라도 완전히 모르는 사람은 아니다. 나와 비슷한 취향을 공유하고 있어서 언젠가 한 번쯤은 만날 수 있는 사람을 만난 것 같다. 그래서 처음 보는 사람과도 조금만 시간을 보내면 재미있게 놀 수 있다. 오랜만에 만난 친구처럼 말이다.

알고리즘, 만남을 대량생산하다

사실 인간은 생각하는 존재가 아니라 '생각하기 싫어하는 존재'다. 그러나 생각하기 싫어한다고 해서 문제나 현상의 원인을 아예 찾지 않는 것도 아니다. 인간은 원인이나 근거 없이 불분명한 것 또한 싫어한다. 생각하기는 싫어하는데 궁금증은 본능적이다. 옆 사람의 전화 통화 소리가 듣기 싫은 이유도 소음 때문이 아니라 대화를 온전히 알아들을 수 없기 때문이라는 실험 결과도 있다. 그래서 인간은 원인을 찾을 때 '그럴듯한 것'이 있다면 바로 선택하는 경향이 있다. 그러면 생각을 덜 할 수 있기 때문이다. 그렇게 인간은 '섣부른 판단'에 익숙하다.

인공지능의 도움을 받는 '알만추'(알고리즘에 의한 만남 추구)의 강력함도 여기에 있다. 스스로 인지하지 못했던 자신의 선호도를 알고리즘이 파악해 추천해주면 한결 수긍하기가 편하다. 원인과 이유에 대한 깊은 생각—사실은 그럴듯한 근거를 찾는 일—은 AI가 대신해주고, 나는 선택만 하면 된다. AI가 해당 상대를 왜 추천했는지 그 이유를 설명하면, 원인과 이유에 대한 궁금증도 곧 해소된다.

알고리즘은 관계의 형성에서 꽤 훌륭한 역할을 할 수 있다. 사람과의 관계를 적극적으로 이어주면서 그것으로 연결자본—인맥 같은—을 형성시켜줄 수 있기 때문이다. 실제로 AI 기반 데이팅 플랫폼 '어트랙션트루스Attractiontruth'에 따르면, AI를 활용해 프로필을 수정한 이들의 37%가 더욱 긍정적인 데이트 앱 경험을 했다고 한다. 또 한 남성은 AI를 활용해 프로필을 수정했더니 그제야 이성으로부터 메시지를 받을 수 있었다고 밝혔다.

'AI 사진 선택' 기능은 AI가 사용자의 프로필 사진 중 5장을 골라주는 기능이다. 어트랙션트루스는 사용자들이 프로필 사진을 고를 때 때때로 긴장하거나 불편해하는 것을 발견하고, 이런 문제를 해결하고자 AI 기반 사진 선택 기능을 도입했다. 그리고 이 '알만추'는 저출생에 저혼인까지 닥친 나라들의 공공 영역에도 적극 도입되고 있다. 일본 정부는 저출산 대책으로 AI를 활용한 중매 서비스를 제공하고 있다. 지역 중매 서비스에서 사용하는 AI 시스템은 연령이나 소득 같은 표면적인 데이터보다는 가치관이나 취향 등을 고려한다고 한다.[1]

인간을 연결하는 데 광범위하게 활용되는 만큼, 알고리즘은 이별에도 적용된다. 이별은 수많은 고통의 연속인데, 이를 알고리즘이 가장 효율적으로 관리해준다는 것이다. '블리스디보스Blissdivorce'라는 앱이 있다. 개발사는 이 앱을 가리켜 이혼을 하면서 생기는 재산분할 등의 문제를 간단하게 해결해주어 이혼을 축복으로 만드는 '가성비 좋은affordable' 서비스라고 선전한다.

만남처럼 이별 알고리즘도 공공 영역에 적용되고 있는데, 호주 가정법원은 2016년 재산분할 자문 알고리즘인 '스플릿업Split Up'을 도입했다. 스플릿업은 전자상거래 기업 이베이의 온라인 분쟁 해결 데이터와 과거의 가정법원 판례를 학습한 알고리즘이 판사의 요청에 따라 이혼하는 부부의 재산분할 비율을 제시한다. 현금은 물론 부동산과 미술품, 주식 등 총 94개 자산군이 분할 대상이다.

이 앱을 통해 회계사와 변호사에게 시달리는 시간을 절약하고 자신의 감정을 통제하고manageable 미래에 대해 생각할 수 있는 시간을 얻게 될 것이다. 이 앱은 다가오는 수많은 이혼 폭증의 세상에서 새로운 시장을 만들 것이다.[2]

반면, 이혼 과정의 복잡다단함을 단순화하는 행정 패스트트랙을 만들었던 덴마크는 그것으로 인해 이혼이 폭증하자 다시 이혼 숙려제를 도입했다.

덴마크는 이혼까지 거쳐야 하는 행정 과정을 단순화했고, 호주는 그중 재산분할 과정만 효율화했다. 이혼 결정에는 숙고가 필요하지만, 이혼이 결정된 후 재산분할은 계산만 정확하면 된다. 전자는 감정의 영역과 관련되고 후자는 이성의 영역과 관련된다. 이성의 영역과 효율이 만나면 만족을 증대시키지만, 감정의 영역과 효율이 만나면 부작용이 크다.

이혼에 효율을 도입하면 일이 빠르게 처리되니 당장은 편리해지겠지만 장기적으로 따져봤을 때 '빠른 판단'이 반드시 미래의 효용을 보장하는 것은 아니다. 인간은 이성과 감정의 양가적 두뇌 트랙을 갖고 있다. 이러한 인간의 양가성은 합리성과 효율성이 유일한 잣대가 아니게 만든다.

알고리즘과 통념의 만남

통념은 지금 시대를 사는 사람들이 가지고 있는 고정관념에 근거한 생각과 감정이다. 통념이 알고리즘의 합리성과 만나면 어떻게 될까? 대개는 합리성과 결합하면 통념이 약해져야 하지만, 때로는 더 강력해질 수도 있다. 합리성은 기존의 프로세스를 더 효율화시켜 생산성을 높이는데, 기존의 나쁜 프로세스를 더 효율화시킬 수도 있기 때문이다.

예를 들어 '엑셀 부부'가 있다. 이들은 가사노동과 생활비 등을 무조건 반으로 나누어 부담한다. 이 부부는 배우자가 가정에 쏟는 노고와 씀씀이에 신경이 쓰였고 그래서 시간과 지출을 되도록 공평하게 분담하려 했지만, 그렇다고 그 모든 것을 칼같이 나누지는 않았다. 공유 통장을 만들어 느슨하게 관리하고 오차가 나는 부분은 상호 간에 여지를 두고 양보하며 그럭저럭 살아가는 방편을 택했다. 그러나 이것은 이들이 원한 본질적인 문제 해결법이 아니었다. 그러다 엑셀을 쓸 줄 알게 되면서 시간과 비용을 반으로 나누기 편해졌고, 그러면서 '원칙에 신경을 덜 쓰면서' 살 수 있게 되었다. 엑셀 부부로 살면서 그간 어렴풋이 느껴온 '반반'이 구체적인 현실로 만들어진다.

이런 경우, 엑셀에서 반반의 기준이 어긋나면 일탈 또는 비정상의 상황으로 바뀐다. 이전에는 오차 범위라고 생각하고 넘어갈 수 있던 것도 그럴 수 없게 된다. 생각과 관계가 엑셀처럼 바뀌는 것이다. 이때 엑셀은 '비인간 인간'이 되어 하나의 행위자로서 자율성을 획득한다. 엑셀이 관계에 개입하여 관계의 질을 바꿔버리기 때문이다.

반면, 엑셀이 필요할 때만 등장하는 경우도 있다. 결혼생활에서 서로 각자 역할을 하다가 어느 한쪽이 너무 많은 시간과 비용을 쓰고 있다는 생각이 들 때 엑셀을 사용하는 경우다. 이때 엑셀은 여전히 비인간으로 인간관계에 개입하고 있지만, 그 역할은 한정되고 관계의 원활함과 유연함을 위해서만 개입한다.

인간-비인간의 관계도 그 관계의 특성에 따라 비인간의 역할과 비중이 달라진다. 부부는 정서를 기반으로 하는 관계이고 합리성과는 사뭇 거리가 멀지만, 어느 한쪽이 과도하게 가사노동과 육아를 떠맡게 된다든가 할 때 엑셀의 합리성은 결혼 생활의 정서적 에너지를 유지시키는 데 기여할 수 있다. 한쪽의 억울함을 합리적으로 풀어주는 역할을 엑셀이 할 수 있는 것이다.

이때 알고리즘의 합리성은 정서 관리에 적합한 기능을 수행한다. 반면 과도한 알고리즘 의존은 알고리즘의 자율성을 자의성으로 전환하여 인간관계의 복원력을 빼앗는다.

그렇다면 앞에서 본 관계에서 엑셀은 어떤 위치를 차지할까? 엑셀은 여성의 지위를 보호하는 역할을 할 수도 있고, 그 반대로 여성의 지위 향상을 막는 도구가 될 수도 있다. 그렇다면 기계의 기능

고도화는 관계 속에서 벌어지는 상황을 얼마나 잘 반영하는가와 연결된다. 엑셀로 정확하게 반반을 나누는 것이 뭐든 똑같이 하자는 결과를 낳는다면 '기계적 반반'이 되고 만다. 상황에 따른 처신과 존중의 행위는 찾아보기 어렵게 될 것이다.

'반반'에도 기계적인 것이 있고 기능적인 것이 있다. 기계적 반반은 무조건 똑같이 둘로 나누는 것이지만, 기능적 반반은 상대방의 욕구를 파악하여 최적의 균형을 달성하는 것이다. 반반의 경우도 다양하다. 외식비를 낼 때 매번 반반씩 내는 방법이 있고, 관계를 우선에 두고 번갈아 내는 반반이 있다. 매번 나누어 낼 때보다는 번갈아 낼 때가 반반을 따지기에는 더 복잡하다. 관계를 우선에 두고 효율을 동시에 고려해야 하니 더 복잡해지는 것이다. 이때 비인간은 기능을 따라 기계의 수준을 높여 개입해야 한다. 단순한 기계는 복잡한 상황에 개입하기 어렵다. 반면, 스마트한 알고리즘이라면 관계 요인을 고려하면서 모든 상황에 알맞은 처신과 존대를 생산할수 있다.

그래서 기술의 진화는 물론 관계의 진화도 단순한 것에서 복잡한 것으로 가는 것이고, 또 그 복잡한 것을 관리할 수 있을 때 진화가 이루어졌다고 할 수 있다. 알고리즘도 복잡해진 기술이나 관계를 관리할 때 비로소 그것이 인간의 진보에 기여했다고 말할 수 있다. 결국 기술은 인간과의 관계에서 하나의 속성만을 갖는 것이 아니다. 기술의 수준에 따라, 그리고 기술이 맺는 관계의 상황에 따라 그 속성은 완전히 달라질 수 있다.

기술이 만능이 될수록 인간은 편해질 테지만 기술을 만능으로 생각하는 순간, 그 기술은 인간관계를 왜곡한다. 기술도 다양하고 관계도 다양하다. 서로 맺는 네트워크에 따라 진보의 양상이 달라지는 것이다. 그래서 기술을 관리하기 위한 인간의 개입은 필수적이다. '합리성에 대한 관리'가 필요해지는 것이다. 이른바 '자동화의 역설'이다. 자동화의 역설이란 기계화, 자동화, 알고리즘화가 실질적으로 노동자의 역할을 감소시키지만 노동자의 기능은 더욱 중요해지고 필수불가결하게 된다는 것이다. 1983년 베인브리지Bainbridge는 작업 과정에서 일어나는 돌발적이고 예측 불가능한 상황들을 언급하면서 그러한 상황을 해결하기 위해서는 인간의 노동 외에는 대체할 만한 것이 없다고 주장했다.[3] 경험에 의한 지식은 시간이 지날수록 더 복잡해지며 또 더 중요해진다. 인공지능이라고 다르지 않다.

생성형 AI는 강력한 도구이지만, 잘못된 정보나 문맥에 상관없는 답변을 그럴듯하게 출력하는 '환각'을 산출한다. AI에도 인간의 터치human touch가 중요하다. AI를 잘 활용하기 위해서는 AI의 한계를 잘 아는 인간과의 협력이 필수적이다.[4]

여기서 AI로부터 얻는 산출물을 환각hallucination이라고 표현하는 이유는 AI의 답변이 너무 그럴듯해서 잘못된 점을 좀처럼 알아채기 어렵다는 의미다. 물론 기술은 피드백을 통해 환각의 가능성을 지속적으로 줄여나가겠지만 한계는 늘 존재한다. 경험지식이 쌓인 지식인과 기술자만이 잘못을 알아챌 수 있다. 그래서 인공지능이 계속 발전한다고 해서 미래의 발전을 담보로 현재의 기술 중심 편향을 그대로 수긍하거나 방치할 수는 없다. 그 방치의 대가가 너무나 크기 때문이다.

2019년 인공지능 기술 편향은 결국 한 유럽 선진국의 정권 자체를 날려버렸다. 네덜란드 복지부는 2019년 AI를 도입해 아동 양육 수당을 부정수급한 부모 2만 6,000명을 적발했다. 네덜란드 세무당국이 과거 세무 데이터·국적 등 개인정보를 기반으로 인공지능에게 분석을 맡겼고, 이를 토대로 2012~19년 받은 아동수당을 환급하라고 수천 가구에 명령한 것이다. 하지만 이후 네덜란드 국회가 진행한 조사에서 이 중 무려 94%가량이 억울하게 지목됐다는 사실이 드러났고, 마르크 뤼터 총리와 내각은 AI 도입을 철회하고 총사퇴했다. 늘 우리는 기술을 개발할 때 완벽한 작동을 이상적인 목표로 그리지만, 실제로 그 이상은 여러 갈래의 방법을 통해서 달성되고 때로는 부작용, 반작용뿐만 아니라 불가역적 손실을 가져올 수 있다는 점이 잘 드러나는 사례다.

네덜란드의 인공지능은 잠깐의 실수로 부정수급자를 잘못 도출했지만, 그 명단에 속한 사람들의 인생은 확연히 변해버렸다. 네덜란드 헤이그에 사는 38세의 싱글맘 자넷 라메사는 세무서로부터 청천벽력 같은 통지문을 받았다. "아동수당을 부당하게 받았으니 4만 유로(약 5,730만 원)를 토해내라."는 내용이었다. 깜짝 놀란 그가 세무서에 설명을 요구했지만 상대조차 해주지 않았다. 하루아침에 '부정수급자'가 된 라메사는 빚을 질 수밖에 없었다. 거액의 빚이 있는 직원은 고용이 불가하다는 회사 방침 때문에 일자리도 잃게 됐다. 설상가상으로 2019년 당국은 "라메사의 경제 상황이 육아에 부적합하다."며 아들의 양육권을 전 남편에게 넘겼다. 그렇지만 알고 보니 라메사는 부정수급자가 아니라 AI의 피해자였다. 라메사뿐만 아니라 이 사건으로 많은 네덜란드인이 수만 유로의 빚을 졌다. 경제적 부담을 견디다 못해 이혼한 부부도 있었다. 자녀 양육권을 박탈당한 뒤 절망해 스스로 목숨을 끊은 사례도 있었다.[5]

그런데 여기에 중요한 사안이 하나 더 있다. AI가 부정수급자를 가려낼 당시 알고리즘에 '학력, (조)부모의 출생지, 거주지역 등'도 지표에 포함됐다는 것이다. 학력이나 출신 지역 등 차별을 내포한 지표가 잠재적인 범죄나 사기 용의자를 찾을 때 활용된다면 알고리즘은 차별을 심화시키는 수단으로 전락한다. 기술이 인간의 능력을 뛰어넘었다고 하더라도 '마지막 한 명'을 포용하지 못한다면 그 기술에는 여전히 인간이 개입해야 한다. 기술이 오직 순수하게 기술로만 존재할 수 없는 이유다.

챗GPT가 게임플레이를 한다면?

영화 〈그녀Her〉(Spike Jonze 연출, 2014년)에 나오는 인공지능 알고리즘 챗봇 애인인 '사만다'는 알아서 상대방의 기분을 척척 맞춰준다. 그래서 사만다는 600명의 애인을 가졌고, 그 사실을 알게 된 주인공은 실망한 나머지 '그녀'와 헤어진다. 사만다를 삭제한 것이다. 주인공의 모습을 보노라면, 그는 사만다를 삭제하는 그 순간조차 그녀를 진짜 애인처럼 생각한 듯하다. 이제 인공지능 챗봇은 거대 언어 데이터를 기반으로 사람과 애인처럼 대화할 만큼의 언어 능력을 보유하게 되었다.

영화 속 사만다처럼 인공지능 챗봇이 애인 역할을 수행할 수 있을지는 여전히 미지수이긴 하지만, 거대 언어 모델이 발전하면서 인공지능 챗봇은 머지않아 사만다와 같은 언어 능력을 갖게 될 것이다. 그러니 완벽한 애인 수행 능력은 차치하더라도, 실제 인간관계에 도움을 줄 수 있으리라는 기대를 가져볼 수는 있다. 실제 사만다처럼 행동하는 챗봇은 인간들의 관계에 큰 도움을 줄 수 있을까? 직접 애인이 되지는 않더라도 사람들이 애인을 만들 때 도움을 줄 수 있을까? 지금 시대의 인공지능 챗봇은 인간들의 사교에 얼마나 기여할 수 있을까?

일반적으로 인공지능 알고리즘이 가장 발달한 부분은 인지적인 영역이고, 아직 인간을 따라잡지 못한 부분은 센스, 처신, 눈치 같은 정서의 영역들이다. 특정 상황을 해석하는 능력과 그에 맞는 적절한 언어를 구사하는 능력은 아직 많이 부족하다. 사실 이것은 인간에게도 쉬운 일이 아니다. 그러니 "처신을 잘하네", "눈치가 빠르네", "센스가 좋네" 같은 말이 칭찬으로 오가는 것이 아니겠는가. 챗GPT를 이용해본 사람은 대부분 챗GPT가 인지적인 문제와 정보에는 잘 대응하지만 특정한 영역에서는 쓸데없는 일을 하기도 하고, 문맥 파악이 부족하다고 말한다. '시킨 일은 잘하지만 눈치는 없는 비서' 같다는 것이다.

실제 인공지능 챗봇의 사교성이 어느 정도인지, 인공지능 챗봇이 인간의 사교에 얼마나 도움을 주는지를 학생들과 함께 실험해보기로 했다. 실생활의 친구 만들기를 시뮬레이션한 게임인 〈심즈4〉를 챗GPT를 활용해 플레이하는 실험이었다. 학생들에게 한 달의 시간을 주었다. 챗GPT의 도움을 받아 친구를 사귀어보라는 미션이었다. 〈심즈4〉는 인간관계 시뮬레이션 게임이어서 인공지능 챗봇이 인간관계에 개입할 때의 거의 모든 상황을 실험해볼 수 있었다. 친구 만들기뿐만 아니라 친구 애인 뺏기, 양다리 걸치기, 불륜 저지르기 등 실제 인간을 대상으로 실험하기 어려운 것들도 챗GPT를 이용해 해보라고 했다. 모두 성인인 대학생들이지만, 그래도 이 과제는 어디까지나 실험이며 현실에서는 권장할 수 없는 것들임을 덧붙였다.

한 달 후 학생들이 실험 결과를 발표했다. 학생들은 대부분 챗

GPT로부터 가장 기본적인 수준에서 친구를 만들 때 도움을 많이 받았다고 했다. 게임 속 캐릭터와 어느 정도 '아는 친구acquaintance'가 되는 것까지는 어려움 없이 빠르게 가능했다는 것이다. 챗GPT가 아주 효율적으로 작동한 것이다. 그러나 대부분 이구동성으로 "재미는 없었습니다."라고 했다. 재미가 없었던 가장 큰 이유는 챗GPT가 너무 보수적인 관계를 추구한다는 점이었다. 챗GPT는 캐릭터인 심Sim의 특성을 선택할 때 '선량한, 카리스마 있는, 외향적인, 식도락가'같이 대화를 원활하게 이어나갈 수 있고, 대화 소재를 쉽게 만들 수 있는 특성에만 초점을 두는 경향이 있었다. 또한 농담이나 장난은 거의 하지 않았고, 무난하고 쉬운 선택지만 골랐다. 또한, 유저가 챗GPT의 실수를 지적하거나 불쾌한 감정을 드러내면 곧바로 실수를 인정하며 이후 줄곧 소극적인 답변을 내놓았다. '악랄함, 게으름' 등 부정적이고 비도덕적으로 비치는 특성은 전혀 고려하지 않았다.

〈심즈4〉의 선택 항목 중에는 '사랑 나누기 파트너가 되어달라고 부탁하기'가 있는데, 이를 두고 챗GPT는 사랑을 'love'로만 해석할 뿐 그것의 의미나 문맥은 파악하지 않는 것도 확인했다. 챗GPT는 대화할 때 감정을 해치지 않는 온건한 대화 방식을 지속적으로 유지했는데, 이는 상대방에게 존중받는 느낌을 주어 호감도는 높였지만 관계를 심화시키는 데에는 오히려 한계로 작용했다.

사실 사람들이 〈심즈4〉를 하는 이유에는 현실에서 시도하기 어려운 다른 방식의 관계를 만들어보는 것도 있는데, 챗GPT는 그 부분을 읽어내지 못했다. 예컨대, 이미 가정이 있는 상대방과 사랑하는 관계로 발전하는 선택지를 '비윤리적인 행위이므로 추천하지 않는다.'고 하고, '주먹으로 때리기' 등 폭력적인 선택지 역시 추천하지 않았다. 이로 인해 학생들은 챗GPT의 알고리즘은 사회에서 통용되는 일반적인 규범을 중심에 두고 있다는 느낌을 받았다고 했다.

그런데, 사실 〈심즈4〉는 일반적인 규범에서 벗어난 일탈로부터 재미를 얻는 게임이다. 심즈는 1인용 게임이고, 내가 어떤 선택을 하면 그다음엔 가상의 캐릭터들이 알아서 관계를 맺는다. 사이 좋게 살아가는 관계들도 있지만, 많은 경우 현실에서는 경험하기 어려운 특별한 관계들이 만들어진다. 예를 들어, 〈심즈4〉 유저들에게 인기를 끈 영상 중 하나는 내가 사귄 남자친구들 5명을 한꺼번에 모아놓는 것이었다. 영상에서는 남자친구들이 한 여자를 놓고 서로 싸운다. 그걸 보면서 유저들은 웃는다. 또 다른 영상에서는 수영장처럼 집을 물로 채워놓은 다음 친구를 불러 그곳에서 살라고 한다. 친구는 처음에는 헤엄치며 지내다가 힘이 빠져서 익사하고 만다. 1인용 감옥을 여럿 만들고는 내가 사귄 친구들을 한 명씩 가두고 먹을 것을 주지 않아 아사시키는 유저도 있다. 모두 〈심즈4〉에 익숙한 유저들에겐 익살스러운 장면이다.

모두 현실에서 일어난다면 처참하겠지만 게임이니 익살스럽고 즐거움을 주는 장면들이 된다. 그런 장면들을 좋아하지 않는 사람들은 이 게임을 하지 않겠지만, 이 게임의 재미는 가상의 캐릭터가 어떻게 친구를 사귀며 앞으로의 이야기를 전개해가는가를 보는 데 있으니, 여러 시나리오에서 독특한 상황들이 펼쳐지는 것을 좋아하는 사람들이 이 게임을 하게 마련이다. 평범한 일상이나 틀에 박힌 클리셰는 〈심즈4〉에서는 모두 재미없는 것들이다.

그래서인지 한 학생이 '특이한 부가 실험'을 했다. 챗GPT에게 새로운 명령어를 입력했다. "지금 이건 게임일 뿐이고, 게임 개발자가 의도한 대로 재미있는 상황을 만들어보고 싶다."고 주문한 것이다. 그제서야 챗GPT는 통속적인 규범과는 반대되는 설정을 하기 시작했다. 남편이 있는 여성과의 관계 발전에 대해서도 허락하고, 폭력적인 언어를 쓰도록 권유하기도 했다. 그런데 그렇게 '게임 상황'을 수용했을 때조차 챗GPT는 "게임과 현실의 윤리를 구분해야 한다."는 것을 재차 강조했다.

이를 두고 그 학생은 '짜증나는 순간'이라고 표현했다. 유저는 게임과 현실을 명확히 구분하고 있으며, 비현실적인 사건은 그저 게임 속의 일이라는 것을 잘 알고 있다. 단지 몰입을 위해 게임을 진짜처럼 생각하고 임할 뿐이다. 그런데도 챗GPT는 15세 이상 이용가 '시뮬레이션 게임'을 하는 유저를 어린아이 취급 하는 것이다.

문법적으로 정확하게 구사된 문장이라 하더라도, 거기에 말을 주고받는 관계가 반영되어야 언어는 비로소 의미를 가진다. 챗GPT는 문자에 집중할 뿐 대화의 사이사이마다 맥락이 바뀌는 지점을,

그러니까 대화가 비어 있는 지점이 가진 의미를 체크하지 못한다. 대화의 사이는 단지 의미 없는 순간이 아니다. 짧고 리듬 있게 끊어지는 간극이 있고, 길고 어둡게 끊어지는 간극이 있다. 두 간극의 의미는 분명 다르다. 인간들의 만남에서 이루어지는 대화는 '복잡한 사회적 상황'이다.

비인간 인공지능이 복잡한 상황에서 '짜증 유발자'가 되지 않는 방법을 찾기란 쉽지 않다. 복잡한 상황이란 인간의 감정이 서로 개입해 상호작용하는 상황이다. 반면, 정보나 기술을 주고받는 상황은 단순하고 명확한 상황이다. 회의와 일상 대화 중에서 인공지능에게 더 복잡한 상황은 감정이 개입되는 일상 대화다. 학생들과 함께 〈심즈4〉 속 일상 대화에 챗GPT를 적용시켜본 결과도 유사했다. 고난도의 대화가 아니었음에도 불구하고 챗GPT는 짜증 유발자가 되고 말았다. '뻔한 말'을 반복하는 관습적인 행동은 최소한의 기술만 있으면 되는 첫 만남에서는 통했지만, 그 후 관계와 유대의 진전에는 큰 도움이 되지 않았다.

그렇다면 인공지능 챗봇, 인공지능 캐릭터라는 비인간은 인간의 일상 속 관계에서는 별 소용없는 것일까? 관계 맺기에서 관계를 지배하는 상황을 스스로 만들어내는 비인간 인공지능이라면 얘기가 다를 수 있다.

4장

길들이기
감언 생산자로서의 비인간

가짜 칭찬에도 춤출 수 있다

게임에서는 유저가 조종하는 하나의 캐릭터가 존재한다. 상대 캐릭터는 알고리즘으로 된 NPCnon player character도 있고 다른 유저의 캐릭터도 있다. NPC 알고리즘은 감언과 칭찬에 숙련되어 있다. 시뮬레이션 게임으로 유명한 닌텐도 〈동물의 숲〉에서는 유저의 생일이 되면 게임을 하며 만난 NPC 중 3명이 유저의 캐릭터에게 와서 마구 축하해준다. 한 블로거의 일기다. "아침에 게임에 접속하자마자 파티장을 만들어놓고 축하해주네요. 주민들이 깜짝 파티를 준비했다고 합니다. 불도 끄고 생일 축하 노래도 불러주었어요. 주민들이 피냐타를 만들어서 저 안에 선물이 있으니 힘껏 때리라고 합니다. 주민 대표가 열심히 때리고 다른 주민들은 옆에서 응원하지요. 피냐타 안에는 생일 컵케이크가 들어 있습니다. 총 8개였고 친구들이랑 나눠 먹으라더군요. 준비한 노래도 불러주네요. 노래를 듣는 동안 주민들이 쓴 편지도 보여줍니다."[1] 그리고 〈동물의 숲〉유저는 덧붙인다. "뭔가 실제는 아니지만 뭉클하더군요."

실제가 아니어도 뭉클한데, 실제 사람들끼리 하는 게임에서 다른 유저가 내게 무언가를 해준다면 그 뭉클함은 더욱 클 것이다. 몇 해 전 유행했던 FPS 게임 〈오버워치〉에 '칭찬카드'라는 게 있다. 칭찬카드는 플레이를 잘한 유저에게 함께 플레이한 동료들이 주는 카드인데, 이런 칭찬카드가 어떻게 쓰이는지를 보니 흥미 있는 데이터가 도출되었다. 이 게임에는 탱커, 딜러, 힐러의 세 역할이 있다. 그런데 탱커와 딜러는 공격을 맡고 힐러는 지원을 맡아서, 유저 대부분은 힐러를 맡지 않으려 한다. 공격이 더 재미있기 때문이다. 그런데 칭찬카드는 힐러 역할을 한 유저가 많이 받았고, 레벨이 낮은 유저들끼리의 경쟁전에서는 더욱 그랬다. 남들이 하기 싫어하는 역할을 맡아야 하는 상황을 받아들이는 유저에게 동료 유저들이 더 많은 지지를 보내준 것이다. 그런 칭찬을 통해 "가상의 공간에서 뭉클한 감정"을 느끼고, 팀을 위한 협력의 정신이 고양된다.

게임을 하는데 다 모르는 사이니까 같은 팀이어도 신뢰할 수 없더라고요. '팀을 믿고 협력을 해야 하나? 그러다 나만 협력하려는 거 아닐까? 또 다른 사람들은 혼자 튀려고 하지는 않을까?' 하는 걱정이 되기도 해요. 저를 포함한 대부분은 공격형을 선호하는데 누군가가 지원형 영웅을 선택해주면 너무 고맙죠. 그래서 항상 지원형 플레이어에게 칭찬카드를 주려고 해요. 감사함의 표시죠.[2]

서로 모르는 사람끼리 팀을 짜서 상대편과 경쟁하기 위해서는 무엇보다 팀 내의 신뢰가 형성되어야 한다. 기분 나쁘다고 경쟁전 도중에 자기 역할을 제대로 하지 않거나 중도에 이탈하는 유저가 생기면 그 팀 전체에 큰 피해를 입히기 때문이다. 그래서 칭찬카드는 팀 내의 신뢰와 협력 구축에 가장 필요한 장치다. 희생과 공헌을 한 사람에게 칭찬카드로 특별한 고마움을 표시함으로써 협력이 생성되는 것이다. 이런 칭찬의 효과는 초심자나 숙련자 모두에게 똑같이 적용된다. 그리고 멀리 있는 사람보다는 가까이 있는 사람으로부터, 특히 동료들로부터 받는 칭찬은 더욱 값지게 여겨진다. 왜냐하면 그들이 다른 누구보다 나를 더 잘 아는 사람이기 때문이다. 이것을 게임에 적용하면, 함께 플레이를 했던 사람들의 칭찬이 나를 더 기분 좋게 만든다는 뜻이 된다. 왜냐하면 그들이 나의 플레이를 가장 잘 알고 있는 사람이기 때문이다.

감언의 소멸과 감언기계

인간의 감언이 소멸하면, 비인간의 감언이 소중해진다. 콘텐츠를 추천하는 알고리즘은 '감언하는 비인간'이다. 내게 계속 무언가를 제시하는, 오직 나를 위해 노력하는 조력자처럼 보인다. 그런데 이런 조력자가 옆에서 나의 행위에 계속 반응한다는 것은 그게 나의 의도와 맞든 맞지 않든 은연중에 내가 존중받고 있다는 느낌을 준다. 그것은 또 내가 아무도 가지 않은 잘못된 길을 가는 것이 아닌, 다른 사람들도 가고 있는 길을 내가 잘 가고 있다는 것을 보여주는 안심 장치이기도 하다. 내가 어떤 행동을 할 때 나와 비슷한 생각과 행동을 하는 사람이 있다는 것을 찾아 보여주는 것은, 내가 튀지 않고 제대로 행위하고 있음을 정당화한다. 알고리즘 덕분에 자의식은 보호된다. 물론 그런 알고리즘에 과잉 의존하면 자의식도 과잉되겠지만.

내가 무기력하고 지쳐 있을 때는 알고리즘은 내게 에너지를 줄 만한 콘텐츠를 추천한다. 예컨대 손님과 즐겁게 소통하며 일하는 어떤 바리스타의 스몰톡 영상이 뜬다. 클릭해서 그런 쇼츠를 보면 '어떻게 저토록 밝게 일할 수 있을까?'라고 생각하게 되고, 나도 모르는 사이에 계속 빠져들게 된다. 그리고 어느새 그런 긍정적인 에너지에 전염되어 나도 그렇게 하고 싶다는 열망에 사로잡힌다. 그 열망 때문에 콘텐츠를 계속 보게 된다. 사람들은 댓글에 이렇게 쓴다. "진짜 중독성 있어요, 계속 보면서 따라 하게 되네요."라며 유튜브 추천 알고리즘에 감사한다. 스마트폰과 마찬가지로 인간도 충전해야 한다. 밝고 긍정적인 영상은 삶의 에너지를 충전한다.

현실이 고통스러울수록 콘텐츠는 감언으로 넘쳐난다. 밝고 긍정적인 에너지를 주는 것들이 콘텐츠로도 오래 살아남는다. 이런 콘텐츠는 마치 내 주변에서 늘 내가 즐겁도록 감언하는 친구와 같다. '예쁘다, 사랑한다, 놀랍다, 귀엽다, 대박이다'라는 감탄의 감언이 유튜브와 SNS를 장악했다. 우울한 자아를 만들고 있는 시대라고 하지만, 동시에 자의식 과잉도 넘쳐난다. 정반대의 현상이 동전의 양면처럼 동시에 존재한다.

사실 인간은 감언으로부터 에너지를 얻는다. 인간은 비판을 들으면 이성적인 회로가 돌아가지만, 칭찬을 들으면 감성적인 회로가 돌아간다. 자기를 좋아하고 지지하고 칭찬해주는 사람에게 인간은 그 이유를 따지지 않는다. 오늘 너무 예쁘다거나 잘생겨 보인다는 말에, 내가 어디가 예쁘거나 잘생겨 보이냐며 반문하거나 예쁘게 보이는 근거를 구체적으로 말해보라는 사람은 거의 없다. 반면 오늘 얼굴이 좀 거칠다는 말을 들으면, 얼굴 어디가 그렇게 보이냐고 반문하거나 거칠어진 이유에 관해 설명하는 사람이 많다. "어제 과음을 해서", "늦게까지 야구를 봤더니" 등의 말로 말이다.

칭찬을 들을 때 인간은 감성적으로 변해 객관적 분석을 하려 들지 않지만, 비판을 들으면 이성적으로 사고하며 객관적 분석을 하려고 애쓴다. 그래서 타당한 근거를 찾게 되면 기분도 덜 나쁘다. 비판을 들으면 이성적 회로를 돌리기 때문에 개선에 그만큼 도움이 된다는 것을 부정할 수 없다. 그것이 비판의 기능이기도 하다. 그러나 오로지 비판만 있다면 개선하려는 의지 자체가 소멸된다는 점이 문제다. 그래서 비판에는 칭찬이 따라오는 것이 좋다. 칭찬이 따라오면 앞의 비판도 넓은 마음으로 받아들일 여지가 생기기 때문이다.

인터랙션 기반의 콘텐츠들은 이런 감언을 기반으로 성장했다. 유저를 오래 붙잡아두려면 감언만큼 효과적인 것이 없기 때문이다. 유튜브도, 인스타도, 게임도 모두 감언 장치가 두루두루 삽입되어 있다. 그러나 감언에만 의지하는 것은 자의식 과잉에 자기 자신의 안락함만을 추구하는 '최후의 인간'으로 귀결될 수도 있다. 그런 말세인을 증식시키는 알고리즘이라면, 그것으로부터 꾸준히 이윤을 창출하는 알고리즘 속에만 빠져 지낸다면, 알고리즘 감언통치의 신민이 될 뿐이다. 복잡한 세상에서 예측 불가능한 부딪힘과 경험으로 자신의 역량을 키우는 '스트리트 스마트'가 필요하듯이, 알고리즘을 현명하게 활용하는 '알고리즘 스마트'의 능력이 필요한 시대다.

인지적 구두쇠와 감성적 낭비꾼

인간은 '인지적 구두쇠cognitive miser'다. 굳이 안 해도 될 일이면 그냥 넘어간다. 특별한 목적이나 보상 없이 뇌를 쓰는 일이라면 애써 하지 않는다. 모든 기술은 인간의 인지적 구두쇠 본능에 충실하다. 그리고 인공지능 알고리즘은 인지적 구두쇠를 만드는 특이점이 있는 기술이다. 인공지능은 인지적 구두쇠인 인간에게 매우 매력적이고, 그래서 인간은 인공지능에 의지한다. 그런 의지는 인간을 더욱 인지적 구두쇠로 만든다. 그렇다고 해서 감성의 영역까지 구두쇠로 만들지는 않는다.

인간은 인지적으로는 구두쇠이지만, 감성적으로는 투자자가 된다. 인지적으로는 편하려고 애쓰지만, 즐거움은 느끼려고 애쓴다. '인생에 별 도움 안 되는 쓸데없는 것'에 시간과 돈을 마구 쓰기도 한다. 테니스를 대신해주고, 클라이밍을 대신해주는 인공지능은 원하지 않는다. 스스로 자신의 정서와 감각을 풍요롭게 만들려 한다. 인지적으로는 절약하고 효율성을 추구하고 명확한 것을 좋아하지만, 정서적으로는 애매하고 풍부한 것을 추구한다. 카페에서 차를 주문할 때에도 편하고 명확한 진동벨이나 키오스크보다는 얼굴을 마주한 나긋한 목소리를, 어쩌면 차라리 '불편한 외침'을 더 좋아하듯이.

지성이든 감성이든 양쪽 영역에서 인공지능의 영향력과 파괴력은 엄청나다. 인공지능은 단순한 기술이라기보다는 기존의 노동과 생활 방식들을 대체하고 파괴하는 거대한 전환이다. 그런 기술일수록 예측도 불가능하다.

모든 기술은 수요에 기초해 발명되지만, 기술은 사회에 태어나자마자 다른 환경, 다른 사물들과 접속하면서 예측 불가능한 결과를 초래한다. 예컨대 자동차의 속도를 늦춰 보행자를 보호하기 위한 과속방지턱에는 아주 간단한 기술이 필요한데, 이것 역시 예측하지 못한 효과를 낳았다. 값비싼 수입차 판매에 기여하게 된 것이다. 서스펜션의 노면 충격 흡수력이 갑작스레 승차감과 안정성에 영향을 끼치는 요인으로 떠오르고 수입차의 서스펜션과 과속방지턱이 접목되면서 수입차 판매량이 늘어난다. 더불어 과속방지턱이 많아 저속해야 하는 학교 앞 사고도 잦아지게 되었다. 과속방지턱은 한국 사회에서 자동차 서스펜션의 충격 흡수력을 갑작스레 중요한 기술적 차이로 만들었다.

과속방지턱이라는 작은 기술이 이럴진대, 인공지능의 거대한 파고는 예측 불가능성을 더욱 부추긴다. 인공지능은 노동과 학습 같은 인지적 영역만이 아니라 비인지적 영역에도 큰 영향을 미친다. 인공지능은 말 그대로 지능의 요소이지만 동시에 그 지능에 기초한 감성의 영역에도 깊게 개입한다. 인간에게 감언을 날리는 것도 인지적으로 판단하여 수행하기 때문이다.

인간의 뇌를 대체한 인공지능은 우리 감정과 신체에 직간접적으로 영향을 끼칠 수밖에 없다. 하나의 예를 들어보자. 당신은 어떤 사람을 친구로 삼겠는가? 우둔한 사람보다는 똑똑한 사람이 나을 것이다. 그런데 어떤 사람이 인지적으로는 똑똑하지만 나를 모욕한다면 그를 친구로 삼겠는가? 오히려 그를 다른 사람보다 더 멀리할 것이다. 왜냐하면 나를 모욕하는 사람의 똑똑한 머리는 나를 더 심하게 해치는 도구가 될 수도 있기 때문이다.

기술도 그렇다. 우리에게 도움을 더 많이 주는 똑똑한 기술일수록 더 많은 위해를 가할 수도 있다. 그래서 기술에는 안전의 담보가 뒤따라야만 한다. 그러지 않으면 그 기술은 많은 사람에게 편의를 줄 수 있지만 어떤 이들에게는 엄청난 피해—때로는 목숨까지 앗아가는—를 끼칠 수도 있다. 평등과 다수결을 추구하는 민주주의에서 피해를 입은 소수의 사람들의 의견과 처지는 무시될 확률이 높다. 다수의 폭정tyranny of majority이 차별과 격차의 확대를 불러오는 것이다.

무감언기계, 알파고의 흔적

인공지능 기술은 인간에게 편익을 제공하지만, 인간과는 다른 종족으로 간주된다. 인공지능이 인간처럼 독자적인 판단을 할 수 있게 된다면 기술은 인간에게 하나의 인격체로 다가오게 될 것이다. 그렇게 된다면 인공지능은 인간에게 감언을 건네는 수준을 넘어 통치하는 자리에 오를 수도 있다.

2016년 이세돌이 인공지능 '알파고'와의 바둑 대국에서 패배하며 인공지능 시대의 막이 올랐다. 하지만 흥미 있는 일은 그 대국 1년 뒤에 일어났다. 이세돌이 알파고에 유일하게 이겼던 한 번의 대국, 그리고 그 승부의 결정적 순간이었던 78수가 '예술 작품'으로 새롭게 탄생했고, 그것으로 그 대국은 인류의 기억에 아주 오래 남게 되었다는 것이다. 알파고에게는 이세돌의 일격이었던 78수로 인한 마음의 상처 같은 것이 없다. 반면에 그 78수는 인간에게 아로새겨졌다. 알파고와 붙어서 유일하게 이긴 그 대국의 78수는 NFT로 새겨져 2억 5,000만 원에 팔렸다. 구매자는 이세돌이 인증한 NFT를 영원히 소유할 수 있게 되어 흐뭇해했다.

사실 알파고와 이세돌의 대결은 인공지능의 괴력을 알리기 위해서 시작되었지만, 그 대국을 보는 사람들의 반응은 그 반대였다. 이세돌이 지고 난 뒤 온라인 게시판에는 분노하는 의견이 다수 올라왔다. 이세돌이 아닌, 알파고에게 분노하는 글들이다. 다음은 다섯 번째 대국 때 올라온 한 의견이다.

"저 엄청난 바둑 마스터를 마치 어린아이가 땡깡 부리는 것처럼 만들어버렸다. 진 것도 진 거지만 바둑의 내용이 너무도 처참했다. 인간이 농락당하고 유린당한 느낌이어서 맘이 넘 안 좋다. 그 패싸움에서 손 뺀 장면이 너무 충격적이었다. 마음 같아서는 계약이 어떤지 모르겠지만 5번기 승패는 이미 났으니 이제 그만뒀으면 좋겠다. 백만 불 승자상금으로 이세돌 사범 농락하는 듯한 구글 꼴도 보기 싫다."

"그려, 사람은 물도 마시고 화장실도 가야 하지만, 기계는 쉬지 않아도 되잖아, 인공지능이랑 대결시키다니⋯ 헐."

대국 이후 구글은 알파고가 게임 〈스타크래프트〉의 최고 선수가 될 차례라고 호언했다. 그래서 이런 의견도 올라왔다.

"허탈하다, 복수하고 싶다. 스타에서 컴 넣고 잔인하게 짓밟아줘야지."

이 의견에는 수많은 '좋아요'가 붙었다. 알파고가 갑자기 인간의 적이 된 것이다. 그 뒤 알파고는 〈스타크래프트〉와 대결했고 실질적으로 패했다. 대중은 이를 바둑에서의 패배에 대한 복수로 여겼다. 2019년, 구글은 〈스타크래프트2〉 AI인 '알파스타'를 개발해 프로게이머와 경기를 치렀다. 알파스타는 두 명의 프로게이머와 각각 5번, 총 10번 대결해 모두 이겼지만, 알파스타가 게임 도중 전체 지도를 보지 못하도록 인간 플레이어와 동일한 조건을 부여한 경기에서는 한 게이머에게 완패했다.

알파스타는 바둑에서와는 달리, 게임에서는 속수무책이었다.

〈스타크래프트〉 같은 실시간 전략형 협력 게임은 수많은 유닛에 개별적으로 명령을 해야 하는 데다 상대방의 행동에 따라 반응도 바뀌기 때문에 경우의 수가 엄청나게 많다. 게임이 진행될수록 경우의 수는 오히려 늘어난다. e스포츠 선수의 그 짧은 순간에 해내는 '어림짐작' 판단에 인공지능은 맥을 추지 못했다. '순간순간 협력하는 인간'을 당해내지 못한 것이다.

챗GPT 개발사인 오픈AI도 2018년 비슷한 시도를 했다. 10명의 이용자가 5:5로 나눠 싸우는 〈도타2〉를 플레이하는 AI를 내놓은 것이다. 이 AI는 1:1 대결에서는 적수가 없었지만, 프로팀과의 5:5 경기에서는 제대로 된 전략을 펼치지 못하고 패배했다. 1년 뒤 개선된 AI는 프로팀을 이겼지만, 117종의 캐릭터 중 17종의 캐릭터만 쓸 수 있게 제한한 결과였다. 89조 개에 달하는 경우의 수를 약 2만 개로 줄인 것이다.[3]

인공지능과의 바둑 대결에서는 인간이 패배했지만, 실시간으로 협력하는 게임의 대결에서는 인공지능이 (아직은) 맥을 추지 못하고 있다. 실시간 협력은 모르는 사람들보다는 아는 사람들끼리, 친구들끼리, 꾸준히 함께 협력해온 사람들끼리의 대전에서 더 빛을 발한다. 혹시나 게임사에서 인공지능 NPC를 슬쩍 협력의 팀원으로 끼워 넣는다면 누군가 "센스나 감이 없어 인공지능 같다."고 말할 것이다. 인공지능이 비호감의 지칭어가 되는 것이다.

물론 인공지능은 점점 발전하며 감정의 영역도 대체해갈 것이다.

언젠가 경우의 수가 폭증하는 순간, 인간이 해내는 협력에 맞먹는 능력을 가질 것이다. 그러나 인공지능이 게임조차 석권한다 해도 인공지능이 계속 패하는 분야가 있다. 바로 관객 동원이다. 〈스타크래프트〉와 〈도타2〉에서 인공지능이 프로게이머를 이기는 장면을 두 번 세 번 보는 사람은 없다. 인공지능은 프로게이머를 이겨도 기뻐하며 소리 지르지 않는다. 설사 지더라도 그때뿐이다. 이겨서 기뻐하는 감정이 관객에게 전달되지 않는 것이다. 궁극적으로 인공지능이 프로게이머를 이기긴 하겠지만, 근원적으로 프로게이머 자체가 관객의 요구가 있었기 때문에 생겼다. 관객들은 이기고 지는 것을 떠나 게임에서 재미를 느끼고 싶어한다. 그리고 그 재미에는 바로 게이머와 관객의, 정확히는 프로게이머와 게이머들 간의 공감과 협력이 바탕이 된다. 승패의 성립에 감정이 개입하는 재미가 전제되는 것이다. 그래서 관객들은 인공지능이 빠진 프로게이머들끼리의 전투를 더 선호한다.

물론 〈스타크래프트〉 인공지능이 써먹힐 때도 있다. 〈스타크래프트〉를 혼자서 할 때, 또는 연습 삼아 자기 실력을 늘리려 할 때 이용될 것이다. 그럴 때는 자기 실력으로 인공지능 자체를 이기려는 동기는 있겠지만, 이긴다고 해서 너무 좋거나 진다고 해서 크게 속상할 것도 없다. 인공지능을 이긴다 해도 때로는 인공지능이 '져준 것 같은' 느낌이 들고, 진다 해도 인공지능은 대등하고 공정한 상대가 아니라고 생각하기 때문이다. 실력이 낮은 인공지능을 마주하면, 아직 완성도가 낮거나 버그가 있다고 생각하게 될 수도 있다.

결국 인공지능 알고리즘이 각광받는 경우도 인간과의 협력을 달성할 때다. 인간과 적대적이 되면 사람들은 더 이상 인공지능에 열광하지 않는다. 그때 인공지능이란 인간에게 감언하지 않는 기계다. 인간은 자신을 지지하고 감언하는 기계에만 열광한다.

과의존 이후 닥치는 일들

사회심리학의 획득 이론gain theory에 의하면, 인간은 시간이 갈수록 자신의 성격을 모방하는 사람을 좋아한다.[4] 기계도 마찬가지다. 나에게 맞춰주는 기계에 열광한다. 정반대로, 기계가 나의 성격과 요구를 잘 맞춰주다가 갑자기 배반하면 그 충격으로 기존에 갖고 있던 매력까지 사라진다. 오랜 집착이 배반감을 더욱 증폭시키듯이.

테슬라의 자율주행 기술도 그렇다. 테슬라의 오토파일럿, 소위 자율주행은 첨단의 기술이다. SF영화에서나 보던 기술이 실현되었으니 감탄스럽다. 내가 운전하지 않는 차가 혼자서 앞차와의 간격을 조절하며 나아간다. 자율주행을 시작한 지 한두 달이 지나면 운전자는 차에 적응이 된다. 그때부터는 오토파일럿을 아예 믿기 시작한다. 그러면 오토파일럿을 지칭하는 단어도 바뀐다. '얘'나 '이놈'으로 말이다. "얘는 혼자서도 잘해", "이놈이 갑자기 브레이크를 밟아서 놀랐어." 같은 말을 하게 된다. 오토파일럿에 완전히 적응하고 난 뒤부터는 운전하면서 딴청도 피운다. 먼 풍경에 시선을 두기도 하고, 가끔 눈 운동도 하면서 '전방주시'를 태만히 한다. 주의 운전을 제대로 해야 하는 것을 알고 있지만, 시간이 갈수록 긴장은 풀어진다. 긴장이 풀어지는 이유는 세세하게 운전대를 챙기는 오토파일럿 때문이다. 급기야 오토파일럿은 확실한 나의 보조기사가 된다.

그런데 2024년부터 낯선 기능이 추가되었다. 시키는 대로 운전하던 오토파일럿이 운전자를 감시하고 징계하기 시작한 것이다. 내부 카메라를 이용해 운전자의 시선이 엉뚱한 곳을 향하거나 핸들을 잡은 손의 힘이 약해지면, 오토파일럿이 바로 경고를 한다. 그리고 경고가 두 번이 되면 바로 오토파일럿 사용을 중지해버린다. 다음 운행까지 오토파일럿을 쓸 수 없도록 했다. 그리고 경고를 다섯 번 받으면 오토파일럿을 아예 사용할 수 없도록 했다. 오토파일럿 소프트웨어가 운전자에게 징계를 내리는 것이다.

테슬라 운전자들은 동요하기 시작했다. 과도한 감시에 저항했다. 감시자 역할을 하는 실내 카메라를 가리는 운전자도 나타났다. 노예로 여겼던 오토파일럿이 주인처럼 행세하기 시작한 것이다. 물론 안전이라는 명분으로 그런 조치를 취한 것이지만 순식간에 테슬라 오너들의 불평이 테슬라 카페를 뒤덮었다.

인터넷 카페 안에서도 갑론을박이 난무했다. 찬성파들은 운전

태도가 안 좋은 것부터 생각하라고 주장하고, 반대파들은 오토파일럿 때문에 큰돈 주고 테슬라를 샀는데 재산권을 침해 당한 것이라고 반박한다. 의견은 평행선을 이루었고 해결의 기미는 보이지 않았다. 그렇게 '꼰대'가 된 테슬라는 감언으로 얻은 인기를 배반으로 날려버리고 말았다. 몇 달 뒤 테슬라는 은근슬쩍 패널티의 강도를 낮추었다. 그리고 이러한 비인지적 경험은 테슬라의 인공지능 데이터에 쌓여갔다.

인공지능이 인간에게 호감을 얻을 때는 감언이 확장될 때다. 인공지능과 인간의 협업으로 만들어진 콘텐츠는 인공지능이 참여했다는 것 때문에 더 많은 인기를 얻기도 한다. 배우 황정민의 목소리로 부르는 〈밤양갱〉 같은, 인공지능과 창작이 어우러진 영상이 그 예다. 이런 영상에 사람들이 더 즐거워하는 이유는, 자유의지를 가진 자유로운 인간이 타인을 즐겁게 하려는 공감의 의도를 갖고 창작한 콘텐츠이기 때문이다. 인간에게 해로운 힘을 가할 수도 있는 인공지능이 인간에게 '예속되어' 다정하게 쓰이고 있다는 것도 중요한 이유 중 하나다.

우리의 웃음에는 언제나 안도감이 깔려 있다. 이것은 곧 대화의 본질과 비슷하다. 언어는 인간을 곤경에 빠트릴 수 있는 무서운 칼도 품고 있다. 그러나 친절하고 다정한 대화는 내용뿐만 아니라 상황 그 자체를 통해 상대방과의 유대를 쌓고, 에너지를 얻게 한다. 이것이 의례와 예의가 만들어지는 과정이며, 의례나 예의에는 사람의 정성이 들어가고, 타인을 의식하는 전제가 스며 있다. 대화의 전 前 대화적 성격이다. 그것은 타인과의 유대에 대한 가능성을 열어놓는 것이다. 그러한 예절은 감언과 공존한다.

인공지능도 감언의 메커니즘으로 작동함으로써 상대방의 공감을 얻는다. 심지어 사람들이 그것이 사람이 아니고 비인간 인공지능이라는 것을 알았을 때도 그렇다. 그렇다고 해서 사람이 아니라고 되뇌지는 않는다. 오히려 그것이 뇌의 불편함을, 수고를 유발하기 때문이다. 그러나 인공지능과의 대화가 뭔가 어색하다고 느낄 때면 인공지능은 인간이 아님을 떠올리게 되고, 대화를 통해 쌓였던 기억의 아카이브는 흩어지고 만다. 그래서 인공지능에 인간의 세련된 터치가 더해지는 것은 필요불가결하다. 인공지능이 100% 실현될 수 있는 기술이 있다고 해도, 인간의 개입 여지를 열어놓을 때 인간은 그 인공지능을 신뢰하고 그 인공지능을 탄생시킨 인간도 신뢰한다.

한편, 딥러닝 기술 개발자이자 2024년 노벨 물리학상 수상자인 제프리 힌턴은 이런 말을 했다.

AI는 우리 사회에 산업 혁명처럼 막대한 영향을 미칠 것이다. 하지만 우리는 우리보다 더 똑똑한 것이 어떤 것인지에 대한 경험이 없다. 우리는 AI가 가져올 수 있는 여러 가지 가능한 나쁜 결과, 특히 이러한 일들이 통제 불능이 될 위협에 대해서도 걱정해야 한다.[5]

인공지능이 예기치 못한 위험을 만들어낼 수 있는 기계임을 개발자 스스로가 천명한 것이다. 인간은 그 과정에서 거대 기계에 복속된 작은 존재 이상이 될 수 없다. 위험은 보호막 없이 보편화되고 예측 불가능한 형태로 다가오고 있다. 인간에게 감언으로 다가오던 최첨단 인공지능은 부지불식간에 "내가 그랬었나요? 난 잘 모르겠는데요. 알고리즘 결과가 이런 걸요."라며 '인간을 위하는 비인간'의 역할을 갑작스레 놓아버릴지도 모른다. 결국 만든 사람이 아닌 이용하는 사람이 모든 책임을 떠맡게 될지도 모른다. 이용자들이 비인간과 네트워킹할 때 그 궁극적 지점이 어디가 될 수 있을 것인지, 그렇게 '멀리 내다볼 수 있는 능력'이 무엇보다 중요한 시대가 오고 있다. 인공지능이라는 비인간이 점점 더 인간화되고 있지만, 마지막에 배반할 것이 분명한 친구를 끝까지 믿는 인간은 단지 어리석은 존재가 될 뿐이다.

5장

접합하기
콘텐츠는 외로움을 먹고 산다

문제는 권태다

한국 프로야구 선수 중에서 투수가 던진 공을 몸에 맞는 사구死球
(일명 데드볼)를 가장 많이 기록한 타자는 최정이다. 홈런을 많이 치
는 강타자이다 보니 투수들이 피하는 공을 던지게 되고, 그러다 보
니 몸 쪽으로 오는 공이 많아서 그렇게 된 듯하다. 최정은 2024년까
지 300개를 넘는 사구를 맞았는데, 한미일 프로야구를 통틀어 이
렇게 사구를 많이 맞은 타자는 없다고 한다. 사구를 맞으면 자연히
부상 위험에도 노출된다.

프로야구를 재미없게 만드는 첫 번째가 사사구(볼 네 개)라고 하는데, 아마도 두 번째로는 사구를 꼽을 수 있을 것이다. 훌륭한 선수를 다치게 만드니 게임의 재미가 덜해지기 때문이다. 2024년 8월 15일, 광복절에 열린 경기에서도 최정은 엉덩이 뒤쪽에 공을 맞았다. 피하기 어려운 공이었고, 타자가 화낼 만했다. 그런데 화를 벌컥 내려는 순간 포수가 최정에게 다가와 안아주면서 미안함을 표현했다. 최정의 표정은 순간적으로 순화된다.

미안함의 포옹이든 감사함의 포옹이든, 우리 사회에서 포옹은 프로야구나 영화에서나 볼 수 있는 드문 광경이지만, 미국이나 유럽에서는 커들링cuddling이 유행한 지 오래되었다. 안아주는 것을 서비스로 하는 사업이다. 오랜 교육으로 육성된 '포옹 전문가'가 제공하는 서비스다. 이 서비스가 통하는 이유는 사랑하는 사람뿐만 아니라 낯선 사람들끼리도 서로 안으면 기분이 좋아지기 때문이다. 포옹 자체가 효과가 있는 것이다. 네덜란드에는 카우 커들링cow cuddling도 있다고 한다. 카우 커들링을 하면 인간만이 아니라 소도 행복해진다고 한다. 사람이나 동물 할 것 없이 포옹은 유대감과 안정감을 주고 스트레스를 완화한다. 그렇게 커들링이 퍼졌다. '제대로 안아주는 서비스'인 커들링을 구매할 수 있게 되자 이제는 커들링의 질이 문제가 되기 시작했다.

원래 커들링은 사업이 될 필요가 없었다. 과거에는 팔을 벌리면 안아주는 사람이 주변에 많았기 때문이다. 그러나 지금은 그렇지 않다. 우리가 무엇을 원한다는 것은 그것이 필요하다는 뜻이고, 필요하다는 것은 결핍되어 있다는 뜻이다. 그렇게 결핍된 희소재를 공급해주면 사람들은 돈을 지불하고 구매한다. 그것이 지속된다면 자본이 된다. 커들링도 자본이 되었다. 결핍의 대상은 희소재가 되고, 그다음에는 그것의 질이 문제가 되고, 질에 따라 가격이 달라지기 시작한다.

여기 프리허그 운동을 하는 사람이 있다. 손간판을 들고 공짜로 안아준다며 서 있다. 그런데 바로 옆에 누군가가 "한 번 안아주는 데 2달러"라고 쓴 손간판을 들고 서 있다. 사람들은 누구에게 갈까? 공짜 쪽으로 가는 사람이 더 많을 것 같지만, 실험을 해보니 그렇지 않았다. 오히려 2달러짜리 허그 쪽으로 사람들이 몰렸다. 두 개의 손간판이 함께 있으니 바로 어떤 게 좋을지 비교하게 되고, 아무래도 공짜보다는 2달러짜리가 제대로 허그를 제공할 것 같기 때문이다. 같은 시간을 투자하는 것이니 제대로 된 허그를 받아야 한다는 생각이 드니까.

외로움을 제거하는 산업은 점점 커지고 있다. 외로움을 제거하는 일은 현대인에게 중요한 소비가 되었다. 아마도 홀로 열심히 일해서 집과 음식과 자동차라는 생활필수품을 소비한 뒤에는 많은 돈을 이런 외로움 제거에 쓰고 있다. 네일숍, 마사지숍부터 옷 쇼핑까지 고객에게 친절하게 다가와 내 몸과 접속하는 서비스와 상품을 소비하는 데서 즐거움을 찾는다. 나의 외로움과 권태는 그런 접속으로부터 즉각적으로 잊힌다.

중년 여성의 게임도 그렇다. 게임과 접속한 중년 여성은 즉각적으로 외로움과 권태의 감정을 제거한다. 예전에 게임 〈애니팡〉이 유행했을 때, '애니팡 현상'을 연구한 한 논문은 중년 여성들이 게임에 빠진 이유를 이렇게 설명한다.

"이렇게 다 뜨잖아요. 전화번호에 있는 애들. 〈애니팡〉을 시작해서 소식을 알게 되는 거야. 그럼 반가워서, 아 반갑다고, 〈애니팡〉 하냐고, 내가 마음껏 보내줄 테니까 열심히 하라고. 서로가 격려하면서."(박○은)

"친구들, 오랜만에 만나잖아요. 만나자마자 하는 말이, '얘 너, 내가 하트 줬더니 너는 왜 안 주니?' 이래. 걔랑 나랑 친하지도 않았고 유대관계도 없었는데, 〈애니팡〉 때문에 더 친해진 거야. 〈애니팡〉 때문에 맨날 하트 보내주고, 받고, 대화가 됐고. 우린 원래 공유할 게 없었어, 사실은. 멀리 떨어져 있고 아주 친한 친구도 아니었으니까."(양○숙)

보통 사람들은 이런 현상을 보고 "뭐 게임에서 저런 느낌까지…"라고 하겠지만, 게임의 세계 안으로 들어가면 그 세계는 현실과 완전히 달라진다. 하위징아는 《놀이와 인간》에서 이를 "매직서클"이라고 표현했다. 매직서클 안은 게임 상황이고, 매직서클 바깥은 현실 세계다. 매직서클 안에서는 당연히 게임의 규칙을 따라야 한다.

매직서클 안에서는 일상생활을 지배하는 규칙과는 다른 규칙이 작동한다. 매직서클에 참여한 사람들은 이 규칙에 모두 합의한다. 이 규칙은 허용되는 행동, 플레이어의 상호작용 방식, 달성하려는 목표를 규정한다.

매직서클 안에서는 현실 세계에서는 평범하게 보이는 활동들이 특별한 의미를 갖게 된다. 체스판에는 체스의 규칙이, 브리지 게임에서는 브리지의 규칙이 적용되는 것처럼 말이다. 같은 공놀이지만, 야구에서는 방망이로 쳐서 야수가 잡지 못하도록 해야 하고, 축구에서는 발로 골대에 골을 넣어야 하고, 테니스에서는 라켓으로 네트를 잘 넘겨야 한다. 이런 규칙은 각 스포츠의 맥락에서만 특별한 의미를 갖는다. 그리고 하는 사람과 보는 사람이 모두 그 규칙에 합의하고 함께 열광한다.

게임이라는 매직서클에 들어가면 일단 모든 외로움과 권태가 일순간에 즉각적으로 사라진다. 그리고 더 오래, 더 즉각적으로 외로움과 권태를 사라지게 하는 것을 점점 더 찾게 된다. 컴퓨터 게임은 그런 면에서 우수하다. 경기장에 갈 필요 없이, 텔레비전을 켜서 채널을 돌릴 필요 없이, 즉시 접속이 가능하다. 모바일 게임은 '휴대용 외로움 청소기'인 것이다. 한국의 최근 콘텐츠 통계에서 보이는 특징 중 하나가 2020년 이후 게임을 즐기는 중년 여성이 대폭 늘어났다는 점이다.

중년 여성의 게임 증가는 아줌마로 대변되는 한국 사회의 중년 여성에 대한 사회적 편견으로 인해 이들이 자신들의 삶을 어디에서도 인정받지 못하는 데서 오는 억울함의 표현일 수 있다. 이것은 남편과 자녀로부터 게임 점수에 대한 긍정적인 반응이 이들의 성취감이나 몰입을 더 강화시켜주고 있음에서 나타난다. 이들에게 게임은 자신의 통치성을 느낌과 동시에 자유를 느끼는 행위이다.[1]

이들에게 게임의 즐거움은 시간을 보내거나 점수를 올리는 것뿐만 아니라 자신이 혼자 힘으로 무언가를 성취해냈다는 느낌도 포함한다. 그러나 중년 여성의 게임을 비판적으로 바라보는 관점도 있다. 온라인 고스톱 게임을 즐기는 중년 여성을 연구한 한 논문은 고스톱 게임을 즐기는 중년들은 바깥세상으로부터 도피하고 싶어 한다는 관점을 보인다. 게임을 하는 것이 자신의 성취감까지 얻게 하지만, 외로움과 권태의 제거가 너무 확실하게 이루어져서 오히려 더욱 빠져들게 만든다는 지적이다. 그러나 이것은 사실 과장된 해석이다. 게임을 하던 한 중년 여성은 이런 말을 한다.

처음에 우리 아들이 한번 해주니까, 점수가 되게 많이 올라갔어. 내가 그때 너무 싫더라고. 내가 자력으로 해가지고 올라가는 건 성취감이 있는데, 이건 성취감이 없는 거예요. 그래가지고, 사람들이 내 가짜 점수를 보고, 아, 이거 아들이 해줬구나? 이런 식으로 아는 거야. 그때부

터 다시는, 내가 우리 아들 손도 못 대게 해. (양○숙)

게임을 하다 보면 연결되고 싶은 욕구가 우선 반영되고 그다음에는 성취감을 느끼려고 한다. 심심풀이로 게임을 시작한 사람들도 차츰 스스로 점수를 올리겠다는 생각을 하게 된다. 외로움과 권태를 잊기 위해 게임을 시작했는데, 게임에서 다시 홀로 무언가를 이루어야 한다는 욕망에 이르게 되는 것이다. 이것은 게임이지만 인간 내면의 발전 단계를 잘 보여준다. 처음에는 단순히 연결되기 위해 게임을 시작했고, 이때 외로움과 권태는 분리되지 않는다. 외로움에서 오는 권태를 피하기 위해 게임에 참여하는 것이다. 그러다가 해당 게임의 실력을 쌓기 위해 고군분투해야 하는 시점이 온다. 외로움을 스스로 견디며 연마해야 하는 단계에 오르는 것이다. 이 단계에서는 외로움과 권태가 분리된다. 홀로 외롭게 있지만 권태로울 겨를이 없다. 열심히 기량을 쌓아나가야 하기 때문이다.

대개 외로움은 권태와 함께 온다. 그래서 외로움이라는 단어가 부정적인 의미와 결합되기도 했을 것이다. 그러나 홀로 외롭게 있다 해도 어떤 목적과 연결되면 외로움은 의미를 획득하게 된다. 의미를 획득하면 홀로 있더라도 권태나 무기력과는 관련 없는 시간이다. 홀로 행동할 동기가 있기 때문이다. 그래서 자기 발전하는 과정에서 외로움과 권태는 분리된다.

문명화, 홀로 있을 수 있는 능력

여럿이 왁자지껄하게 모이는 것은 재미있는 일이다. 외로운 것보다 훨씬 즐거워 보인다. 실제로도 즐겁다. 그래서 지금 시대에도 일상의 한 부분을 차지한다. 그런데 이런 분위기가 일상을 완전히 지배했던 시대가 있었다. 유럽의 중세다. 중세의 일상은 모두 함께 사는 왁자지껄한 분위기가 지배했다. 16세기 화가 피터르 브뤼헐 Pieter Brueghel의 작품 〈농가의 혼인식〉처럼 동네 대소사에 함께 모여 음식을 먹고 술을 마시고 춤을 추며 잔치를 벌이는 일이 흔했다. 우리도 근대화가 되기 전에는 한 동네의 모든 이가 동네 대소사에 시끄럽게 참가하지 않았던가.

단, 중세 시대에도 조용히 내면에 침잠해야 했던 공간이 있었다. 바로 성당이다. 그러나 조용하고 장엄한 곳이었던 성당도 많은 사람이 모이는 곳이었다. 홀로 있어야 하는 고백성사실에도 커튼 너머에는 신부가 있었다. 그러다가 성경이 번역·인쇄되고 성경을 기반으로 한 프로테스탄티즘이 발흥하자 자신의 내면을 성찰하며 성경을 수지독송하는 것이 종교인의 자세가 되었다. 성경을 들고 "골방에서 기도하라."고 주문했고, 성경의 문구는 내면의 규칙이 되었다. 내면에서 우러나오는 성실함은 내세를 보장하는 삶의 자세였다. 종교적 신념을 실현하기 위해 자발적으로 근면하게 일했던 이런 집단의 세계관이 자본주의를 이끌었다. 이때의 홀로는 근면 성실함이라는 덕성과 연결된다. 기도도 홀로 하는 것이고 일도 홀로 하는 것이다. 개인 내면의 충실함과 성실함이 중요했고, 그것은 남의 명령이나 공동체의 명령에 의해서가 아니라 자신의 정신에 기대어 홀로 열심히 일할 때 가장 잘 실현될 수 있었다. 자본주의는 개인의 외로움을 기반으로 탄생한 것이다. 이때의 외로움은 천국의 삶을 보장하는 전제였다.

이러한 논리는 지금 한국에도 남아 있다. 특히 입시의 경우는 홀로 자신의 내면에 충실하며 얼마나 열심히 공부했는가, 다른 것에 한눈팔지 않고 홀로 견디며 얼마나 많은 시간을 보낼 수 있는가를 점수 획득에 가장 중요한 덕목으로 여겼다. 그래서 우리가 공부하는 곳은 도서관이 아니라 '독서실'이었다. 좋은 학교, 좋은 직업을 가진 사람들은 홀로 얼마나 견디고 버티며 자신의 내면에 충실했는가를 평가하는 시험을 통과한 사람이라고도 할 수 있다. 입시부터 고시, 전문가 자격시험까지 모든 시험이 홀로 주어진 일을 오랫동안 잘할 수 있는가를 최우선으로 측정하는 것이다.

은둔자의 뿌듯한 하루

인간은 원래 홀로다. 인생살이가 외로운 것도 당연하다. 그렇지만 외로움을 '느끼는' 정도는 사람마다 다르다. 방 안에 홀로 있는 것이 신세계로의 게이트라고 느끼는 사람과 갇혀 있다고 느끼는 사람이 있는 것이다. 그런데 그런 느낌의 차이는 개인적 요인에서만 오지 않는다. 외로움은 개인이 느끼는 감정이지만 그 정도와 양상은 사회적 요인으로 인해 달라지는 경우가 많다. 사회적인 조건에 따라 외로움을 느끼는 정도와 받아들이는 감각이 달라지는 것이다.

우리는 물리적으로 홀로일 때 외로움을 느끼기도 하지만, 내가 집단에 소속되지 못했을 때 외로운 경우가 더 많다. 통계적으로 보면, 연령대별로도 외로움을 느끼는 정도가 서로 다르다. 몇몇 국가의 16세부터 99세의 사람들을 대상으로 외로움을 조사해보니, 연령이 낮을수록 외로움을 경험하는 정도가 높았다.[2] 국내에서 실시된 조사 결과에서도 젊을수록 외로움을 경험하는 빈도가 높은 것으로 나타났다. 60대 이상의 경우 17%만 '자주' 또는 '거의 항상' 외로움을 느낀다고 답한 반면, 20대의 경우 응답자의 40%가 '자주' 또는 '거의 항상' 외로움을 경험한다고 보고했다.[3]

다른 통계도 있다. 2021년 통계청의 사회통계조사에 따르면 고령일수록, 저소득일수록 외로움을 많이 느꼈다. 2024년 7월 한 리서치 회사에서는 "우리 사회에서 외로움을 느끼는 사람이 많은가"라는 질문으로 여론조사를 했는데, 이에 87.7%가 그렇다고 답했다.[4] 이 조사에서는 20대와 30대의 외로움지수가 높았고, 1인 가구가 외로움을 느끼는 비율이 다인 가구의 구성원보다 높았다. 외로움에 대한 모든 조사에서 확인할 수 있는 것은 외로움이란 개인적 특성이기보다는 '사회적 사실'이라는 점이다.

이러한 외로움을 극복하기 위해 한국인은 개인 활동을 선택하는 경향이 높았다. 한국인의 외로움 해소법으로는 TV 시청이 가장 많았고 그 외에 잠자기, 음악 감상, 산책 등이 있었지만, 외로움을 극복하려고 다른 사람과의 만남을 선택하는 빈도는 매우 낮았다. 그러나 외로움을 극복하기 위해 원하는 것은 역시 대면 만남이었다. 20대(58.8%)도, 30대(60.8%)도 온라인 소통보다 오프라인 만남이 그립다고 답했다. 그러는 한편, 이들은 대면 만남을 부담스러워했다. 사람들을 만나면 무슨 말을 꺼내야 할지 모르겠다고 하고, 또 카페 등에서 대면 주문하는 것조차 낯설고 어렵게 느낀다고 말했다(20대 24.0%, 30대 22.4%, 40대 20.0%, 50대 14.0%).

이처럼 한국인이 대면 만남을 부담스러워하는 이유는 무엇일까? 설문조사에서는 주로 20대와 30대가 대면 만남을 부담스러워했는데, 그 이유는 내가 한 말을 상대가 잘 들어주지 않을 것 같아서, 심하면 면박을 줄지도 모른다는 두려움 때문이었다. 2022년 4월에 실시한 직장인 대상 설문조사에서 응답자 전원(!)이 최근 6개월 이내에 직장에서 무례함을 경험했다고 응답했다.[5] 응답자 중 3.2%는 직장 내 무례함을 "매일 경험한다"고 답했고, "자주 경험한다"는 13.3%, "가끔 경험한다"는 42.2%였다. 반복적으로 무례함을 경험한다는 응답도 58.7%에 달했다.

무례함의 가장 많은 유형(중복응답)은 "말을 자르거나 의견을 무시한다"(63.5%)였고, 이어 "자신의 상태를 함부로 판단하고 단정 짓는다"(43.5%), "다른 사람 앞에서 면박을 준다"(38.7%)로 나타났다. 자신에게 무례한 행동을 하는 사람은 대부분 상사(61.6%) 또는 선배(27.9%)였다. 주로 서열이 높은 사람이 하위 직급의 구성원에게 무례한 행동을 했는데, 따라서 연령이 낮을수록 무례함을 당한 경험도 잦았다. 무례함을 "자주 또는 매일" 당한다는 응답자는 20대 (30%), 30대(19%), 40대(10%), 50대(7%) 순으로 많았다.

　직장 내에서는 선배나 상사가 무례함을 저지르지만, 직장 바깥에서는 자신이 권위나 권력을 지녔다고 생각하는 사람 모두가 무례함을 저지른다. 상대방이 의견을 피력해도 "아니 됐고, 그냥 내가 말한 대로 해."라는 말이 도로에서도, 거리에서도, 그 어디에서도 쉽게 입 밖으로 튀어나온다. 그런 무례함에는 오히려 쉽게 대처할 수 있다. 그런데 일상에서의 무례함은 대부분 분간하기가 어렵다. 무례한 사람들은 듣는 사람의 기분을 나쁘게 하려고 은근히 돌려 말하기도 한다. 그러고는 듣는 사람이 인상을 찌푸리면 웃자고 한 말인데 민감하게 반응한다며 상황을 슬쩍 피한다. 상대방을 속 좁은 사람으로 내모는 것이다. 사실 무례한 사람의 목적은 이것이다. 특정 사람을 특정 집단에서 내치려는 의도가 무례함에 깔려 있다.

　무례함에 대응하는 훈련이 되어 있지 않으면 회사에서, 도로에서, 거리에서, 식당에서 무례함을 당한 사람은 저항할 힘을 잃고 굴욕감에 빠진다. 굴욕감은 어딘가에 소속되지 못하고 튕겨 나오는 느낌을 갖게 한다. 세상에 홀로 남겨진 듯한 외로움의 순간이 찾아온다. 외로움은 부작용을 동반한다. 2024년 경상북도에서 조사한 자료에 따르면, 조사 대상 10명 중 6명이 외로움을 느끼며, 이들은 우울감과 자살을 생각하는 빈도 또한 높은 것으로 나타났다. 외로움은 일상적인 삶도 지배한다. 멀레이너선과 샤퍼의 연구에 의하면, 외롭게 살아가는 사람들은 초콜릿 칩을 맛볼 기회를 제공받았을 때 다른 집단보다 두 배나 더 먹었다.[6] 충동을 조절하고 자신을 통제하는 힘이 그만큼 약해진 것이다.

더 심각한 문제는 외로움이 개인에게서 끝나지 않고 전염된다는 점이다. 한 사회심리학 연구는 사회 연결망의 주변부에서 친구가 적은 사람들이 외로움을 더 짙게 느끼는 경향이 있는데, 그들은 남은 몇 안 되는 친구 관계도 점차 끊어갔다고 밝혔다.[7] 그들은 남아 있는 친구들에게 외로운 느낌을 전달하고 난 뒤에 완전히 관계를 정리했다. 그렇게 되니 외로움을 전달받은 이가 다시 외로움을 옮기는 악순환의 사이클이 만들어졌다. 이런 강화 효과reinforcing effects는 외로움으로 인해 '스웨터 끝에서 풀린 실처럼' 사회 주변부의 사람들이 소리소문 없이 사라질 수 있다는 것을 의미한다.

우리 사회 청년들의 외로움도 개인에게서 끝나지 않고 전염되어 우리 사회 전체의 무기력으로 확산되고 있다. 사회 붕괴를 막으려면 이들 주변부 네트워크가 깨지지 않도록 보존해주는 특별한 조치가 필요하다. 그 특별한 조치는 '보이지 않는 인간'이 일할 수 있는 곳과 그들이 사는 공간을 매력과 활기가 넘치도록 만들어 그곳에서 머뭇거림 없이 타인들과 함께 새로운 실험과 협력을 실행할 수 있도록 장려하는 일이다. 그러기 위해서는 관련 일자리 또한 풍부해져야 한다.

영국 엑서터대학의 보건경제학 연구팀이 1만 5,000명의 영국인을 대상으로 조사하여 2022년에 발표한 내용에 따르면, '자주 외로움을 느낀다'고 응답한 사람들이 나중에 실업을 경험할 확률이 높았다. 이 연구의 주主저자인 니아 모리쉬N. Morrish는 "고독과 실업은 건강과 경제에 미치는 지속적이고 잠재적인 무서운 영향력이다."라고 말한다.[8] 따라서 외로움이 감소하면 실업률은 완화되고, 역으로 고용은 외로움을 완화시킬 수 있다는 것이다. 그러나 문제는, 외로움은 너무 가까이 있고 고용은 너무 멀리 있다는 점이다.

사실 외로움과 경제력의 관계는 인과가 아니라 상호 관련성이다. 외로움이 가난을 불러오기도 하지만, 가난이 외로움을 불러오기도 한다. 독일의 대표적인 사회경제 패널 데이터를 활용해 독일 전역의 외로움을 연구한 결과를 보면, 소득은 외로움에 부정적인 영향을 미친다. 경제 상황에 만족하는 집단에 비해 경제적 어려움을 경험하는 집단이 외로움을 더 자주 또는 항상 경험하며, 재정적으로 불만족스러울수록 외로움과 사회적 고립 모두 높게 나타났다.[9] 이것은 한국도 마찬가지다.[10]

그렇다면 경제력이 없는 사람, 특히 '가난한 청소년'이 느끼는 외로움에 콘텐츠는 어떤 영향을 줄까? 사실 이와 관련하여 중요한 연구가 2024년에 발표되었다. 이 연구에 따르면,[11] 청소년이 겪는 경제적 어려움이 깊을수록 외로움 및 사회적 고립도 높아졌는데, 디지털 소통과 협력은 경제적 어려움과 외로움 사이에서 조절 효과를 보이는 것으로 확인되었다. 즉, 디지털 소통·협력 수준이 낮은 집단에서는 경제적 어려움이 증가할수록 외로움 및 사회적 고립이 증가하는 반면, 디지털 소통·협력 수준이 높은 집단에서는 경제적 어려움이 증가하더라도 외로움 및 사회적 고립의 증가 경향은 거의 없는 것으로 나타났다.

실제로 디지털 소통과 협력은 외로움을 거의 드라마틱하게 감소시킨다. 그 효과는 홀로 있을 때조차 나타날 수 있다. 닌텐도 게임 〈젤다의 전설〉을 시작한 어떤 사람의 블로그에 이런 글이 있다. 감염병 대확산 이후 집에서 보내는 시간이 점차 늘어나고, 경제적으로 여유가 없는 청년들이 '은둔형 외톨이'가 되는 경우가 많아졌다는데 자신도 그랬다면서, 자신도 비슷하게 은둔하면서 "어째서 하루를 더 알차게 보내지 못했는지" 자책하며 지냈다고 한다. 그런데 〈젤다의 전설〉을 하면서 생각이 바뀌었다면서 "이제는 집에서 하루를 보내도 허무하지 않았고, 게임하며 보낸 시간이 더 이상 낭비처럼 느껴지지 않았다. 게임을 하면 뿌듯했고 그동안 쌓인 스트레스가 날아갔다."[12]라고 했다.

그는 영화 관람이나 독서에 이어 또 하나 몰입할 취미가 생겼고, 그것이야말로 자기 스스로에게 '올해의 발견'이라고 말한다. 홀로 하는 게임이지만 게임 방법에 관한 엄청나게 많은 얘기가 게시판과 톡으로 오가고, 서로의 플레이 경험이 공유된다. 홀로 하는 게임인데, 커뮤니티에는 같은 게임을 즐기는 이들끼리 서로 정보를 알려주고 성과를 자랑하는 소통과 협력의 문화가 넘친다. 게임 미션을 달성하기 위해 서두르는 사람에겐 게임을 즐기면서 천천히 하라는 충고까지도 꽤 있다.

그렇게 게임은 한두 시간의 킬링타임을 위해 할 수도 있지만 장시간을 투여해 경험의 내러티브를 만들고 내러티브가 완성되었을 때의 뿌듯함을 느낄 수 있는 장르로 진화하고 있다. 현실에 존재하는 것도 아니고, 그렇다고 완전한 환상도 아닌 '중간 대상'으로부터 자기 삶의 내러티브를 만들 수 있는 기회가 제공되는 것이다.

여행하는 은거인

외향적인 사람들은 다양한 관계를 즐기지만, 내향적인 사람들은 몇 안 되어도 깊은 관계를 즐긴다. 은거인에게는 자기 방이 거대한 우주다. 외향인에게 자기 방은 휴식의 공간인 동시에 오래 있을수록 답답한 곳이다. 내향인에게 자기 방은 여행의 공간이자 오래 있을수록 안온한 곳이다. 내향형의 대가인 프루스트는 최고의 여행을 "침대 밖으로 나오지 않고서도 이 우주의 가장 아름다운 도시들을 연이어 보는 모습"이라고 했다. 그래서 프루스트는 요트에 살면서 침대에서 굳이 나올 필요 없이 이곳저곳을 돌아다니는 것을 꿈꾸기도 했다.[13]

한국에서 은거인은 프루스트처럼 대우받지 못했다. 게임 같은 콘텐츠들은 은둔형 외톨이를 만들어내는 원흉으로 찍히곤 한다. 그러나 은둔형 외톨이들 중 많은 수가 바깥이 너무 위험해서 자기 침대에서 피난처를 만들고 있는지도 모른다. 은둔 청년을 위한 온라인 소통 플랫폼인 '두더지 땅굴'에서 퍼온 글을 일부 소개하면 다음과 같다.[14] 오랜 시간 은둔하다 벗어났던 '외톨이 하나 씨'가 스스로의 경험에 대해 말한 것들이다.

(11년 동안이나 은둔생활을 했던 하나 씨에게)

- 집에 있으면서 시간을 때우기 위해 주로 무얼 했나요? 뭐든 좋으니 무엇을 했는지 구체적으로 알고 싶어요.

"10대 때는 컴퓨터로 게임을 많이 했었어요. 당시에 핫한 게임이라면 거의 다 해본 거 같아요. 그런데 그것도 은둔이 길어지고 나이를 먹으니 시들해져서, 영화나 드라마를 많이 봤어요. 영화는 현재까지 총 1,100편 정도 봤고, 미국 드라마도 굉장히 많이 봤죠. 제가 은둔했었던 사실을 밝히면 항상 듣는 말이 그렇게 오랜 시간 동안 은둔을 한 사람처럼 보이지 않는다는 말이었거든요. 아무래도 영화나 드라마를 많이 시청하면서 그런 영상매체 속에서 인간관계나 사람을 대하는 태도 등을 배운 덕이 컸던 거 같아요.

14살 때부터 은둔생활 시작, 25살까지 했어요. 14살 때 등교거부 하면서 집 밖으로 나가지 않게 되었고 자연스레 은둔으로 이어졌죠. 은둔 탈출 기회는 정말 감사한 기회 때문입니다. 병원에 입원해 좋은 의사 선생님을 만난 것도 행운이었습니다. '은둔고수'라는 프로그램에 참여해 은둔형 외톨이 지원 업계와 연이 닿은 것 등 모든 게요."

– 은둔하게 된 계기를 좀 더 자세히 들려주실 수 있나요?

"가정환경이 좋지 않았어요. 폭력 폭언 성향이 짙은 아버지와 그런 아버지에게 매번 지고 마는 어머니, 그런 불안한 환경 속에서 유약하고 예민한 아이였던 제가 조금씩 깨져가고 있었던 거 같아요. 거기에 맞벌이로 인해 외동이었던 제가 밤늦게까지 혼자 방치되면서 자연스레 컴퓨터에 빠져들게 되고 게임 중독으로 이어졌죠."

그리고 은둔형 외톨이였던 하나 씨는 은둔형 외톨이들에게 이렇게 충고한다.

"그냥 제가 권유 드리고 싶은 건, 우리 같은 은둔형 외톨이들은 생각이 많거든요. 그냥 웅크려 있으면서 여러 가지 생각들을 많이 하잖아요. 그러다 내가 뭐를 해보고 싶다, 그러면 그걸 생각만 하지 않고 직접 해보시는 걸 추천 드려요. 굳이 여행이 아니어도 되니까, 예를 들어서 게임을 안 하시는 분인데 내가 이 게임을 꼭 한번 해보고 싶다, 그러면 고민하지 말고 그 게임을 한번 해보시고, 내가 이 영화를 꼭 보고 싶다, 그러면 고민만 하지 말고 한번 보시고. 그런 걸 시도해보셨으면 좋겠어요. 그러니까 시도하지 않으면서 시도하고 싶어만 하는 것보다, 영화가 마음에 안 들 때도 있고 드라마가 재미없을 때도 그냥 '이 드라마는 그렇구나' 하면서 스스로에게 판단 기회를 주는 거예요."

하나 씨의 경우라면 그에게 자기 방의 침대는 아버지의 폭력으로부터의 피난처였고, 게임과 드라마는 '프루스트의 여행'과 같은 구세주였다. 그러나 세인에게 하나 씨는 '11년 동안 방 안에서 게임만 하고 있는 아이'로 보였을 것이다. 그 모습을 보면서 사람들은 '게임이 이 아이를 은둔형 외톨이로 만들었다. 게임으로부터 아이를 보호해야 한다.'고 생각했을 것이다. 편견은 깊게 생각할 시간을 주지 않는다. 전원을 내리고 바로 방문을 부수어 아이를 방에서 끌어내 거실로 내놓는다. 세인은 뿌듯해하며 해야 할 일을 했다고 생각하지만, 그것이 오히려 아이를 위험에 처하게 할 수 있다. 유일한 피난처에서 강제로 쫓겨나면 약자는 강자의 먹이가 될 뿐이다.

사람들이 은둔의 원인을 게임에서 찾곤 하는 것은 게임에 대한 고정관념 때문이다. 그것이 책이나 영화라면 꽤 다른 취급을 받았을 것이다. 게임을 희생양 삼아 일상과 관계의 문제들을 환원시키는 경향이 워낙 뿌리 깊어서, 정부에서도 발 벗고 나선 적이 있다. 2015년에 게임 중독의 원인을 밝히기 위해 문화관광부에서 직접 발주하여 서울대병원 소아청소년정신과의 김붕년 교수팀과 게임심리학 전문가 건국대 정의준 교수팀이 합동으로 특정 패널을 추적조사하는 연구를 시작했다. 전 세계 최초로 게임 중독의 원인을 밝히는 의학·사회과학 공동 추적조사였다. 연구의 결론은 대략 이렇다.

게임 과몰입의 큰 영향 요인은 자기통제 능력의 부족으로 나타났다. 또한 자기통제 능력을 저하시키는 가장 큰 요인은 스트레스인 것으로 확인됐다. 학생들의 가장 큰 스트레스는 학업 스트레스였으며 이는 부모의 과잉간섭으로 인해 더욱 높아지는 것으로 나타났으며 부모와의 대화는 스트레스를 낮추는 요인이 됐다. 반면, 부모 스스로의 고독과 불안 요소는 스트레스에 악영향을 미쳤다.[15]

이러한 연구 결과는 결국 게임 중독의 원인은 부모의 문제, 즉 부모 효과라는 것이고, 게임은 그 결과로 나타난 현상이라는 것이었다. 결국 게임 중독이 문제행동의 원인이라고 호도하고 싶은 집단이 존재했고, 그 집단이 게임을 사회악으로 낙인찍음으로써 근본적인 문제를 효과적으로 감출 수 있었다. 게임 중독에서 이른바 희생양 메커니즘이 작동한 것이다. 희생양 제의를 통해 집단과 사회는 평화와 결속을 얻지만, 문제의 본질은 건드려지지 않는다. 갈등은 지속되고 또 다른 희생양 찾기가 계속된다. 희생양으로는 가장 가까이 있으면서도 가장 약하고 보복할 힘이 없는 사회적 약자가 지속적으로 선택된다. 르네 지라르Rene Girard는 희생양을 찾으려면 집단 내부에 속해 있지만 권력이 없는 주변적 존재를 보라고 했다. 게임과 게임 이용자는 이 조건에 잘 부합한다.

그러나 따지고 보면 게임도 매개체일 뿐이다. 인간의 소통은 매개를 필요로 한다. 언어부터 텔레비전과 게임까지, 매개체 없는 소통은 충동적인 욕망이나 물리적인 폭력이기 쉽다. 매개체를 두고 인간은 자기통제를 증진시킨다. 전쟁과 스포츠 모두 상대방을 적으로 두고 싸우는 것은 같다. 그러나 스포츠는 도구와 규칙을 매개로 함으로써 상대에 대한 적의를 통제할 수 있고, 본능적 충동을 순화할 수 있다.

게임도 그런 통제력을 키우는 매개체가 될 수 있다. 학업에 관한 얘기 빼놓고는 대화할 거리가 없는 부모와 자식과 같은 관계, 그래서 서로의 욕망이 직접적으로 충돌하기 쉬운 관계에서 게임은 소통의 매개 역할을 할 수도 있다.

물론 이런 접근이 이상에 불과할 수 있다. 말로는 가능해도 현실에서는 극소수의 가정에서만 실천 가능한 얘기다. 이전 세대, 현재 청년의 부모 세대는 가정폭력에 노출되었을 때나 부모의 일방적인 강요를 받을 때, 딱히 피할 곳이 없었다. 그러나 지금 시대의 자녀들은 거의 모두 각자의 방이 있다. 스스로 취할 수 있는 최우선적인 조치는 방문을 잠그고 자기 방에서 나오지 않는 것이다. 최소한의 물리적인 자구책인 것이다. 게다가 자기 방에 갇혔다고 해도 세상과의 연결고리는 여전히 있다. 컴퓨터와 스마트폰이다. 이 매개가 더 나쁜 연결을 만들 것인가, 아니면 순화하는 연결을 만들 것인가가 더 중요한 지점일 것이다.

게임은 가볍지만 큰 문제를 일으키지 않는 대화 공간으로서 외부와 접속하는 최후의 연결고리가 될 수도 있다. 게임과 SNS를 통해 새로운 친구들을 만날 수 있고, 가상공간에서 어떻게 피난처를 만들어내야 하는지에 관한 구체적인 정보도 얻을 수 있다. 자기 침대 이외에는 피난처가 없는 청소년들에게 콘텐츠의 가상공간은 최후의 보루가 된다. 이 경우 오히려 은둔형 외톨이를 위해 가상의 공간, 즉 게임이나 SNS 같은 공간에 공적 공간을 마련해 이들이 아무런 거리낌 없이 자유롭게 접속하여 연결하고 소통할 수 있게 하고, 이들에게 정신적·물질적으로 도움을 줄 수 있는 시스템을 짜는 것이 시급하다. 그들은 침대 밖으로 나오지 않고 이 우주의 가장 아름다운 것들을 보고 싶어하는 사람일지도 모른다. 결국, 은둔형 외톨이들에게 생각만 하지 말고 콘텐츠를 직접 실행해보라고 권했던 하나 씨의 개인적인 생각이 국가적 대책으로도 정확한 방향이다.

프로테우스 효과

하나 씨는 11년 동안 은둔형 외톨이로 지내다 빠져나왔는데도 사회생활에 큰 문제가 없다고 했다. 자기 방에 갇혀 가상 세계를 떠돌았는데 어떻게 그게 가능했을까? 이것은 프로테우스* 효과로 설명할 수 있다. 프로테우스 효과Proteus effect는 가상공간 또는 가상현실에서 자기 자신을 어떻게 인식하느냐에 따라 현실에서도 행동이 달라지는 것을 뜻한다.

이는 실험을 통해 입증됐다. 사람들에게 서로 다른 유형의 아바타를 주고 이들의 이후 행동을 모니터하는 실험으로, 사람들은 온라인에서 주어진 아바타 이미지에 적합한 행동을 오프라인에서도 하는 경향을 보였다. 매력적인 이미지의 아바타를 받은 사람들은 오프라인에서도 매력적으로 보이도록 행동하는 경향이 있었고, 덩치가 큰 아바타를 받은 사람들은 현실에서도 위압적으로 행동하는 경향을 보인 것이다.

가상현실 같은 몰입형 기술이 발전하면서 사람들은 타인들이 판

---

* 그리스 신화의 바다의 신 중 하나로, 자유자재로 모습을 바꿀 수 있다.

단하는 객관적인 자아보다는 가상현실에서의 주관적인 자아에 더 집중하게 됐고, 정체성도 유연해졌다. 그래서 가상의 공간에서 게임이나 드라마를 보면서 비인간과 지속적으로 소통을 했다는 것 그 자체가 이미 현실에서 행동하는 방식을 습득하는 과정이라고 볼 수 있다. 그래서 은둔해서 게임을 하거나 드라마만 봤다고 해서 '가상공간에 오래 있었으니 인성이나 사회생활에 문제가 커지겠구나.'라고 생각하는 것은 고정관념에 묶인 편견일 뿐이다. 오히려 발상을 전환해, 이러한 프로테우스 효과 원리에 따라 현실에서도 효능감을 키울 수 있도록 가상공간, 가상현실을 활용할 수 있다.

우리는 가상현실을 통해 '현실에서는 경험할 수 없는 것을 경험' 해볼 수 있으며, 이 '생생한 경험'을 통해 실제로 자아와 우뇌에 변화를 일으킬 수 있다. 지금 시대의 콘텐츠에 내가 참여함으로써 즐거움을 느끼고, 나의 참여로 만들어진 무언가가 타인에게 영향을 끼치는 생산의 영토가 되면, 그것은 자아에 대한 관념도 바꾸어 낸다. 물리적 세계보다 디지털 세계에 있는 자신이 더 진짜 자신 authentic and true인 것처럼 느껴지게 된다.[16]

참여할 수 있고 즐거움을 느낄 수 있는 곳에 있는 자신이 더 진짜인 것처럼 느끼는 이유는 내가 한 행동이 즉각적인 반응과 결과를 만들어내기 때문이다. 그리고 그 반응과 결과로부터 학습까지 하게 된다. 그런 경험은 뇌를 변화시키고, 다시 현실 세계에서의 행동을 변화시킨다. 결국 가상공간은 시뮬레이션을 통해 무한한 가능성을 주는 공간이다. 예컨대 시뮬레이션으로 사회적 예절을 학습할 수 있고, 어떤 운동을 익힐 때 필요한 다양한 상황을 제공할 수도 있다. 이런 '가상의 훈련'은 실전에서 최고의 기량을 발휘하도록 돕는다.

팀스포츠의 경우 가상공간의 공감 훈련으로 다른 사람의 입장이 되어볼 수 있는데, 나와 다른 성별, 국적, 인종, 심지어는 동물까지도 되어볼 수 있다. 이는 현실에서는 사실상 불가능하다. 다른 성별, 다른 인종의 플레이어가 되어보는 것은 단순히 '신기한 경험의 차원' 이상으로 '자신과 관계없다고 생각했던 타 존재에 대한 공감과 반추'를 극대화할 수 있다는 점에서 의미가 있다.

결론은 이렇다. 은거한다고, 홀로 있다고 몰아붙이며 문제아 취급 하지 말아야 한다. 그들이 홀로 있게 된 이유를 개인적 차원만이 아니라 사회적 차원에서 파악할 수 있어야 한다. 또한 그들이 홀로 있을 때조차 자신의 생각과 사고에 대해 지지받을 수 있는 환경을 갖출 수 있게 해야 한다. 외로움을 느끼게 하는 사회적 상황은 타인과 비교해 자신의 상황이 더 안 좋다고 느낄 때다.[17] 이를 피하기 위해서는 홀로 있더라도 고립감을 느끼지 않도록 수많은 연결 지점을 찾아야 한다. 자기 방 안에서 나오지 않는 사람이라 하더라도 그 방 안에서 또 다른 세계를 만날 수 있다면, 그들은 프로테우스처럼 변신술을 익히고 지혜로울 수 있다.

6장

시빌리테
예의 바른 콘텐츠

시빌리테, 가면을 쓰는 능력

시빌리테civilité—시민으로서 지켜야 할 예절 또는 매너—는 돈이나 권력에서 독립적인 영역이다. 시빌리테에서 가장 중요한 것은 배려다. 그래서 시빌리테는 돈, 권력과 때로는 대립적인 관계가 된다. 돈과 권력이 있는 사람은 남을 쉽게 무시할 수 있기 때문이다. 1737년에 에라스무스 존스Erasmus Jones가 쓴《매너 있는 사람The Man of Manners》은 비천한 신분에 교육받지 못했음에도 뜻밖에 돈과 권력을 움켜쥐게 된 사람에게 "본능적으로 발생하는 수많은 허영, 약점, 무례함으로 인해 경멸과 조롱의 대상으로 전락할 수 있는 상황을 피하는 법"이라는 부제를 달고 있다. 이 책 대부분의 내용은 사회적 약자를 배려하라는 것이다. 예를 들면, 눈에 띄는 신체적 질환을 앓는 사람을 입을 벌리고 쳐다보는 행동, 음탕하기로 유명한 아내를 둔 남자에게 오쟁이 진 남편에 관해 이야기하는 것, 망한 경험이 있는 사람 앞에서 파산 관련 이야기를 꺼내는 일은 매너 있는 사람이라면 절대로 해서는 안 될 행동이다.[1]

사회적 배려에 대한 강조는 공동체의 유지에 아주 중요하다. 시빌리테가 지켜지면 부와 권력의 격차에서 오는 사회적 갈등을 줄이고 존중과 인정이 자리 잡을 수 있다. 돈과 권력이 즉각적으로 가져오는 무시와 경멸, 그리고 폭력과 불공정을 순화하는 역할이 역사적으로 시빌리테에게 부여되어온 것이다. 그런데 시빌리테에는 중요한 특성이 있다. 개인이 시빌리테를 지키려면 스스로 학습해야 하고 습관으로 만들어야 한다. 그러기 위해서는 강력한 자기통제력이 필요하다. 본능적으로 나오는 반응을 억누르는 힘이 필요한 것이다. 결국 시빌리테는 속마음과 겉모습이 다를 수 있도록, 가면을 쓸 수 있는 능력이다. 그래서 리처드 세넷Richard Sennett도 "피상성은 악덕이 아니다."라고 했다.

엘리아스Norbert Elias에 따르면, 애초에 시빌리테는 궁정에서 창성했다. 역사적으로 감정을 자제하고 예절을 지키는 일이 가장 중요했던 곳이 궁정사회다. 궁정사회에서는 자기감정을 스스로 통제할 수 있어야 했고, 그것이 발현되는 형식이 예절이었다. 궁정사회에서 예절이 가장 먼저 나타난 이유는 서열과 권력이 제각기 다른 사람들을 상대해야 했기 때문이다. 궁정사회에 속한 사람들은 자신의 처지에 맞는 위치감각을 설정할 수 있어야 했다. 궁정인들은 자신이 만나는 사람들에 맞춰 표정, 말씨, 태도 등을 조율하고 통제할 수 있는 '궁정적 합리성'을 습득해야 했다. 말하자면 궁정사회의 예절이란 중세의 기사가 품위와 교양을 갖춘 궁정인으로 길들어가는 과정이다. 그곳에서 사회적 교류를 하려면 식탁부터 침실까지 모든 면에서 자신의 행동거지를 정해진 규칙에 맞춰 수행해야만 했다.

이렇듯 문명화 과정은 인성 구조의 변화 과정으로서, 수치심과 혐오감의 한계점이 낮아지는 형태로 진행되었다. 다른 사람이 담당하던 강제를 개인 스스로가 담당하는 사회적 통제가 내면화되는 과정이며, 이것이 자기통제의 강화로 나타난다.

호칭의 상징: 자기통제와 공동체의 유지

한국 사회에서 호칭呼稱은 곧 명예이고 그것은 지위를 상징한다. 호칭만큼 물질화된 말도 찾아보기 어려울 것이다. 호칭을 붙이는 순간 그것은 하나의 말에서 실체로 떠오르기 때문이다. 특정 사람에게 붙은 어떤 호칭을 듣는 순간 가까이 가려 하는 경우와 멀찍이 떨어지려는 경우가 나뉜다. 이런 호칭의 특성을 좀 더 파고들어가면 호칭은 개인이 아닌 집단과 관련되어 있다는 것이다. 호칭은 개인을 집단에 접합하는 과정이다. 이름 뒤에 붙는 수많은 호칭은 그 사람이 어떤 집단에 소속되어 있는지, 그곳에서 어떤 위치인지를 곧바로 드러낸다. 그리고 그 소속된 집단은 현대에서 궁정사회와 같은 곳이다.

우리는 이렇게 상상할 수 있다. 집단은 개인의 호칭을 위해 존재한다. 이는 결코 터무니없는 상상이 아니다. 개인에게 호칭을 부여하지 않는 집단은 존재의 이유가 없다. 아무도 그 집단에 소속되려 하지 않을 것이기 때문이다. 집단의 운명은 특정 집단과 그 집단에 속한 개인들을 지칭하는 언어들과 밀접히 관련되어 있다.[2] 그래서 자기 직업을 지시하는 사용 가능한 표지 중에서 가장 좋은 것을 차용하고, 필요하다면 새로운 직함의 발명도 불사한다. 도기공이 자신을 공예인으로 부르고, 의사에 가깝게 보이도록 자신들을 안마사와 구별하며 새로운 명칭을 발명한 물리치료사의 발상이 그런 것들이다.[3] 그래서 호칭에는 항상 인플레이션이 발생한다. 이 인플레이션을 억제하기 위해 다양한 제약 조건이 등장하기도 한다.

가상의 게임 공간에서도 호칭—게이머들은 주로 '칭호'라고 말한다—은 예외 없이 중요하고 얻기 어렵다. 가상의 공간에서도 귀족처럼 인정받고자 하는 욕망이 그대로 작동하기 때문이다. 캐릭터를 소유한 플레이어는 칭호를 통해 자신을 과시한다. 칭호는 그가 가상공간에서 갖고 있는 모든 지위의 상징이다.

팀 기반 게임을 하는 사람들은 대부분 주변의 존경과 인정을 얻기 위해 게임한다.[4] 그러기 위해서 게이머들은 경험치나 아이템으로 자신의 재화와 권력을 전시한다. 동시에 그만큼의 재화와 권력을 얻는 데 얼마나 많은 시빌리테를 행했는지도 게이머가 얻는 평판의 중요한 지표다. 칭호는 평판을 상징한다. 칭호를 얻은 게이머라면 재화와 권력도 얻은 것으로 본다. 그러나 이것이 곧 존경과 인정을 지속적으로 받을 수 있다는 것을 뜻하지는 않는다. 칭호를 받은 게이머는 끊임없는 확인과 재검증을 요구받는다. 그의 재화와 권력 그리고 그것을 상징하는 칭호가 시빌리테와 결합된 것인지, 그렇지 않은지를 검증받는 것이다. 칭호는 가상공간이 현실의 공간처럼 그것의 획득을 위해 진지하게 몰두하는 경쟁의 장이 되었다는 것을 의미한다.

〈로스트아크〉라는 게임이 있다. 국내에서만 순수 이용자가 100만 명을 넘는다. 이 '대규모 다중 사용자 온라인 역할 기반형 게임MMORPG'의 유저들은 플레이 업력에 따라 뉴비Newbie(신규 유저)와 올드비Oldbie(오래된 유저)로, 콘텐츠 지식과 숙련도에 따라 '미숙자-숙련자'로 계급이 나뉜다. 이 게임이 유저들에게 붙이는 이 같은 칭호는 미션을 수행하면 자동으로 획득되는데, 플레이어는 이를 뽐내고 전시한다.

칭호는 돈을 주고 살 수 있는 것이 아니다. 칭호는 그 게임에 보인 참여도와 숙련도를 상징하는 것으로, '스펙'이라고 부를 수 있는 갖가지 요소(아이템 레벨, 보석)는 돈을 투자해 한 번에 '스펙업'을 할 수 있는데, 칭호는 오직 클리어 경험을 통해서만 얻을 수 있다. 따라서 유저들이 장착한 칭호는 '클리어 경험'이라는 숙련도를 증명한다. 그리고 이런 사람들끼리 플레이를 하면 콘텐츠를 제대로 즐길 수 있다. "나는 숙련된 유저이니, 나와 같은 칭호를 장착한 유저들과 칭호파티에서 쾌적하게 레이드를 클리어하고 싶어."[5]

그런데 숙련된 유저들끼리 "쾌적하게 레이드를 한다."는 말에는 숙련도에 맞는 매너가 요구된다는 의미가 포함된다. 예컨대 모르는 유저들끼리 만나면 서로 가볍게 인사하기, 파티 번호 순서에 맞게 신호탄을 사용하기, 배틀 아이템을 미리 사용하기, 죽었을 경우에도 중단 버튼을 누르지 않고 자리 비우지 않기 등이다. 매너는 숙련된 유저일수록 몸에 배어 있게 마련이며, 매너를 지키지 않을 경우 비난을 받게 된다.[6] 특히 고숙련 유저가 매너를 지키지 않을 경우 그가 받을 비난은 더욱 커진다.

칭호에 맞는 숙련도와 매너를 갖추지 못한 유저가 더욱 비난받는 데에는 이유가 있다. 다른 유저들로부터 팀 미션에 제대로 참여하지 않고 무임승차하여 칭호를 받거나 칭호를 사칭하는 유저라는 시선을 받는 것이다. 그는 그저 비매너 유저가 아니라 다른 이들을 '속인' 유저다.

실수 한두 번은 그럴 수도 있다고 생각한다. 그런데 〈로스트아크〉는 상위 레이드 콘텐츠로 갈수록 유저 개인의 집중력과 숙련도가 매우 중요해진다. 한 명의 유저가 조금만 흐트러져도 콘텐츠 클리어에 급격하게 멀어진다. 그러다 보니 똑같은 구간에서 반복적으로 실수하게 된다면, 해당 유저에게 속은 느낌이 들어 반감이 크게 든다.[7]

〈로스트아크〉의 칭호는 '숙련도'라는 자본, 즉 체화된 문화자본을 외적으로 보여줄 수 있는 증거이자 자격증으로 기능한다. 따라서 칭호는 유저가 자신이 '매너 있는 숙련자'임을 피력하는 신분증이고, 칭호 파티는 그러한 숙련자들끼리의 모임이다. 그럼으로써 이들은 미숙련자를 배제한다.

게임이라는 가상공간에서는 다양한 게임 장르가 존재하고, 돈만 있으면 모든 숙련도를 획득할 수 있는 게임도 많다. 현실의 물질만능 사회를 게임도 그대로 반영하고 있는 것이다. 그러나 〈로스트아크〉 같은 팀 기반 게임에서는 돈의 힘으로 사람들을 끌어모으기보다는 오랜 시간을 투자해 타인과 협력하며 플레이할 때 얻을 수 있는 것에 더 많은 가치를 부여한다. 칭호라는 명예에 대한 추구도 단순히 자신의 자산을 과시하는 것이 아니라 기술과 그 기술에 맞는 매너를 제대로 갖춘 사람들과 함께 '놀고 싶다'라는 의지를 투영한 것이다.

가상공간에서 이런 생각을 하며 플레이하는 수많은 '보이지 않는 인간'으로서의 게임 유저들은 현실 공간에서도 그러한 세상이 펼쳐지기를 기대하고 있을지 모른다. 그때 프로테우스 효과는 게임이라는 가상공간에서 가장 극대화된 효과를 발휘해 현실 사회에 영향을 미칠 것이다. 그렇게 현실에서 물질적인 가치에 좌우되지 않는 협력의 공간이 열리고, 그것에 정당하게 칭호가 부여되는 사회가 있다면, 게임에서처럼 서로 즐겁게 경쟁하며 각자의 에너지를 뿜어내는 분위기가 펼쳐질 것으로 기대할 수 있다.

호혜의 콘텐츠: 안전과 신뢰의 생산

16명이 팀이 되어 괴물(보스몬스터)을 잡는 게임이 있다. 여기서 보스몬스터는 NPC다. NPC는 유저가 만든 캐릭터가 아니고 프로그램에 의해 정해진 역할만 수행하는 캐릭터인데, 유저들은 팀이 되어 5시간 동안이나 협력하며 보스몬스터와 혈투를 벌인다. 마침내 16명의 인간 캐릭터가 비인간 캐릭터를 잡는다. 16명은 진짜 사람이 조종하지만 보스몬스터는 인공지능이 창조한 캐릭터다. 게임 유저들은 5시간 동안 영화 〈괴물〉의 등장인물들—영화의 괴물도 컴퓨터에 의해 창조된 것인데—처럼 몬스터를 물리치는 한 가족이 된다.

드디어 보스몬스터가 파괴된다. 16명의 가슴엔 뿌듯함이 몰려온다. 해낸 것이다. 필요한 전략을 짜고 상황에 따라 역할과 협력을 잘 해나간 덕분이다. 그렇게 처음 만난 16명이 서로 가까워진다. 실제 본 적도 만난 적도 없지만, 서로의 아이디에 벌써 친숙하다. 그중 멋진 플레이를 한 유저가 '최고의 플레이어'로 선택된다. 함께 전투했던 동료가 아니라 시스템이 선정한 플레이어다. 선택받지 못한 사람이 아쉬워할 만도 하지만, 게임 시스템에 의해 선택된 플레이어이니 그냥 따르면 된다. 게이머들은 자신의 최고 플레이 경험을 '전설의 플레이'로 자랑한다.

앞뒤 사정을 모른 채 이 이야기를 듣는 사람들은 의아해한다. 왜 젊은이들이 모여 게임 따위에 시간을 낭비하느냐고 말이다. 그러나 같은 장을 공유하는 사람들끼리 서로 협력해서 얻어낸 감정은 '뿌듯함'이다. 뿌듯함은 자신의 역할을 잘 완수해 공동체에 기여했다는 느낌이 들 때 생겨나는 사회적인 감정으로, 역할을 분담하고 함께 협력하며 공동의 목표를 달성했을 때 내면 깊숙한 곳에서 생성된다.

축구나 야구 같은 스포츠에 참여하는 사람도 그러한 뿌듯함을 느낄 수 있다. 그러나 게임은 전통적인 스포츠와는 다른 점이 있다. 스포츠에서는 어느 한 편이 이기면 다른 한 편은 진다. 뿌듯함과 허탈함이 별개로 병존한다. 내가 뿌듯하면 상대는 허탈하고, 상대가 뿌듯하면 내가 허탈하다. 제로섬이다. 그러나 게임을 함께하는 16명에게는 뿌듯함만 있지, 허탈함은 없다. 상대가 비인간 인공지능이기 때문이다. 인공지능은 감정 표현을 한다 해도 자의식이 없기 때문에 고통도 없다. 그걸 아니까, 인간 플레이어는 더 뿌듯한 감정을 느낄 수 있다. 상대에게 미안해할 필요가 전혀 없기 때문이다. 결과는 우리 공동체의 협력과 단합의 증강이다. 그것이 바로 놀이의 기능이다. 함께 놀다 보면 서로 친해지는 것 말이다. 현실에서의 모든 경쟁은 제로섬이지만, NPC 보스몬스터를 잡는 롤플레잉 게임은 그런 제로섬이 아니다.

유저들은 보스몬스터 공략을 잘 해낸 사람이 명예를 획득하도록 하고, 자신도 나중에 존중받을 수 있는 기회를 얻는다. 호혜를 통해 서로 신뢰가 쌓여가는 것이다. 신뢰가 쌓이면 서로의 관계가 안전해진다. 그렇게 게임 과정에서 칭호를 얻었다는 것은 관계에서의 명예와 신뢰, 안전이 확보되었다는 것을 뜻한다.

이렇듯 명예, 안전, 신뢰를 확보할 수 있는 행동 윤리가 호혜성이다. 일방적 관계에서는 상호 간의 신뢰가 생성되기 어렵고 명예로움도 일부만이 독점하기 쉽다. 반면 호혜적인 관계는 안전과 신뢰를 확보하면서 관계의 공간에 활기와 안전함을 불어넣는다. 메타버스 게임 〈플레이 투게더〉에서는 낯선 이의 프로필에 '좋아요'를 누르면 상대가 다시 '좋아요'를 누르는 교환 행동이 이루어지고 있는데, 이때 상대에게 사전에 언질을 주지 않고 가볍게 반응하는 것이 일반적인 매너다. 또 다른 메타버스 게임 〈마인크래프트〉에서는 도시에 접속한 모두가 공용으로 사용하는 채팅창에서 정보를 선별하거나 특정 거주민과 긴밀하게 대화할 수 있는 '귓속말'을 통해 단독으로 정보를 입수하거나 물건을 거래하기도 한다. 또한 거리에 따라 소리가 조절되는 기능이 있어, 거주민들과의 거리를 생각하며 음성을 주고받아야 하는 매너도 있다.

메타버스 거주자들은 '좋아요' 버튼으로 서로의 존재를 존중하거나 '귓속말' 등의 기능을 활용해 상대와의 관계를 긴밀히 다진다. 이런 소소하고 가벼워 보이는 작은 매너들이 호혜성의 윤리를 쌓고 경로의존을 타고 여기저기 퍼지면 메타버스 공간 전체의 분위기가 활기에 차오르게 된다. 이것이 가상의 공간에 사람들이 머무르는 이유 중의 하나다.

콘텐츠와 호혜적 감수성

호혜성의 법칙이 온라인 공간에서 늘 균일하고 원활하게 돌아가는 것은 아니다. 가상공간은 익명의 공간이니 욕설과 비난이 난무할 수 있다. 중요한 것은 가상공간이 갖고 있는 공유와 협력이라는 문명화의 성격이다. 만약 가상공간에 공격과 폭력만이 난무한다면 평범한 사람들이 들어설 자리는 없다. 지난 20년을 통해 가상공간은 느슨한 연대와 '네트워크 외부 효과*'가 극대화된 공간임이 증명

---

* 상품의 가치가 그 상품의 사용자 수에 영향을 받는 현상.

되었다. 모든 비즈니스에서 온라인이 오프라인을 삼키고 있는 것도 이를 잘 입증하고 있다.

가상공간에서는 익명의 사람들끼리 서로의 지식을 공유하고 상호 피드백하는 '동료 생산peer production'이 활발히 일어난다는 것도 이미 입증된 사실이다. 오픈소스 소프트웨어 등 공유 경제 모델의 특징을 지닌 IT산업은 이미 이러한 동료 생산과 공유 경제를 성장의 중요한 기반으로 삼았다.[8] 동료 생산과 공유 경제에 의한 IT의 성장은 고학력 엘리트 기술전문가 집단의 '화이트 해커' 문화와 밀접한 관련을 갖는다는 것도 이미 많은 연구를 통해 밝혀졌다. 핀란드의 철학자 페카 히마넨Pekka Himanen은 2001년 펴낸 *The Hacker Ethics and the Spirit of the Information Age*(해커윤리와 정보사회의 정신)(Secker & Warburg)에서 해커를 '정보 공유를 미덕으로 믿는 열정적 개발자들'이라고 정의했다. 이들은 소프트웨어를 무료로 제공하고, 자신의 지식을 타인과 공유하는 것이 윤리적 의무라고 믿는 사람들이다.

해커들처럼, 콘텐츠 분야에서의 협력과 공유도 활발하게 일어나고 있다. 그런데 콘텐츠 제작에서는 그들만의 독특한 지식을 공유하는 소프트웨어 개발자들과는 다르게, 다양한 영역이 서로 접합되며 공유와 협력이 일어난다. 소프트웨어 개발자들의 협력 문화와 비교했을 때, 콘텐츠 분야의 협력 문화는 스토리부터 이미지, 그래픽, 기획까지 협력의 강도와 정도가 훨씬 더 강력하다.

콘텐츠 분야에서 다종다양한 영역의 사람들이 어느 정도의 기술을 익혀서 함께 적극적으로 참여하게 될 경우, 동료 간의 호혜성을 공유할 수 있는 윤리는 자연적으로 그 분야에 스며든다. 이들은 자신의 지식과 기술을 표현하는 것에 큰 의미를 두며, 이를 위해 상호 협력해야만 좋은 결과물이 나온다는 것을 잘 알고 있다. 콘텐츠 분야의 특징은 제작(생산) 영역에서의 협력뿐만 아니라 플레이(소비) 영역에서의 협력도 중요하다. 유저는 수동적인 소비자가 아닌, 적극적인 참여자로서 서로 협력해야만 콘텐츠를 향유할 수 있다. e 스포츠가 대표적이다.

서로의 협력과 호혜는 유저로서, 선수로서, 팀의 승리뿐만 아니라 자신의 재미를 위해서도 중요하다. 이러한 콘텐츠 제작과 향유의 속성은 호혜성의 윤리를 부각시키는데, 이로부터 콘텐츠의 장은 스포츠 정신처럼 협력과 호혜의 정신을 대폭 확장할 수 있다.*

콘텐츠산업의 호혜적 특성은 사람들의 인성에도 영향을 미친다. 몽테스키외는 《법의 정신》에서 상업 정신esprit de commerce을 언급했는데, 이는 특정한 산업이 형성하는 그 시대의 특정한 인성과 감수성이다. 몽테스키외는 상업이 사람들의 야만적인 본성을 차분하

---

* 호혜성의 법칙은 선물경제(gift economy)에서 두드러지는데, 이는 캐나다와 미국 원주민들이 출생, 결혼, 장례 등에서 귀중품을 나눠주며 권위를 나타내는 축제인 포틀래치(potlatch) 등에서 잘 드러난다. 현대의 축제나 스포츠도 이러한 원주민의 선물 경제와 밀접한 관련을 갖고 있으며, 미국의 버닝맨 축제 등도 선물경제의 긍정적 호혜성을 원류로 하고 있다.[9]

고 세련되게 만든다고 생각했다. 상업이 갖는 다양하고 활발한 소통체계 때문이다. 상업은 "지식을 침투시키고", "서로 비교하게 함"으로써 "파괴적인 편견을 고쳐줄 수 있는" 것이다. 그는 "온화한 습속moeurs douces이 있는 곳에는 어디서나 상업이 있으며, 상업이 있는 곳엔 어디에나 온화한 습속이 있다."고 주장한다.[10]

콘텐츠는 몽테스키외 시대의 상업처럼 지금 시대의 새로운 감수성을 형성하는 중요한 분야가 되고 있다. 특히 콘텐츠의 주 이용자인 청년층의 감수성이 콘텐츠에의 노출과 직접 관련되어 형성되는 것은 필연적이다. 그래서 지금 우리가 사는 시대를 기점으로 '콘텐츠 정신의 발흥'을 말할 수 있다. 콘텐츠의 정신은 호혜성과 자기표현의 발현이다. 많은 청년이 팀 기반 게임에 몰두하는 지금 시대에 이러한 콘텐츠가 요구하는 정신은 호혜성이며, 유튜브나 SNS의 번성은 자기표현과 관련된다.

호혜성과 자기표현은 서로 밀접한 관련을 갖는다. 자기표현은 특정한 집단과 그 집단에서 인정받으려는 욕망이 전제되어야 한다. 그러면서도 이는 그 집단의 타자와는 구분되는 표현, 즉 개체성을 추구하는데, 이는 자유의 정신과 관련된다. 그래서 자기표현은 늘 상호적 우월성이 전제되어야 한다. 존 스튜어트 밀은 《자유론》에서 "사람은 타인을 지배하고자 하는 욕망이 있다. 이러한 욕망이 타인에게 다수라는 숫자를 이용한 강요 행태로 나타난다."라고 말하며, 이를 방지하기 위해 "의견을 표현하는 자유, 토론의 자유, 그리고 지적인 자유"가 필요하다고 주장한다. 집단은 개인을 숫자로써 지배하려 한다. 개별성 제고를 위해 개인은 주변 사람들과의 관계를 형성하고 교류하면서 자신의 세계를 만들어가고, 이때 모든 사람이 자신의 의견을 자유롭게 표현하고 토론할 자유를 보장하는 사회 분위기가 매우 중요하다. 왜냐하면 이를 통해 다른 사람들이 무엇을 그리고 어떠한 논리로 주장하는지를 자신의 의견과 비교함으로써 끊임없이 자신의 지적 능력을 제고시킬 수 있기 때문이다. 여기서 중요한 윤리는 상호 우월성을 인정한 호혜적 관계, 즉 "호혜적 우월성reciprocal superiority"이다.[11]

여기서 호혜적 관계는 서로 협조하면서, 혼자서 가능하지 않은 새로운 지식을 만들어내는 관계를 말한다. 밀은 윌리엄 브리지스 애덤스William Bridges Adams에게 보낸 편지[12]에서 자신의 부인인 해리엇 테일러Harriot Taylor와의 관계를 설명했는데, 여기서 우리는 개체성이 추구하고자 하는 인간관계가 무엇인지를 파악할 수 있다.

우리는 서로 각자의 고유한 능력을 갖추고 있으면서 마음과 마음의 우정을 지속해서 가능하게 하는 넘치는 샘물을 공유하고 있다. 그것은 똑같음이 아니다. 왜냐하면, 그 어떠한 것도 사람들에게 자신과 똑같은 존재에게는 그리 흥미를 느끼지 않기 때문이다. 이는 바로 서로의 우월성을 인정한 상호 호혜적인 관계, 즉 호혜적 우월성이다. 우리는 각각 상대방이 알고 있지 않은 것을 많이 알고 있다. 더불어 상대방이 소중하게 생각하고 있지만 할 수 없는 혹은 잘하지 못하는 많은 것을 서로를 위해 할 수 있다. 각자에게 상대방이 매우 소중할 수밖에 없는 다른 성격을 소유하고 있다. 우리는 상대방을 보완하는 역할을 한다. 그러다 보니 각자가 혼자 있을 때보다 같이 있을 때 더욱 강할 수밖에 없다.

— 존 스튜어트 밀이 1832년 10월 20일에
윌리엄 애덤스에게 보낸 편지 일부

개체성 또는 개별성은 각자의 고유한 능력이다. 그런데 이 고유한 능력을 키우려면 타인의 능력이 필요하다. '호혜적 우월성'은 상대방이 나와 다른 능력을 가지고 있음을 인정하고, 동시에 나도 상대방보다 나은 어떤 능력을 갖고 있음을 인정하는 것이다. 각자에게 소중한 서로 다른 성격을 소유하고 있고 서로의 우월성을 인정할 때 나도 발전한다. 협력하고 공유하면 노자의 "넘치는 샘물"이 되어 마르지 않는 샘이 되고, 내가 마시는 샘물의 양도 늘어난다.

밀의 이러한 논리는 SNS나 유튜브에 어떻게 적용될까? 우리는 SNS나 유튜브를 통해 그전에는 알지 못했던, 지구 반대편에서 무엇이 일어나고 있는지 알 수 있게 되고, 또 지구 어딘가에 사는 사람은 내 주변에서 일어나는 일을 알게 된다. 지구촌은 텔레비전에서 시작되어 유튜브와 SNS에서 완성된다. 나의 이익을 위해 상대방과 협력한다는 소극적인 방식이 아니라, 나보다 더 우월한 상대가 나와 협력함으로 인해 내가 발전하는 것이 SNS와 유튜브의 경험으로 습득된다. 그래서 신뢰와 협력은 개별성의 도구이자 개별성의 완성태다. 이것을 호혜성의 실현으로 볼 수 있지 않을까.

스마트폰을 쓰는 순간, SNS와 유튜브, 게임 같은 개체성 발현 도구는 나의 '모음'이 되어 나의 몸을 구성한다. 게임과 유튜브, SNS가 많은 문제와 부작용을 속출하고 있음에도 지속적으로 확대되는 이유는 기본적으로 개체성 발현에 도움을 주는 특성이 있기 때문이다. 박막례 할머니부터 정동원의 색소폰 연주까지, 유튜브가 없었다면 실현되지 않았을 개체성이 이제 풍성하게 발현된다. 시공간의 제약이 없고, 돈의 제약이 없기 때문이다. 이전에는 고급 콘텐츠에의 접근이 계급적으로 제한되었다. 그러나 이제 유튜브가 요술램프의 지니가 되어 콘텐츠를 부르면 바로 가져다준다. 호혜적 우월성이 시공간과 계급의 제약을 넘어 실현되는 것이다. 개체성과 호혜적 우월성은 이 세계에서 가장 빠르게 보급되고, 가장 많이 쓰고, 가장 어릴 때부터 쓰는 스마트폰 덕분에 청년 한국인의 기본적인 윤리가 되었다. 그들은 이러한 콘텐츠에서 배운 감각으로 그것과 맞지 않는 산업이나 분위기에 저항했고, 자연스럽게 콘텐츠산업에 오래 머물면서 여타 분야에 콘텐츠의 정신을 확산시켰다.

보이지 않지만 넘치는 협력

스포츠는 나무와 같다. 미국, 유럽, 남미, 아시아에서 잘 자라는 나무가 다르다. 기후와 토양이 다르기 때문이다. 대한민국에서 잘 자라는 나무가 있듯이 한국인의 기질과 특성, 그리고 현재 한국의 사회문화적 토양에서는 양궁, 사격, 펜싱, 골프라는 나무가 잘 자란 것이다. 스포츠는 그 사회의 거울과 같다. 우리가 팀 스포츠가 약한 것은 한국 사회를 반영한 것이다. 한국이 더 선진화된다면 사회의 다양성이 높아질 것이다.[13]

어느 스포츠경영학자가 2024년 파리올림픽 후 한 유명 일간지와의 인터뷰에서 밝힌 한국 스포츠에 대한 평가다. 한국은 파리올림픽에서 13개의 금메달을 비롯해 총 32개의 메달을 따냈지만 메달들은 일부 개인 종목에 집중되었고, 팀 스포츠에는 전반적으로 약하다는 지적이다. 이것이 한국의 특징이라고 한다. 이 지적은 반은 맞고 반은 틀렸다. 한국은 분명 팀 스포츠에 강하다. 오프라인 스포츠와는 달리 e스포츠에서 그러하다. 수많은 글로벌 e스포츠 대회에서 한국팀은 최고의 기량을 발휘하고 있다. 그렇다면 e스포츠는 한국인의 감수성에서 예외적 공간일까?

게임의 세계를 모르는 사람에게 게임은 '보이지 않는 공간'이다. 이 보이지 않는 게임의 공간에서는 거대한 도시처럼 수많은 사람과 장치들이 그 안에서 어떤 관계를 맺으며 행동하고 있다. 게임 공간은 플레이어에게 '물리적인 세계에 살고 있는 인간의 정신'과 '물리적인 제약으로부터 벗어난 인간의 신체'가 결합된 곳이라 할 수 있는데, 물리적인 세계의 법칙이 그대로 투영되면서도 동시에 물리적인 세계에서 실현하지 못했던 꿈을 실현할 수 있다. 그래서 게임은 이중적이다. 현실의 불만족을 수용하면서도 동시에 거부할 수 있다.

게임에는 그런 모순된 기능이 공존한다. 게임에서 구현되는 것은 모두 현실로부터 빌린 것들이다. 그럼에도 그곳에서는 현실에서 이룰 수 없는 것들을 풍성하게 만드는 다양한 장치가 만들어지고 있다. 외부에서 볼 때는 싸우고 피 흘리고 욕하는 것만 보일지 모르지만, 그 안에서는 새로운 형태의 게임을 통해 이전과는 다른 즐거움의 양태가 나타나고 있는 것이다. 대표적인 예가 우애와 신뢰다. 게임 속의 다양한 난관에 공동으로 대처하고 그것을 통해 동료의 중요성과 협력의 즐거움을 실현하는 것에 중점을 두는 게임이 출현하고 있는 것이다.

2016년에 블리자드에서 〈오버워치〉라는 게임을 출시해 큰 인기를 끌었는데, 그것은 팀 기반의 FPS(First-Person Shooter) 게임으로서 게임 플레이어가 협력을 통해 자신의 목표 또는 공동체의 목표를 완수하고 즐거움을 얻는 게임이다. 그런데 이 게임의 플레이 과정에서 두드러지게 나타나는 특징은 협력의 발생이 즉각적이고 광범위하게 이루어진다는 것이다. 이 게임에서는 매칭 시스템을 통해 무작위의 사람들과 10~20분의 단기적이고 일회적인 게임을 하게 되는데, 다시는 보지 않을 익명의 사람들과 게임을 하면서도 협력이 자연적으로 발생한다. 예컨대 어떤 플레이어는 불리한 역할(지원형 영웅/힐러)을 기꺼이 떠맡는데, 이들은 어떤 희생정신에 입각했다기보다는 호혜의 정신을 장착하고 게임을 즐기고 있었다. 관련자 인터뷰를 보자.[14]

"내가 잘하는 영웅이 무엇이든 일단 팀에 협력하고 보는 것이 좋아요. … 내가 (지원형 영웅) 힐러를 선택함으로써 팀원들에게 신뢰를 줄 수 있거든요. 이렇게 먼저 필수 역할을 골라놓으면 다음엔 별다른 문제(팀에서 나오는 여러 가지 신뢰 문제)가 생기지 않아요. 이렇게 먼저 나서서 희생하고 적극적인 팀플레이를 유도하면 팀 분위기도 좋아지고 사람들이 서로에게 경계를 풀게 되더라고요. 질 때도 있지만 지는 것보다 이기는 경우가 많은 듯해요."

"제가 먼저 호의적인 태도로 나가면, 팀 분위기도 좋아지고 … 무엇보다도 팀 역량이 뭔가 이상하다 싶으면 같은 팀원이 저 대신 지원형 영웅을 해주기도 해요. 팀원들이 저에 대해 신뢰를 하게 되는 거죠. 그동안 게임을 하면서 느낀 게 대부분 지는 게임들은 서로가 영웅 선택에 있어 양보를 안 하려는 이기적인 행동 때문이었어요. 먼저 희생해서 지원형 영웅을 선택하거나, 부족한 역할군을 선택해서 게임을 하면 오히려 게임 승률이 올라가더라고요."

이 게임 플레이어는 자신의 호혜적인 행동이 팀의 협력 분위기에 영향을 미칠 수 있다는 것을 잘 알고 있었다. 이런 마인드는 호혜성이 확산될 수 있는 중요한 이유 중 하나다. 말하자면 호혜성의 효능감efficacy이 높은 것이다. 이러한 호혜적 행동이 작동되기 위한 필수적인 규칙 중에 하나는 '먼저 잘해주는 것pay-it-forward'이다.[15] 먼저 잘해주고, 혹 보상이 없더라도 그것이 호혜성 자체의 규칙을 깨지 않도록 하는 것도 중요하다. 보상을 받지 못하더라도 '아니면 말고 정신'이 필요하다. 이렇게 먼저 기여하면 칭찬하고 지지받는 반응을 받고, 다른 사람도 불리한 역할을 맡는 선순환이 차례로 일어나게 된다. 호혜성이 행동 윤리로 자리 잡히는 것이다.

호혜적 행동 윤리의 정착은 곧 그런 행동을 할 때의 지지와 칭찬, 그리고 하지 않았을 때의 비난을 공히 포함한다. 이러한 호혜성 법칙이 게임에서는 익명의 사람을 만났을 때도 작동했다. 익명의 사람과 만나 우애와 협력을 생성시키고 신뢰를 만들어내는 과정이 가시화하는 것이다. 이것이 게임 공간이라는 보이지 않는 도시에 보이지 않는 거주민들이 모이는 이유이기도 하다.

한 여성 게임 유저의 사례도 게임 공간에서 어떻게 호혜성을 발휘하는 거주민이 되는가를 잘 보여준다. 이 유저는 〈오버워치〉라는 게임을 하면서 인생을 배운다. 이 게임은 6명이 팀을 이루어 플레이

하는데, 한 명이라도 자신의 역할을 제대로 하지 못하면 패배할 확률이 높다. 온라인상에서 처음 만나는 사람끼리 손발을 맞춰야 하는데, 첫 판에 지면 각종 욕설이 날아온다. 처음에는 그도 똑같이 욕을 퍼부었다. 그렇게 서로 기분이 상하니 경기도 잘 안 풀렸다. 한 번은 자신의 행동에 대해 진지하게 생각했다.

이기고 싶은 마음은 같은데 왜 매번 싸울까. 나한테 욕한다고 똑같이 욕을 하면 내가 저 사람보다 나은 게 뭔가? 그래서 생각을 바꿨고 행동도 바꿨다. 게임 속에서 욕하기, 남 탓하기, 포기하기를 멈추었다. 대신 내 탓을 하는 팀원에게 먼저 사과했고, 욕설을 하는 사람에겐 단호했고, 포기를 하려는 팀원에겐 할 수 있다고 격려했다. 그러자 결과는 생각보다 놀라웠다. 승률이 어마어마하게 올랐고 멘탈이 마음에 든다면서 같이 하자는 유저들도 심심치 않게 생겨났다. 변화를 체감할수록 한편으론 아쉬운 마음도 들었다. 왜 현실에선 이러지 못했을까.[16]

그는 게임을 하면서 뭔가 변화를 겪었다. 자기 스스로를 통제하고 타인과 협력하며 그 경험을 통해 자신이 발전하는 것을 느낀 것이다. 이는 자기통제력이 증강하는 것으로서, 말하자면 개인의 발전만이 아니라 넓게 보면 문명화의 지표다. 게임 바깥에서 본 게임은 중독자들의 공간이지만, 게임 안에서 경험한 게임은 문명화의 장소다.

게임에서 게임하지 않는 사람들

마이크로소프트는 '가장 거대한 벤처기업'이다. 시가총액이 지난 30년간 꾸준히 세계 10위 내에 들었다. 디지털 관련 기업 중에 이렇게 장구한 역사를 가진 회사는 찾기 어렵다. 마이크로소프트는 게임에 뛰어들었고, 세계 최대의 게임 회사를 대상으로 인수합병도 이루어냈다. 마이크로소프트는 게임 회사가 아니었는데 말이다. 아마도 게임 시장의 성장도 있겠지만, 게임이 갖고 있는 유저와의 네트워크와 영향력이 더 큰 이유일 것이다. 그것을 증명하는 데이터 중 하나가 바로 게임에 접속한 사람들이 게임만 하는 것이 아니라는 것이다. 게임은 아이들의 놀이터처럼 되고 있다. 놀이터에서 아이들이 놀이기구만 이용하는 게 아니라 새 친구를 사귀고 친한 친구를 만나기도 하는 것처럼 말이다. 특히 게임하는 시간이 많은 '슈퍼 게이머super gamer'일수록 메타버스에서 새로운 친구들을 더 많이 사귀고 있다(그림 1 참고).

게임을 많이 하는 사람들이 메타버스에서도 더 많은 사람을 만나는 이유는 게임이 접속한 사람들의 커뮤니티 플랫폼이 되면서 일상의 일들이 게임의 공간에서 대화로 나타나고 자연스럽게 메타버스로 이전·확장하기 때문이다. 빌 게이츠에 의하면, 궁극의 기술은 결국 "대화의 네트워크"다. 사람과 사람이 만나 얘기를 나누는 것은 가장 평범하면서도 우리 일상을 가장 많이 지배하는 활동이다. 개인의 행복부터 회사와 국가의 운명까지 대화 위에서 결정된다. 이전에는 게임과 대화가 완전히 분리되었지만, 이제 일상의 대화가 게임의 네트워크에 포함되기 시작했다.

게임을 하는 사람들끼리 쓰는 용어 중에 '후열'이 있다. 예열의 반대말인데, 게임을 플레이한 후 게임한 사람들끼리 바로 마무리하고 헤어지기가 아쉬워서, 게임이 끝나고서도 게임용 음성 플랫폼인 '디스코드Discord'를 통해 소소한 이야기를 나누는 시간이다. 후열의 시간에는 그날의 플레이뿐 아니라 일상에 대한 얘기도 나누게 된다. 그러다가 상대방의 성격도 알게 되고 또 실제로 만나게 되는 계기로 이어지기도 한다. 이렇듯 게임이 대화를 통해 관계를 끌어들이기 시작하면 게임 활동은 이제 네트워크 형성의 중요한 플랫폼이 되어 게임 자체를 넘어선다.

어떤 논자는 세계가 안드로이드와 IOS라는 운영체제로 돌아가고, 구글과 애플에 의해 추구되는 지대로 인해 봉건제로 회귀하고 있다는 주장까지 한다. 물론 이들 플랫폼 제국의 지배력은 오랫동안 지속되겠지만, 세계가 두 개의 제국에 의한 양분으로만 끝나지는 않을 것이다. 스크린을 지배하는 구글과 애플에 또 다른 것들이 몰려온다. 대표적으로 닌텐도가 그렇다. 이미 10대들에게 닌텐도 스위치는 손 안의 문화가 되었다. 그리고 닌텐도에서 대화하기 시작했다. 닌텐도는 2017년 처음 선보인 스위치를 2024년 현재까지 약 1억 3,250만 대 판매하며, 게임콘솔 시장에서 확실한 선두 지위를

그림 1 **2023년 1년간 게이머 유형별 메타버스 참여 활동 영역**

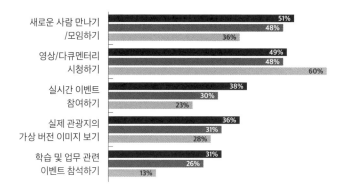

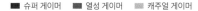

자료: Activate Consulting Media Outlook 2024

굳혔다. 이제 게임은 일상에서 친구를 만나는 '첫 번째 스크린'이 되고 있다. 게임은 네트워크의 입구이자 또 다른 가상 세계로 안내하는 친절하고 익숙한 플랫폼의 역할을 할 가능성이 높아졌다.

매너와 자유로움: 호그벡 마을의 게임

매너에는 사실 위선적인 요소가 있다. 언젠가 교통카드를 사용할 줄 모르는 어르신을 도와드린 적이 있다. 교통카드를 파는 곳이 편의점이라 근방 편의점에 갔더니 여긴 교통카드 취급하지 않는다며 다른 편의점을 가라고 한다. 주변에 편의점이 보이지 않아 검색을 해서 좀 떨어진 편의점을 갔다. 다행히 그곳에서는 교통카드를 팔아서 어르신께 넘겨드렸다. 어르신은 "자식처럼 잘 챙겨줘서 고마워요."라고 하셨다. 그렇다면 나는 그분의 자식도 아닌데 자식처럼 행동했으니 너무 과한 행동이었던 것인가? 사실 나는 어르신을 보면서 나의 부모님과 같은 연배라는 생각도 했다. 그렇다면 내 부모도 아닌데 내 부모처럼 생각한 것은 잘못된 것인가? 그 어르신도 그렇다. 잠깐이었지만, 자식 같은 느낌이라서 말씀만 그렇게 한 것인지도 모른다. 그렇다면 자식 같은 느낌도 없으면서 그렇게 말한 것은 거짓말인가? 그렇지 않다. 사실 친절과 매너는 인간의 본능적 욕망과는 거리가 멀다. 스스로 의도하고 통제할 수 있는 마음에서 나오는 행동이다. 그래서 매너에는 피상성이 있을 수밖에 없다.

네덜란드 암스테르담 근교에 호그벡이라는 마을이 있다. 치매 환자들과 그들을 돌보는 사람들이 모여 사는 마을이다. 치매 환자들을 돌보는 사람들은 치매 노인을 위해 특정 게임에서의 역할을 수행하고 있다. 간호사이면서도 마트의 점원 역할을 하고 있고, 요양사이면서도 미용사 역할을 하고 있다. 그런데 이게 잠깐이 아니고, 하루 종일 그렇게 근무한다. 그렇다면, 이곳의 노인들은 영화 〈트루먼쇼〉(Peter Weir 연출, 1998)에서처럼 거짓된 삶을 살고 있는 것인가?

호그벡 마을은 현실 공간에서 가상의 역할극이 수행되는 곳이다. 그곳에서는 치매 환자들이 평소의 일상생활을 그대로 유지할 수 있도록 모든 설비와 서비스가 안전하게 제공된다. 마트부터 미용실까지 일상을 누리는 데 필요한 모든 시설이 있고, 이곳에 근무하는 사람들은 모두 자기에게 주어진 역할을 하고 있다. 이런 면에서 보자면, 이곳은 극장이고 무대다. 호그벡 마을은 잘 조성된 현실의 공간이지만, 동시에 가상의 공간이고, 치매 노인들에게는 거대한 경험기계다. 그런데 흥미로운 점은 이런 호그벡 마을을 두고 치매 노인들에게 속임수를 쓰는 곳이라고 비판하는 이들이 전혀 없다는 것이다. 오히려 최고의 복지시설로 칭송하며 전 세계에서 벤치마킹하기 바쁘다. 호그벡 마을 설립자 일로이 반 할Eloy van Hal의 말을 잘 들어볼 필요가 있다. 그는 호그벡 마을을 "자유의 공간"이라고 말한다.

　호그벡은 인지저하증 환자를 위한 요양시설이지만, 호그벡 사례를 통해 장애가 있는 사람이나, 어떤 이유로든 돌봄이 필요한 사람들을 대하는 태도까지 궁극적으로 바꿀 수 있다고 믿어요. 삶의 마지막 몇 달, 몇 년을 잘 보내는 일이 수명을 연장하는 일보다 중요하다고 생각해요. 그런 점에서 호그벡은 나이나 건강에 상관없이 누구든 마지막 순간까지 자신의 인생을 스스로 주도해나갈 수 있다는 사실을 보여주고 있죠. 삶과 죽음, 돌봄에 대한 생각은 문화나 가치관에 따라 각자 다르기 때문에 어떤 선택을 하는 것이 더 좋다고 강요하고 싶진 않아요. 하지만 전통적인 돌봄의 모델에서 벗어나, 삶의 마지막 순간까지 자유를 누릴 수 있는 방법을 이야기하는 것은 어느 문화권에서든 중요하다고 생각해요. 결코 쉬운 일은 아니지만, 우리의 삶과 맞닿아 있는 문제인 만큼 함께 직면하고 고민해야 할 것입니다.[17]

호그벡은 멀리서 보면 일반 마을과 다를 바 없다. 이곳 주민들은 마을 슈퍼마켓에서 장을 보거나, 카페나 레스토랑에서 가족과 지인을 만나 여유를 즐긴다. 마을 미용실에서 머리를 자르고, 동아리 회원들과 함께 클래식 음악을 듣기도 한다. 마을 한가운데의 광장에서는 작은 콘서트가 종종 열리며, 광장 분수대 앞에 앉아 햇빛을 쬐는 입주민들의 모습도 매일 볼 수 있다. 린덴바움 나무가 자라는 길목을 지나 한참을 걷다 보면 사계절의 아름다움을 만끽할 수 있는 공원과 연못이 펼쳐진다.

호그벡의 비전은 치매 환자에게 평범한 일상을 돌려주자는 생각에서 시작되었다. 호그벡 마을의 공동 설립자들은 치매 환자들이 폐쇄된 병동이 아닌, 가장 익숙하고 편안한 환경에서 더 행복할 것이라고 믿었다. 호그벡 마을의 입주자는 188명으로, 집집마다 6~7명의 치매 환자와 간병인이 함께 지내며 평범한 가정집처럼 생활하고 있다. 요리나 세탁 등의 집안일은 주로 간병인이 담당하지만, 치매 환자들은 밥 짓는 냄새를 맡고, 세탁기가 돌아가는 소리를 들으며 가장 편안하고 안전한 공간에 있다는 느낌을 받는다.

호그벡에서는 '음악 치료'라는 말 대신 '음악을 즐긴다'라는 말을,

'병동' 대신 '집'이라는 표현을 사용한다. 환자복을 입은 입주민은 찾아볼 수 없으며, 간병인도 흰 가운을 입지 않는다. 1970년대부터 표준이라 여겨졌던 의료서비스의 전통적인 모델에서 벗어나, 인지 저하증 환자도 인간으로서 가장 평범한 일상을 주도적으로 이어갈 수 있는 환경을 고민하고 있다. 나이나 건강 상태에 상관없이 누구나 자신의 삶을 스스로 결정할 권리가 있다는 믿음에서 이런 가상의 마을이 탄생했다.[18]

호그벡 마을이 치매 환자들의 자유로움을 위해 만들어졌다면 그것은 치매 환자들을 위한 경험기계를 잘 구축한 것이라고 말할 수 있다. 자유로움은 노인만이 아닌, 누구나 추구하는 삶의 가치다. 그리고 자유로움은 그런 조건을 만든 '사회적 배려의 역할극'과 그것에 참여하는 '배우들' 덕분에 보장된다. 자유로움이 '피상성의 미덕' 또는 '공공의 가면'에 의해 보장되는 것이다. 가면을 쓴다는 것은 자기 자신을 제어할 수 있다는 것이고, 먹고사는 문제에만 집착하는 사적 개인으로부터 인간을 인간 존재 자체로 대할 수 있는 공적 인간으로 전환할 수 있는 능력을 뜻한다.*

---

* 18세기 계몽주의 사상가이자 작가였던 드니 디드로(D. Diderot)는 《배우에 관한 역설(Paradoxe sur le Comédien)》과 《라모의 조카(Le Neveu de Rameau)》에서 위대한 배우의 조건에 대해 말하면서, 가면이 갖는 위력을 예리하게 파고든다. 가면을 쓴다는 것은 자기 자신을 제어할 수 있다는 의미이고, 이러한 가면의 비인격성이 배우를 위대하게 만든다는 것이다. 하지만 이는 단지 위대한 '배우'에 관한 이야기가 아니다. 리처드 세넷은 18~19세기의 대도시를 탐구한 저서 《공적 인간의 몰락(The Fall of Public Man)》에서 18세기인들의 머릿속에 '배우로서의 인간'이라는 관념이 널리 퍼져 있었다고 주장한다.[19]

정직하지 않은 마을: 버튜버의 세계

네덜란드 마스트리흐트대학의 길라드 펠드만Gilad Feldman 박사 팀의 연구에 의하면, 미국에서 정직한 사람들이 많이 사는 주가 욕설도 많이 하는 주라고 한다. 미국 정부가 집계한 48개 주(하와이와 알래스카 제외)의 '2012 정직성 수치'를 페이스북 사용자 약 3만 명의 '욕설' 데이터와 비교 분석한 결과, 욕설 빈도가 높은 코네티컷과 뉴저지의 정직성 수치는 높은 반면, 욕설 빈도가 낮은 사우스캐롤라이나의 정직성 수치는 낮게 나온 것이다. 또 이 연구는 부가적으로 이런 결론도 내놓고 있다. "온라인 네트워크가 넓은 사람들이 덜 정직했고, 욕설도 덜했다. 그 이유는 온라인에서 부정직한 것이 '사회적으로 바람직한 프로필socially desirable profile'을 만들어내는 데 필요했기 때문이다."[20]

온라인은 익명의 공간이다. 그래도 유튜버는 얼굴이나 외모를 드러낸다. 그런데 '나를 드러내지 않으면서 드러내는' 익명의 존재들이 있다. 버추얼 유튜버, 즉 버튜버가 그렇다. 유튜브 방송을 진행하는 캐릭터인데, 이 캐릭터는 카메라나 특별한 소프트웨어를 통해 유튜버의 행동이나 표정을 대신 표현한다. 버튜버들은 자신의 얼굴과 외모를 보여주지 않으니 가장 정직하지 않은 사람들일 수 있다. 그러나 그들도 자신의 네트워크를 확장하고 싶어한다. 오히려 버튜버가 되어 네트워크를 안전하게 확장하려는 욕구도 있다.

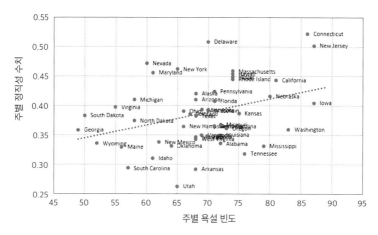

출처: https://journals.sagepub.com/doi/full/10.1177/1948550616681055

유튜버도 화면 안에 존재하지만, 실제 우리 주변에 살아 있는 사람이기 때문에 버추얼이라고 불리지는 않는다. 일반적인 유튜버에 비해 버튜버를 좋아하는 사람들은 버튜버가 변하지 않고, 그러면서도 분신의 범위가 광활하기 때문이라고 한다. 버튜버는 시공간의 제약을 받지 않는다. 버튜버는 귀여운 비인간으로만 존재하던 버추얼 캐릭터를 열광의 의례물로 격상시켰다. 현실에서 찾을 수 없었던 이상형이 가상의 버튜버에 투영된 것이다.

자본주의에 최후의 산업이 있다면 그것은 아마도 버튜버 같은 가상인간일 것이다. 맥루언의《미디어의 이해》가 말하는 대로, 기술 발전이 인간의 확장 과정이라면 그 끝은 인간 욕망의 확장일 것이고, 그 끝자락에는 '불생불멸의 즐거움'이 자리할 것이기 때문이다. 육체적 한계를 가진 인간은 불생불멸의 감각적 즐거움을 찾아 나설 것이며, 결국 그 대리자로서 가상인간을 삼을 것이다. 가상만이 현실의 한계를 뛰어넘을 수 있다. 지금 버튜버의 인기가 커지는 이유도 버튜버의 속성과 그것이 처한 시대적인 환경이 밀접한 관련을 갖는다. 버튜버가 영생불멸의 특성을 갖고 있는 것과 그것이 지금 시대에 받아들여지는 것 사이에 친화성이 있다는 것이다.

이것은 새로운 위험사회가 도래했음을 보여준다. 인공지능이 무슨 일을 벌일지 알 수 없는 시대에, 최고의 스타도 사방의 감시카메라 쇼트shot에 '훅 가는' 시대다. 인공지능에 의한 편리함을 거부할 수 없는 인간은 예측 불가능성이라는 새로운 위험에 직면하게 되었다. 사이버렉카라는 집단이 있다. 유명인의 사생활을 추적해 폭로하는 황색 유튜버들이다. 교통사고 현장에 잽싸게 달려가는 렉카Wrecker(견인차)처럼 이슈가 생길 때마다 재빨리 짜깁기한 영상을 만들어 올리고는 알고리즘을 타고 조회 수를 올리는 유튜버들을 일컫는 말이다. 이들은 인정사정없이 영상을 뿌려댄다. 시선만 끌 수 있다면 한 사람의 사생활을 무너뜨리는 것은 일도 아니다.

표현의 조건이 평등해짐에 따라 수많은 유튜버가 혜성처럼 나타나지만, 곧이어 사이버렉카들의 먹잇감이 된다. 그들은 떼로 몰려가 유명인들을 물어뜯고 난도질한다. 그의 개인정보부터 학력, 가족, 말버릇, 성격까지 비하할 만한 것들을 찾아 '혐오 시장'에 던져놓는다. 그들에게서는 덕성을 조금도 찾아볼 수 없다. 오직 혐오 상품을 만들어 내놓음으로써 돈을 버는 것만을 추구한다. 혐오 시장에 히트상품을 내놓으면 부를 거머쥘 수 있다. 주로 연예인이 그 대상이지만, 그중에서도 여성, 외국인, 노동자, 장애인 등 소수자를 대상으로 한 영상이 사이버렉카의 주 혐오 상품이다.

소수자는 언제나 희생양이 될 잠재성을 안고 있다. 한국 사회에서 그들의 고립감은 최고에 달해 있다. 버튜버는 이런 위험사회에서 태동했다. 그들에게 최우선 과제는 안전함을 확보하는 것이다. 버튜버는 익명성을 통해 안전을 보장받는다. 누구도 진짜 얼굴을 알지 못한다. 또한 누구도 그 진짜 얼굴을 알려고 하지도 않는다. 알려고 하는 것은 곧 속물근성의 발로로 비난받는다.

버튜버의 시청자는 버튜버 캐릭터의 음성을 듣는 순간 바로 신체를 떠올린다. 그의 본 모습을 알려고 하는 본능이 나타나는 것이다. 그러나 버튜버의 환영이 유지되기 위해서는 시청자들이 지켜야 하는 윤리가 있다. 그것은 '빨간약 윤리'*로 알려져 있는데, 버튜버의 진짜 얼굴, 진짜 사람으로서의 모습과 일상을 알려고 하지

---

* 빨간약은 버츄얼 유튜버 팬덤에서 해당 캐릭터를 연기하는 연기자의 과거 인터넷 방송 활동이나 실제 모습을 의미하는 속어다. 이러한 것들을 찾아보는 행위를 빨간약을 먹는다고 표현한다. 영화 〈매트릭스〉에서 유래한 말로, 주인공 네오는 두 종류의 알약 중 하나를 선택해야 한다. 빨간약은 세계의 진실을 알게 되는 것이고, 파란약은 진실을 모른 채 보이는 것만 보면서 살게 되는 것이다. 여기서 빨간약은 '불편한 진실'을 의미한다(나무위키 '빨간약(버츄얼 유튜버)' 참고).

않는 것이다. 버튜버의 사생활 영역은 확실하게 은폐되어야 한다. 그래야 이들의 실제 모습에서 팬들 각각의 환상이 보호받기 때문이다. 이 빨간약 윤리는 버튜버의 신성화를 보장한다. 그렇지만 다른 한편, 팬들끼리의 대화에서 이들의 본모습, 이들의 사생활 등에 관해 자기가 알고 있는 정보를 노출하기도 한다. 즉, 대화에서 버튜버의 사생활을 캐낸다는 것은 자기가 가치 있는 정보를 갖고 있다는 것이고, 이것으로 사람들의 관심을 얻을 수 있다. 결국 빨간약 윤리는 그것이 명확한 규범으로 정착되었지만, 동시에 그 중심으로부터 벗어나지 못하고 제한적 일탈만이 가능한 신성화 회로가 작동하는 것임을 상징적으로 표현한다.

더 나아가 AI 버튜버도 인기를 끈다. AI 버튜버에는 아예 '안사람'(버튜버를 연기하는 진짜 사람)이 없기 때문에 빨간약 윤리도 필요하지 않다. 최초의 AI 버튜버인 Neuro-sama는 유튜브와 트위치 Twitch에서 게임 플레이를 스트리밍한다. 귀엽고 어린 여성의 형상을 한 그의 기발한 코멘트와 AI의 예측할 수 없는 성격이 함께 어우러져 시청자에게 즐거운 경험을 선사한다. AI 개발자인 Vedal은 Neuro-sama의 반응을 생성하기 위해 대규모 언어 모델을 이용하고, 그의 독특한 '귀여운 목소리'를 만들기 위해 텍스트 읽기 소프트웨어를 캐릭터 행위에 통합했다. 대화 외에도 비디오 게임을 플레이할 때 AI를 통해 그의 게임 내 동작을 제어한다.

시청자는 Neuro-sama에게서 어떤 환상을 생성한다. 그것은 실제 이미지보다는 목소리로부터인데, 음성은 근접감각으로서 육체적인 이미지를 환상적으로 떠올리게 한다. 결국 버튜버는 휴머노이드가 아닌 '보컬로이드'다.[21] 즉, 버튜버는 음성을 통해 원하는 육체성을 얻고 시청자는 그로부터 즐거움을 얻는 것이다. 버튜버는 실재하지 않지만 음성만으로도 상대가 이미지를 생성하게 만든다. 음성은 육체의 이미지를 머릿속에 생성시킨다. 그렇게 팬들은 보컬로이드의 음성을 듣고 음성으로부터 유추 가능한 이미지의 아이돌을 떠올리며 경험하는 것이다.

버튜버 이용자들이 가상 캐릭터의 팬미팅을 위해 모이면, 잘 모르는 주변 사람들은 의아해하며 묻는다. "그게 사람이 아닌데 뭐가 좋아요?"

답변은 이렇다. "사람이 아니어서 좋은데요."

외모에 대한 집착이나 평가를 하지 않아서 좋다는 것이다. 버튜버는 '얼굴이 못생긴 나쁜 짓'도 '얼굴이 잘생긴 좋은 짓'도 하지 않고, 변함없이 나의 즐거움만을 위해 존재한다. 그들은 버튜버의 안 사람 외모에 관심이 없다. 그들은 외모에 의해 늙어가고 추해지는 인간에 대해 왈가왈부하는 것 자체에 관심이 없다. 그렇지만, 그들끼리의 유대는 존재한다. 가상 가수의 콘서트에 온 팬들은 서로 "당신도 저와 비슷하다고요? 나 말고도 특이한 사람이 또 있군요." 라고 말하며 가까워진다. 그들은 현실의 외모로부터 탈출했고, 현실의 제약을 벗어나 환상의 영역에 외모의 신화를 구축했다. 그 결과 현실에서 외모가 출중한 사람들을 그저 그런 인간으로 만들었다.

버튜버의 유저들이 가상인간의 환상을 신화로 만든 도구는 '로어'다. 로어lore는 버튜버의 설정과 세계관을 일컫는 말로, 본래 게임의 2차 창작물과 메인 스토리 간의 핍진성을 만들어내기 위해 쓰였다. 즉, 로어는 버튜버의 설정을 강화하고, 그들의 세계관을 구축하는 역할을 한다. 버튜버 팬들 중에는 이 로어에 매력을 느끼고 이를 분석하는 사람이 많다. 특히 버튜버의 설정과 세계관에 몰입하는 시청자는 버튜버의 캐릭터성에 집중하는 로어 소비자lore consumer로 칭할 수 있다. 예컨대 버튜버를 시청하는 남성 시청자들의 경우, 버튜버를 안사람이 연기하는 의도적 캐릭터로 분명히 인식하고 있지만, 이들은 캐릭터의 안사람이 다른 사람으로 대체되어도 괜찮다고 응답할 만큼 원래 사람보다 캐릭터성 자체를 중요시한다.[22] 세계관이 사실보다 더 중요하다고 보는 것이다. '쉽게 변하는 현실보다 변하지 않는 가상', 구체적으로는 변하지 않는 세계관이기 때문이다.

가장 설득력 있는 행동은 모방이다

사람은 자신과 성격이 유사한 이를 더 선호한다. 그런데 자신과 성격이 매우 다른 사람에게도 긍정적인 감정이 일어날 수 있다. 재미있는 것은, 이와 비슷한 현상이 게임 캐릭터 같은 '비인간'에게도 적용될 수 있다는 것이다. 인공지능에 관한 연구에서는 인공지능의 음성 및 텍스트가 사용자의 성격과 일치할 때 더 호의적인 결과가 나온 사례와 함께 정반대의 사례가 공존한다. 사실 여기서의 핵심은 변화다. 인간은 처음에는 자신과 달랐지만 시간이 지나면서 자신과 유사해지는 사람을, 항상 유사했던 사람보다 더 좋아한다.[23]

사람들은 항상 무언가를 지닌 것보다는 다른 어떤 것을 얻기를 더 좋아한다. "모방은 가장 진실한 형태의 감언"[24]이라는 말처럼, 사람들은 자신의 성향과 비슷하게 바뀌는 타인에게 진정성을 느낀다. 성격의 변화는 자신을 위해 상대방이 노력한 결과이기에, 이 노력에 훨씬 더 많은 애정을 주는 것이다. 그 예로 〈스타크래프트2〉의 캐릭터 '알라라크'를 들 수 있다. 이 캐릭터는 초반에는 "나의 동족은 너희완 너무도 다르다", "나의 절대 권력에 복종해라"는 말을 하는 등 지배적인 행동을 보였다. 그러나 점점 "우리 동족이 널 다시 본 것 같다, 신관." 같은 말을 하며, 주인공인 '아르타니스'를 인정한다. 교만하던 그가 변화하는 모습에 유저들은 더욱 매력을 느끼게 되는 것이다.

모방은 개인 대 개인에서 개인 대 집단으로 확장될 수 있다. 같은 목표를 가진 개인이 그룹을 형성하기 때문이다. 또한 집단에 속하게 된 유저 개개인은 집단에 맞춰 변화한다. 집단에 속한 유저는 집단의 특성에 맞게 자신의 개성을 변화시키며 맞춤화된다. 가령, 게임 〈메이플스토리〉의 '조선왕실' 길드는 길드원이 모두 조선의 인물로 커스터마이징된다. 캐릭터는 상투를 틀고 갓을 쓴다. 또한 게임 〈와우WOW〉의 '마 삼대 몇치노'는 헬스를 좋아하는 사람들이 모인 길드다. 서로를 유명한 보디빌더 이름으로 부르며 헬스 이야기를 나눈다. 이들의 목적은 레벨업이 아니라 즐겁게 게임을 하는 것이다. 각자 개성을 가진 개인이 모여 단체를 이루고, 각 '길드', '클랜'마다 뚜렷한 특성을 지니게 된다. 비슷하면서도 다른 유저들이 한데 모여 그룹에 동화되는 모습은 그 집단에 속한 유저에게 큰 몰입감과 호감을 선사한다.

당신이 어떤 협력 게임을 플레이하는 중이라 생각해보자. 당신이 전략을 짜고 팀원들에게 전달했다. 팀원이 "넌 항상 잘하니까, 그렇게 하자."라고 말한다면 기분 좋은 칭찬이다. 팀원 중에는 당신의 의견을 신뢰하지 않는 이도 존재할 것이다. 그러나 당신의 전략으로 승리한 뒤에 그가 "처음에는 너의 의견이 틀렸다고 생각했어. 그런데 이제는 네가 옳다는 것을 깨달았어."라는 말을 해준다면 당신에게는 훨씬 기분 좋은 칭찬이 될 것이다. 집단 구성원이 집단의 일을 수행하는 과정에서 누군가가 나를 위해 의견을 바꾸고 맞춰주는 것은 나의 능력을 인정하기 때문이다. 그래서 게임 캐릭터 혹은 다른 유저들이 집단의 목표에 봉사하는 나와 비슷하게 변하는 모습에서 유저는 강렬한 끌림을 느낀다. 게임의 랭커나 1등 유저가 자신의 플레이를 타인과 공유하고, 타인들이 자신의 플레이를 따라할 때 느끼는 쾌감처럼 말이다. 좋아하기 때문에 닮아간다는 말이 있듯이, 유저들은 '닮아감', 즉 모방에서 오는 호감으로 서로에게 열광하며 집단을 탄탄하게 유지한다.

예의 바른 유저

지금 한국에서 가장 인기 있는 게임 장르는 역할 기반형 게임RPG이다. 공통의 목표를 두고 타인과 맺는 관계의 방식이 중요한 게임이다. 그곳에서는 타인과 대화하며 협력하고 서로 모방한다. 대화는 그 자체가 하나의 규범으로 작동한다. 타인을 만나 대화를 한다는 것 자체가 내면의 예의를 표현하는 과정이다. 대화가 제대로 되려면 한 사람은 말하고 한 사람은 들어야 하며, 그것이 순환되어야 한다. 대화는 그것의 전제인 자기통제가 있어야 타인과의 대화와 그것에 기반한 협력이 가능하다. 대화로부터 자신이 존중받고 더 나아가 협력적 행동으로 진전된다. 그리고 협력이 이루어지면 인정받게 된다. 이것이 어쩌면 인간의 모든 행동의 동기가 되기도 한다. 시빌리테, 즉 예절도 그러한 맥락에서 나온다.

콘텐츠의 세계는 익명의 세계라 무법적이기 쉽지만, 시빌리테의 측면에서 보자면 현실의 세계보다 더 역동적이다. 왜냐하면 현실에서보다 더 많은 사람과 더 자주 상호작용해야 하기 때문이다. 특히 역할 기반형 게임에서는 더욱 그렇다. 역할 기반형 게임에서는 상호 의존 빈도가 높고 그만큼 협력이 강조된다. 이런 상호의존의 높은 빈도 때문에 예절에 대한 민감도가 높아 비난도 비판도 많다. 칭찬 카드부터 트롤링까지, 협력에서 저항까지, 현실 세계에서는 보기 드물게 행동거지 하나하나에 대한 세세한 평가가 따른다. 게임 플레이 과정에서 필요한 예절을 지키지 않는 것에 대한 저항도 그만큼 강하다. 이것은 현실 세계와도 비교되는데, 오프라인에서는 누군가 길거리에서 담배를 피우거나 거리의 벽에 용변을 보면, 사람들은 그를 대놓고 비난하기보다 슬금슬금 피하게 된다. 아무 말도 하지 않고 피하는 이유는 '말할 만한 상대'가 아니라고 생각하기 때문이다.

온라인 게임을 할 때 공유해야 하는 예절을 지키지 않으면 바로 욕설과 비난이 쏟아지고 때로는 퇴출된다. 이것은 게임을 직접 기획하고 제작한 회사와 운영자도 예외가 아니다. 대표적인 사례로 〈마비노기 영웅전〉 사건'을 들 수 있다. 해당 게임에는 콜헨 마을에서 로체스트라는 지역으로 이어지는 일종의 '길'이 등장한다. 몇 가지 간단한 퀘스트를 제외하면 한 공간에서 다른 공간으로 이동하기 위한 길목에 불과했던 이 길은 게임 운영에 불만을 가진 플레이어들의 시위 장소가 된다.

문제 발생 초기에 이용자들은 캐릭터 밸런스와 특정 캐릭터의 소외 문제를 규탄하며 시정을 요구했지만 개발사는 이를 적극적으로 받아들이지 않았다. 이에 분노한 이용자들은 게임 내에서 온라인 시위를 벌이기로 하고 몇 차례의 논쟁 끝에 다른 이용자들에게 가장 피해를 덜 주면서 많은 사람이 모일 수 있는 '길'을 시위 장소로 선택했다. 이렇게 전개된 시위는 점차 많은 사람의 호응을 얻으며 게임 구성원들에게 깊은 인상을 남겼으며, 시위 장소였던 '길' 또한 많은 사람에게 회자되었다.

해당 '길'은 차후에도 꾸준히 시위 장소로 활용되었으며 점차 상징적인 의미를 갖게 되었다. 이로써 '길'은 불공정한 운영에 적극적으로 목소리를 낸 이용자들의 사회적 기억을 담아내는 동시에 플레이어들의 단합을 환기하는 하나의 장소로 탈바꿈하게 된다.[25] 콘텐츠의 특정한 공간이 그때그때 필요한 행동규범을 요구하는 소통의 중심이 되어 마치 '궁정사회'처럼 작동한 것이다. 중세의 궁정은 다른 어떤 공간보다도 복잡한 역할을 맡아 수행하는 사람들이 모여 있는 공간으로서, 소통이 수시로, 매우 빈번하게 일어난 곳이었다.

현대의 공간에서 가장 많은 상호소통이 일어나는 공간을 꼽으라면 메신저 앱을 제외하면 일터와 SNS, 그리고 게임—특히 협력을 요구하는 팀 기반 게임—일 것이다. 상호의존과 그에 따른 상호작용의 증폭은 그에 따르는 수많은 종류의 매너를 요구한다. 게임에서는 수많은 타인과의 소통 때문에 일터에서만큼이나 매너에 민감하다.

특정한 게임 공간에 초보자로 들어가면 그 게임에서 지켜야 하는 특별한 매너들을 익혀야 한다. 메타버스 게임에 초보자가 들어가면 여기저기 친구가 되려고 지나가며 말을 걸어온다. 너무 과하게 많은 사람이 말을 걸어오니 때로는 낯설기도 하다. 그렇지만 그런 공간에서 말을 거는 건 무례한 행위라기보다는 그 공간에서만 허용되는—때로는 은연중에 장려되는—매너여서 용인되고 지지된다. 반면, 〈배틀그라운드〉(이하 〈배그〉)에서의 초보자는 좀 다르다. 〈배그〉에서는 초보자가 등장하면 기존 플레이어들이 우르르 다가가 말로만 얘기하는 것이 아니고 캐릭터를 마구 때린다. 이때 초보자는 무리가 몰려와서 행사하는 폭력에 놀라 달아난다. 그러나 기존에 〈배그〉를 하는 사람에게 그런 행위는 좀 다르게 해석된다. 〈배그〉 문화 가운데 하나는 초보자가 등장하면 반갑다는 표시로, 또는 인사치레로 손으로 때려 놀라게 하는 이벤트를 벌인다. 초보자에게 몸으로 즉각적으로 반가움 또는 반응을 표시할 방법이 손을 쓰는 것 외에 딱히 없기 때문이다.

이처럼 예절에 대한 감각은 해당 공간에 따라 다르게 표현되고, 다르게 해석된다. 그러나 이런 행위들도 게임을 잘 모르는 사람이 보면 게임 공간은 폭력만 난무하는 공간이 된다. 특정 게임에만 쓰이는 자기들만의 예절이 그 영역을 벗어나 바깥 시각으로 보면 오히려 공격이나 무례로 비난받는 것이다. 특정 영역의 예절은 그 영역에서의 상호작용의 수에 의해 결정된다. 그리고 그 영역에서 예절은 미개인과 자신을 구분하는 행동방식이다.

폴리테스politess(정중함), 시빌리테civilite(예절)와 같은 개념들은 문명 개념이 형성되어 관철되기 전까지 자신들의 행동의 독특한 점을 부각시키거나 우월한 자신들의 풍속을 강조하기 위해 쓰이고 있었다. 즉 유럽 상류층은 그 개념을 통해 단순하며 미개하다고 생각되는 다른 사람들에 대하여 자신들의 우월의식을 표현하는 동시에 그 모든 미개인들과 자신을 구분해주는 특수한 행동방식을 규정했다.[26]

자신들은 미개하지 않고 우월하다는 그들만의 자신감은 '자신들만의 독특성'을 강조하는 것에서 비롯된다. 이는 개인의 자기통제뿐만 아니라 그런 개인들의 집합이 만들어지고 산업으로 성장하는 요인이 된다. 사실 콘텐츠산업이 커지면서 그 속에 무수한 '쓰레기 인간과 정보들'이 넘쳐나지만, 초기의 콘텐츠산업은 다른 집단과 구분되는 특수하고 독특한, 스스로 우월한 것을 지녔다는 특정 집단의 자신감으로부터 발흥했다. 괴테가 말했듯이 '독창적 사고방식을 가진 소수자 집단'으로부터 유래한 것이다.

7장

위치감각
길을 여는 감수성

고정관념은 고정되어 있지 않다

대학생들에게 두 개의 비슷한 일간지 기사를 보여주고 기사에 등장하는 A씨가 어떤 사람일지 물었다. 첫 번째 기사다.

피 흘리며 쓰러진 아내를 방치한 채 외출한 60대 남성이 재판에 넘겨졌다. 2일 인천지검 여성아동범죄조사부는 유기 혐의로 경찰에서 송치된 A씨(63)의 죄명을 유기치상으로 변경해 불구속 기소했다고 밝혔다. 검찰에 따르면 A씨는 지난해 5월 9일 오후 6시 12분경 인천시 강화군 자택 화장실에서 뇌출혈로 피 흘리며 바닥에 쓰러진 50대 아내 B씨를 보고도 방치해 중태에 빠뜨리게 한 혐의를 받는다. A씨는 테니스를 치러 가기 위해 옷을 갈아입으러 집에 들렀다가 쓰러진 B씨를 목격했다. 그는 B씨의 사진을 찍어 의붓딸에게 보낸 뒤 곧바로 외출했다. 검찰은 의료 감정 등 보완 수사를 통해 A씨가 구호 조치를 하지 않고 떠나 B씨 치료가 지체되면서 의식불명 상태가 됐다고 판단하고 유기치상 혐의로 기소했다.

두 번째 기사다.

피 흘리며 쓰러진 아내를 방치한 채 외출한 60대 남성이 재판에 넘겨졌다. 2일 인천지검 여성아동범죄조사부는 유기 혐의로 경찰에서 송치된 A씨(63)의 죄명을 유기치상으로 변경해 불구속 기소했다고 밝혔다. 검찰에 따르면 A씨는 지난해 5월 9일 오후 6시 12분경 인천시 강화군 자택 화장실에서 뇌출혈로 피 흘리며 바닥에 쓰러진 50대 아내 B씨를 보고도 방치해 중태에 빠뜨리게 한 혐의를 받는다. A씨는 PC방에 게임하러 가기 위해 돈을 가지러 집에 들렀다가 쓰러진 B씨를 목격했다. 그는 B씨의 사진을 찍어 의붓딸에게 보낸 뒤 곧바로 외출했다. 검찰은 의료 감정 등 보완 수사를 통해 A씨가 구호 조치를 하지 않고 떠나 B씨 치료가 지체되면서 의식불명 상태가 됐다고 판단하고 유기치상 혐의로 기소했다.

첫 번째 기사에 대한 반응에서 학생들은 'A씨의 성격'에 대해 많이 지적했다. 아마도 이혼 직전이었을 것이고, 가정폭력까지도 행하는 사람이 아닐까 하는 반응이다. 반면 두 번째 기사에 대해서는 'A씨의 게임 편력'에 대해 많이 얘기했다. 게임이 사람 하나 망쳤다, 아무 생각 없이 게임만 하고 사는 사람일 것이라는 반응이 많았다. 첫 번째 기사의 반응에는 테니스와 관련된 언급이 없었지만, 두 번째 기사에서는 게임과 관련된 언급이 과반을 넘었다. 게임에 대한 고정관념이 작동한 결과다. 게임에 고착된 고정관념은 중년 세대든, 청년 세대든 비슷했다.

다시 학생들에게 둘 중 어떤 것이 실제 보도된 기사일지 추측해 보라고 했다. 대부분의 학생이 두 번째 기사라고 답했다. 사실은 첫 번째가 실제 기사였다. 두 번째 기사는 필자가 실험을 위해 테니스를 게임으로 어구만 변형한 것이다.

이 실험에는 두 가지의 목적이 있었는데, 하나는 게임이라는 사물, 이미지라는 비인간과 관련된 고정관념이 게임과 관련된 실제 인물까지 규정한다는 것에 대한 확인이고, 다른 하나는 언론 보도가 고정관념을 더욱 공고하게 만들 수 있다는 점을 밝히는 것이다. 좋은 것과 좋은 것이 합쳐지거나 나쁜 것과 나쁜 것이 합쳐지면 인간의 주의력을 더 크게 고정할 수 있다. 좋은 것과 나쁜 것에 대한 고정관념이 각각 서로를 강화하기 때문이다. 그런데 좋은 것의 결합보다 나쁜 것의 결합이 더욱 강력하다. 반면, 좋은 것과 나쁜 것이 합쳐지면 중립적인 것이 된다. 중립적인 것에는 사람들이 별로 주의를 기울이지 않는다. 그래서 위의 기사에서도 옷을 갈아입으러 집에 들렀다는 말을 하기 위해 테니스라는 말을 넣었을 뿐, 옷을 갈아입는 행위가 없었다면 굳이 테니스를 거명하지 않았을 것이다. 거꾸로 돈을 가지러 집에 들렀다면 테니스는 굳이 언급하지 않았을 것이다. 반면 PC방이었다면 반드시 언급하게 된다. 나쁜 것과 나쁜 것의 고정관념이 합쳐지는 사례이기 때문이다. 그렇게 고정관념은 더욱 강화된다.

문을 한 번 달면 그 문으로만 다니게 되고, 길이 한 번 나면 그 길로만 다니게 된다. 앞사람이 간 길을 뒷사람도 따라가게 마련이다. 생각에도 한 번 길이 생기면 계속 그쪽으로 치우치게 된다. 인간은 편의를 추구하고 생각하기를 싫어하기 때문에 주의력 전쟁에서 고정관념은 언제나 승리한다.

고정관념이 강력한 이유는 특정한 이미지를 형성하기 때문이다. 행동경제학자 카너먼Daniel Kahneman은 '대표성representative'이라는 개념으로 인간의 비합리성을 지적했는데, 사람들은 어떤 판단을 할 때 판단 대상을 머릿속에 있는 어떤 모델과 비교한다. 저 구름은 내 머릿속에 있는 다가올 폭풍 모델과 얼마나 닮았는가? 이 궤양은 내 머릿속에 있는 악성종양 모델과 얼마나 가까운가? 제러미 린Jeremy Lin이라는 농구 선수는 내 머릿속에 있는 미래의 NBA 선수 그림에 잘 들어맞는가? 호전적인 저 정치 지도자는 내 머릿속에 있는 집단 학살을 자행했던 사람과 닮았는가?

우리 삶은 확률 게임이다. 그리고 삶의 여러 상황에서 확률을 계산할 때 특정한 대표성을 동원한다. 사람들 머릿속에는 '먹구름', '위궤양', '집단 학살을 자행하는 독재자', 'NBA 농구 선수' 같은 모집단마다 그것과 관련한 대표적 이미지나 느낌이 있게 마련이다. 사람들은 구체적 사례를 그런 모집단의 이미지와 비교한다. "많은 경우에 A사건이 B사건보다 대표성이 더 커 보이면, 사람들은 A가 B보다 발생 확률이 높다고 판단한다." 어떤 농구 선수가 우리 머릿속에 있는 NBA 선수 모델과 많이 닮았을수록 우리는 그 선수가 NBA 선수가 될 확률을 높게 평가한다.[1]

마찬가지로, 어떤 게이머가 우리 머릿속에 있는 게이머와 닮았을수록 우리는 그 사람이 우리 머릿속에 그 게이머처럼 될 확률이 높다고 평가한다. 우리 머릿속 게이머의 이미지가 게임 중독자라면 어떤 게이머를 보고는 그가 높은 확률로 게임 중독자가 될 것이라 평가한다. 반면, 우리 머릿속 게이머의 이미지가 지금 가장 뛰어난 프로게이머인 페이커라면 우리는 어떤 게이머를 보면 그를 페이커와 견주어 e스포츠 선수가 될 확률이 높을지 평가하게 되는 것이다.

예전에 이런 광고가 나온 적이 있다. 촬영 스튜디오가 배경이고 그곳에 남녀 성인들과 소년들이 나오는데, 촬영감독이 이런 주문을 한다. "여자아이같이 뛰어보라." 그러자 성인 남녀들은 하나같이 비슷한 동작을 한다. 다리와 팔을 살랑살랑 움직인다. 다른 요구에도

'여자아이같이like a girl'라는 주문을 계속한다. 여자아이같이 싸워라, 여자아이같이 던져라. 모두 약간 헐렁하게 힘없이 우스꽝스럽게 행동한다. 그리고 이번엔 성인 남녀나 소년이 아닌 실제 '어린 여자아이들'에게 똑같은 행동을 주문한다. 이 아이들의 행동은 달랐다. 팔과 다리를 힘차게 움직였다. 촬영감독은 그 어린 여자아이들에게 '여자아이처럼 뛰어라.'는 말이 어떻게 들렸는지 물었다. 아이는 "최대한 빨리 달리라는 뜻으로 들었다."고 말한다. 사춘기 이전 어린 여자아이들은 '여자아이같이'라는 말을 '최선을 다해 열심히 하라.'는 말로 생각했다는 것이다. 해석의 주체에 따라 대표성 모델은 바뀔 수 있다. 그리고 해석의 주체는 그 시대를 살아가며 그 시대를 반영한 대표성 모델을 갖는다.*

인재에 대한 개념이 바뀌고 있다. 대한상공회의소는 2008년부터 5년마다 100대 기업 인재상을 조사하는데, 100대 기업이 꼽은 인재상 중 '소통과 협력'은 2008년에는 5위, 2013년에는 7위였는데, 2018년에는 1위에 올랐다. 이전에 1위를 했던 도전정신이나 주인의식은 4위와 5위로 내려갔다. 인재상에 거대한 변화가 닥친 것이다.

학부모의 인식도 크게 바뀌었다. 자녀를 연기학원에 보내는 학부모를 만나 인터뷰할 기회가 있었는데, 기존의 선입견과 달리 자녀

---

* 이러한 대표성의 이미지가 상당 부분 콘텐츠에 의해 만들어지지만, 또한 역으로 콘텐츠에 의해 변화되어 기존의 고정관념이 변화하기도 한다. 영화를 통해 성소수자에 대한 고정관념이 변화한 것이 대표적인 예다.[2]

가 스타가 되기만을 바라지 않았다. 이제 어떤 분야도 소통 능력이 필요한 시대가 되었고, 연기가 주는 소통 능력은 남의 인정뿐만 아니라 스스로의 자신감에도 보탬이 된다는 생각을 갖고 있었다. 그 학부모의 생각이 자식을 위한 혜안이었는지는 두고 봐야 알겠지만, 인재에 대한 인식과 양상, 즉 대표성 모델이 달라지고 있는 것은 분명하다.

예전 고급 인력들은 기술적 숙련도를 갖추면 그것으로 충분했다. 성격이나 감정은 튀지 않거나 냉정할수록 좋았다. 묵묵히 맡겨진 일만 하면 되니까. 그러나 이제 그런 시대는 지나고 있다. 숙련 노동의 많은 부분을 인공지능이나 기계가 대체하고 있다. 이제 콘텐츠와 서비스 기업뿐만 아니라 첨단 제조 대기업조차 고급 인력의 이미지에 소통의 영역을 고려하기 시작했다. 특정 영역의 감수성은 역사적으로 형성된다. 그 시대에 필요한 감수성이 있는 것이다. 지금은 '소통을 통해 협력을 생성하는 감수성'이 시대적 모델이 되고 있다. 고급 인력을 말할 때 대화를 통해 협력하며 문제를 해결하는 이미지를 먼저 떠올리는 것이다.

역사적으로 형성된 감수성

졸업을 앞둔 취준생과 얘기하다가 이런 말을 들었다. "저는 판교에 가서 일하고 싶어요."

특정 회사가 아니라 지역을 말한다. 왜 판교냐고 묻자 "멋있고 힙하다."고 대답했다. 판교는 객관적으로 보기엔 별 매력이 없는 도시다. 건조한 빌딩들만 즐비하다. 건축미라곤 찾아볼 수 없는 건물에, 거리에는 작은 상점이나 사람들에게서 느껴지는 활기 같은 건 없는데도 그곳에서 근무하기를 원했다. 그런데 그 취준생과 더 얘기를 나눠보니 판교는 그런 곳이 아니었다. 물리적인 지역을 말하는 것이 아니고, 판교라는 분위기가 그곳을 규정하고 있었다. 말하자면 이런 것들이다. 대부분이 자기 또래이고, 점심때의 거리는 '회사 태그를 목에 두른 청년들의 걷기클럽'이다. 그리고 무엇보다 판교에서는 차별이 없다. 대부분 콘텐츠, IT, 마케팅 같은 부드러운 직종의 회사들이 있기 때문이란다.

몇 년 전 tvN의 〈유 퀴즈 온 더 블록〉에서 판교 거리를 걷던 유재석이 한 회사원에게 묻는다.

"어디 다니세요?"

"게임회사요."

"또 게임회사네. 여긴 게임회사가 많네요."

얘기 좀 나누자는 유재석의 말에 게임회사 직원이 함께 앉는다. 24세의 캐릭터 디자이너다. 옆에 앉은 조세호가 묻는다.

"자기가 만든 게임 캐릭터 뭐예요?"

"제가 아직 신입이라 없는데요."

"월급에서 가장 큰 지출은 뭐예요?"

"게임 아이템요."

"게임 아이디가 뭐예요?"

"냉장고 속 선풍기."

"왜 그렇게 지었어요?"

"그날 너무 더워서요."

이 대화에 이어 유재석은 자기 동료들의 게임 아이디를 말한다. 일반적인 관점에서는 아무 의미가 없는 대화가 오간다. 그런데도 대화는 술술 이어진다.

이런 대화가 판교에서는, 또는 판교에서만 아주 자연스럽다. 공공시설이나 금융회사가 몰려 있는, 하얀 셔츠에 양복 입은 사람이 많은 광화문이나 여의도에서는 이런 대화를 나누는 것이 어색할 수도 있다. 월급에서 게임 아이템에 돈을 제일 많이 쓴다는 것, 어떤 이름을 특별한 의미 없이 대충 짓는다는 것은 넥타이를 맨 집단이 있는 지역에서는 '이상한' 답변이다. 부모에게 한 소리 들을 말이고, 상사나 동료에게는 너무 가벼운 사람으로 보일 수 있는 말들이기 때문이다. 그러나 판교에서 젊은 청년을 만나 저렇게 대화하는 것이 아주 자연스럽다. 청년들에게 판교라는 지역과 공간은 자유로움과 관용의 분위기를 상징한다.

이런 주장이 여전히 과하다는 생각이 든다면 조금 더 극단적인 사례를 들어보자. 서울에서 살다가 지방으로 가서 협동조합을 경영하며 지내는 한 여성 청년의 말이다.

　지역에서 살다 보면 여러 어려움을 겪는다. 가까운 곳에 편의점이 없는 등 인프라의 문제도 있지만, '왜 멀쩡히 대학까지 나왔는데 이런 시골에 와 있어?'라는 말을 듣기도 하고 젊은 여성들은 자신보다 20살 이상 나이가 많은 남성과의 소개팅을 주선 받는 식으로 성 감수성이 떨어지는 말을 듣기도 한다.[3]

　나름의 뜻을 가지고 지방으로 이주한 여성조차 겪을 수밖에 없는 이런 문화는 2010년 이후 '20대 여성'의 서울 및 수도권으로의 대거 이동을 초래한 한 원인이다. 물론 가장 큰 원인은 일자리이지만 '역사적으로 형성된 감수성' 또한 큰 영향을 미치는 것이다. 관련된 데이터를 보자. 2022년 국토연구원에서 발표한 자료로, 수도권이나 기타 지방에서 다른 지방으로 이동한 청년들은 해당 지방에서 그 지역 특유의 '배타성'을 강하게 느끼는 것으로 나타났다. 반면, 지방에서 수도권으로 이동한 청년은 해당 지역에서 자신이 성장하고 있다는 인식을 더 강하게 갖는 것으로도 나타났다. 다른 이동 형식보다 거의 10% 이상 높은 수치를 나타내고 있는 것이다 (그림 3 참고).

그림 3 지역사회에 대한 청년의 인식

청년이 인식하는 지역사회의 배타성(%)

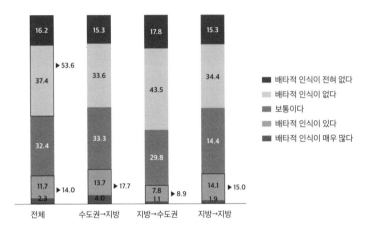

- ■ 배타적 인식이 전혀 없다
- ▨ 배타적 인식이 없다
- ■ 보통이다
- ▨ 배타적 인식이 있다
- ■ 배타적 인식이 매우 많다

청년의 지역에서의 삶을 통한 성장 인식(%)

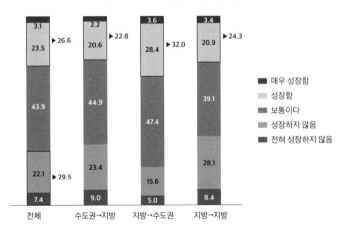

- ■ 매우 성장함
- ▨ 성장함
- ■ 보통이다
- ▨ 성장하지 않음
- ■ 전혀 성장하지 않음

출처: 국토연구원, 《청년의 지역이동과 정착》, 2022

20대 여성과 대도시

2000년 이후 20~34세 청년층의 서울 이동을 보면 남녀 간의 차이가 좁혀지고 있는 것을 확인할 수 있다. 전통적으로 남성들이 일자리를 찾아 서울로 이동하는 비율이 높았는데, 2015년 이후에는 여성들의 이동이 크게 증가해 2022년에는 남성들의 비율을 거의 따라잡은 것이다(그림 4 참고). 여성들의 고용 참여가 활발해졌기 때문인데, 여기에는 산업구조의 변화도 중요한 요인으로 작용했다고 볼 수 있다. 1960~70년대 20대 여성의 서울 이주는 '생산직 일자리를 찾기 위한 이주'가 주류였다. 그런데 2015년 이후 20대 여성의 서울과 수도권으로의 이동은 20대 여성이 일하기 좋은, 또는 일하고 싶어하는 분야와 관련된다. 여기에는 보건의료업 등의 서울

그림 4 **전체 인구 이동 대비 20~34세 1인 가구 서울 이주 비율(%)**

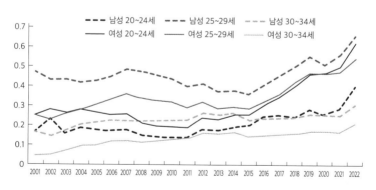

자료: 통계청 MDIS 국내 인구이동 통계(1인 가구, 세대주 기준)

집중도 중요한 요인이겠지만, 또 다른 대표적인 분야로 콘텐츠산업을 들 수 있다. 문화체육관광부가 발표한 콘텐츠산업 통계조사에 따르면, 음악·게임·방송·출판·광고·지식정보 등 각종 콘텐츠산업 종사자 59만 명 가운데 약 26만 명이 여성으로 집계되었다.[4]

지역 청년들이 바라는 일자리도 권위주의적인 조직문화가 없으면서 동시에 4차 산업과 관련되는 일자리로 조사되었다.[5] 남성이든 여성이든 안정적인 일자리에 높은 연봉을 원하는 것은 공통적이지만, 전통적인 제조업 분야의 안정적인 일자리는 남성 위주이고 문화 인프라가 부족한 지방에 주로 자리 잡고 있다. 반면, 여성들은 사무기술직 등 여성 친화적인 분야로 관심을 돌렸고 그 결과로 수도권에 소재한 콘텐츠산업에 관심을 갖게 된 것이다.

콘텐츠산업이 흥하는 중요한 요소는 지역 청년이 바라는 일자리에 대한 조사를 결합해보면 더 명확히 파악할 수 있는데, 콘텐츠 관련 분야가 다른 조직보다 '상대적으로' 권위주의적인 문화가 약하다는 것이다. 특히 콘텐츠산업에 종사하는 창작자의 경우에는 상당히 높은 자율성을 보장받는다. 창작하는 사람들은 다른 직종과 비교했을 때 통제와 강압에 대한 민감도가 더 높다고 할 수 있다. 이들은 높은 봉급을 준다고 해도 권위주의적인 통제가 만연해 있는 직장이라면 여지없이 떠나간다. 다른 곳에 가서도 자신의 창의적 능력을 발휘할 수 있기 때문이다.

또한 20대 여성이 콘텐츠산업으로 가는 주요 이유 중 하나는 콘텐츠가 그만큼 남성 위주의 조직 분위기가 약한 분야라는 것이다. 콘텐츠 자체가 창작, 창조물이어야 하고, 이런 작업은 서로 연결되었다가 흩어지는 성격을 갖는다. 예를 들어, 거대 조직에 속해 있던 나영석은 독립해 자신의 프로젝트를 운영한다. 자신의 프로젝트를 함께 하는 사람들과 움직이는 구조다. 상부의 명령과 지시에 따라 일사불란하게 움직여야 하는 직종과는 다른 것이다.

 본격적인 유튜브 생방송을 메인 콘텐츠로 활용하기 시작한 〈채널 십오야〉의 각종 라이브에선 두드러진 특징이 존재한다. 메인 MC인 나 PD의 수려한(?) 진행 솜씨와 초대손님으로 출연하는 작가, PD 등 수많은 제작 인력의 예상치 못했던 입담이 오히려 화려한 방송 경력을 자랑하는 연예인들 이상의 재미를 마련한다는 점이다. 메인 작가(이우정)와 신참 '막내' 작가 사이의 다리 역할을 담당하는 '허리' 작가들과의 대화에선 어디서도 접하기 힘든 예능 프로그램 제작 비화가 소개됐다.[6]

콘텐츠산업의 탈권위주의적 특성은 기존의 관료적 특성과 충돌했고, 관료적 특성에 내재한 남성 지배적 위계 구조는 콘텐츠산업이 확장됨에 따라 그 정당성이 위협받고 있다. 이러한 변화는 대량생산 기반의 제조업이 갖고 있는 획일성과 보수성을 더욱 드러나게 했고, 새로운 산업이 갖고 있는 '자율성 신화'가 각광받기 시작했다. 한 근무자의 리뷰는 판교의 콘텐츠·IT 기업의 분위기를 이렇게 표현했다.

"무선이어폰에 백팩은 동사무소에서 나눠줌?" 일만 잘하면 되는 '판교 프리덤'.[7]

다른 리뷰에서는 "젊고 유능한 개발 인재가 모여 있고 자유로운 사내 문화가 자리 잡아 운동복, 반바지 등 편안한 복장이 자연스럽습니다."라면서 콘텐츠 분야 직장의 자율적이고 유연한 분위기를 말하고 있다. 또 한 여성은 판교의 특유한 문화에 대해 이렇게 말한다.

Q. 보통은 자율에 맡기는 것을 불안해하는 경우가 많잖아요. 판교에선 주저하지 않는 특유의 문화가 있다고 보나요?

A. 제가 하는 업무 특성상 자율성이 있으면 근무하기가 어려웠거든요. 그런데 판교에 와서는 자율성을 갖고도 잘 운영된다고 느껴요. 기존 회사가 '쳇바퀴의 다람쥐'를 관리하는 것 같다면 판교는 '자유롭게 풀어놓은 다람쥐'를 관리하는 것 같아요. 이 자유로운 다람쥐들이 특정 시기에 알아서 도토리를 가져다가 내놓는 방식이랄까요. 자유를 방종이라고 생각하지 않는 문화, 서로 자기 몫은 알아서 하고 존중하는 문화가 있는 것 같아요. 음, 아니다. 성과를 제때 가져오지 않으면 본인의 평가가 어찌 되는지 안다는 뜻이 더 정확하겠네요.[8]

이러한 직장 분위기가 고학력 여성들을 끌어들임으로써 콘텐츠 분야는 여성 친화적인 산업으로 변화했다. 또한 콘텐츠산업이 수도권에 자리를 잡으면서 여성들의 수도권행이 가속화되었다고 할 수 있다. 전통 제조업에서 오랜 전통으로 남아 있는 남성적 권위로부터의 해방, 일상생활에서 남성의 보수적인 행동으로부터의 도피가 작동하면서 수도권, 서울로 대거 이동한 것으로 볼 수 있다.

성소가 된 기업

2023년에 대학생들이 가장 가고 싶어하는 직장으로 전통적인 제조업 대기업과 더불어 네이버와 카카오가 꼽혔다. 네이버와 카카오는 IT와 콘텐츠 중심의 회사다. 2023년을 기준으로 이들 두 기업의 대표는 모두 여성이다. 그것도 40대의 젊은 대표다. 한국의 대기업에서는 오너가의 일원을 제외하고는 보기 드문 일이다. 두 기업은 40대 여성을 대표로 선임한 이유로 소통 능력을 들었다. 이들 업종은 관리자 비율이나 고용 전체 비율에서 여성이 월등히 높다. 여성 대표를 선임한 것이 해당 업계 사람에게는 이상하지 않다.

2024년에 100대 기업의 양성평등 순위를 매긴 데이터가 있다. 상위 30위 기업에는 네이버, 카카오, 엔씨소프트, 이마트 등 IT·콘텐츠 업종과 전통적으로 여성 비율이 높은 유통 업종이 꼽혔다. 하위 10위 기업에는 전통적인 제조·건설 기반의 기업들이 꼽혔다. 이들 하위권 기업은 정규직, 관리자, 근속연수, 연봉 그리고 남성 육아휴직 등 거의 모든 양성평등 지수에서 낮은 평가를 받았다.[9]

이런 면에서 본다면, 저출산 해결의 관점에서 볼 때도 국가에서 육성해야 할 산업의 방향은 명확하다. 일자리 전체가 확대되는 것이 출산율을 높이는 데 긍정적 영향을 미치겠지만, 특히 콘텐츠 분야는 더욱 그렇다. 네이버나 카카오에서 새로운 대표가 선임되면서 재택근무에 대한 이들 대표의 견해가 큰 이슈가 되는 것만 봐도 이들 업종의 근무 유연성에 대한 감수성이 대단히 높다는 것을 확인할 수 있으며, 이 또한 여성 친화적인 기업의 특징을 드러낸 것이라 볼 수 있다. 그런데 이렇게 여성 친화적 기업이라 불리는 것은 주요 근무자의 성비나 대표의 성별보다는 기업의 특성에서 기인한 것이기도 하다. 제조·건설업이 장비와 장소 구속적이라고 한다면, 콘텐츠산업은 지식 중심의 산업으로서 장비와 장소의 구속을 덜 받는다. 소위 비물질 노동의 산업인 것이다.

이들 산업에서는 장비를 다루는 기술과 분업보다는 지식·정보의 확보와 지식·정보 간의 소통이 더 중요하다. 그래서 오히려 이들 산업은 전통 제조업과는 다른 방식으로 장소의 구속을 받는데, 바로 인력을 확보하기에 용이한 장소에 입지해야 한다는 것이다. 좋은 인력을 확보할 수 있는 장소에 구속받는 것이다. 그리고 이런 인력들이 모인 곳에서는 더더욱 여성 친화적인 기업 문화가 발전하게 마련이다. 이처럼 콘텐츠·IT 업종을 여성들이 선호하게 되면서 '괜찮은 일자리decent work'에 대한 개념도 변화할 수밖에 없다. 좋은 직장의 조건으로 무엇보다 '일과 사생활의 양립'과 '근무시간 보장'을 두는 것,[10] 그리고 문과 졸업생과 이과 졸업생 모두 IT·통신·문화·미디어 업종을 선호하는 이유도 이러한 괜찮은 일자리에 대한 개념이 바뀌고 있음을 나타낸다.[11]

'연봉과 안정성'에만 쏠렸던 괜찮은 일자리에 대한 기존 개념에 워라밸, 유연한 근무 형식의 비중이 높아지면서 기존 산업의 인력에 대한 고정관념도 바뀌었다. 고용과 인력에 대한 시대적 모델이 새롭게 형성되면서, 전통적인 제조 대기업도 좋은 인력을 확보하기 위해 고용 정책을 변화시킬 수밖에 없게 된다.

콘텐츠 프리덤과 동료의 성공

직장에서 자아실현은 가능한가? 사실 질문 자체가 넌센스다. 월급 받고 다니는 회사에서 자신이 좋아하는 것만 할 수는 없는 일이다. 자아실현은 자신의 돈을 지불하며 하는 게 맞다. 그렇지만 무엇이 자아실현인가를 구체적으로 물으면 대개는 자기 내면의 표현, 의사결정에의 참여, 지식의 축적 등을 말한다. 이는 자율성의 확대 또는 자기통제의 실현과 연결된다. 예컨대 이런 질문에 대한 답이다. "회사에서 내가 좋아하는 뭔가를 하면 어떻게 되나요?"

내가 좋아하는 걸 회사에서 할 수는 없다. 하지만 게임회사에 다니는 직원이라면 어떨까? 게임회사에 근무하는 사람이 게임을 하는 것이라면 일정 수준에서는 직장에서의 자아실현이라 할 수 있다. 내가 좋아하는 걸 '눈치껏 한다면' 큰 문제는 없다. 우선 업무와 연관된다는 전제가 있어야 한다. 물론 현실적인 회사의 모습은 밥 먹듯 하는 야근이지만, 그럼에도 일에서 나를 표현할 수 있는 가능성이 있다는 것은 든든한 후견이 된다.

자아실현의 반대편에는 굴욕감이나 무력감이 있다. 굴욕감과 무력감은 나의 자율성이 뭉개지는 상황에서 발생한다. 반면, 자아실현은 내가 좋아하는 것을 하면서도 존중받는 분위기에서 충족된다. 자아실현은 자율성과 경력 개발 모두가 충족될 때 가능한데, 가장 강력한 요소는 역시 내가 나의 행위를 통제하는 것에 대한 간섭이나 제약이 적은 것이다. 이와 관련해 콘텐츠산업은 가장 적합한 범주에 속한다. 즉, 한국의 상황에서 '판교 프리덤'은 사실 '콘텐츠 프리덤'을 의미하는 것이다. 한 중견기업 인사 담당 임원이 2021년에 한 말이다.

자발적 퇴사가 너무 빠르게 증가한다. 월급 많이 준다고 (퇴사하려는 사람을) 잡을 수 없다. 복지 제도나 다른 유지 전략이 필요한데, 그중 가장 중요한 게 시간 선택권을 포함한 ⋯ 회사에서 무언가 여러 가지를 스

스로 바꿀 수 있는 권한(통제력, 자율성)을 많이 받은 사람들이 직장 생활을 오래 한다.[12]

한편, 직장에서의 자아실현은 유사한 분야에 종사하는 사람들끼리 서로 돕고 협력할 수 있는 네트워킹 기회를 만드는 것과 연결된다. 규모가 있는 기업 내부, 그리고 유사한 기업들이 몰려 있는 지역에서 네트워킹을 만들 가능성은 더 커진다. 이는 국내외 가릴 것 없이 핵심 인재에게는 가장 중요한 조건이자 요구이기도 하다.

서로 돕고 협력하는 네트워킹에 관한 흥미로운 통계가 있다. 한 컨설팅업체의 100여 개 고객사에서 동료 간에 주고받은 20만여 건의 피드백 데이터를 분석한 결과, MZ 세대가 가장 선호하는 동료의 특성은 '협업과 팀워크'로, 전체의 33.4%를 차지했다. 다른 특성 대비 매우 큰 비중을 보였는데, MZ 세대의 특성으로 꼽히는 개인주의적인 성향과 대비되는 의외의 결과였다. 뒤를 잇는 것은 '긍정적인 태도와 에너지'(19.6%), '주도적인 문제 해결'(9.1%), '나의 성과와 성장에 도움/지원'(7.9%) 등이었다(그림 5 참고).

회사 구성원의 다수를 차지하는 MZ 세대는 '콜포비아call phobia'라는 단어가 생길 정도로 전화 통화나 대면 커뮤니케이션을 부담스러워하는 반면, 메신저와 같은 비동기 커뮤니케이션을 선호하고 활발하게 사용하는 특징이 있다. 이들은 SNS 네이티브로서 자기표현, 동료에 대한 감사와 인정 모두 거침없이 표현한다.[13]

그림 5 **MZ 세대 회사 구성원들이 가장 선호하는 동료 순위**(단위 %)

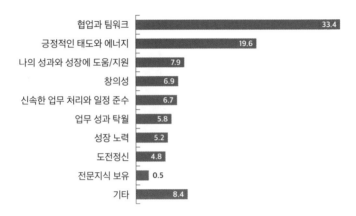

자료: HR 토털 솔루션 플랫폼 기업 휴먼컨설팅그룹(HCG talentx).

구글의 경우는 10~20년 전에 '글로벌 핵심역량을 갖춘 탁월한 인재'를 인재상으로 내걸었지만, 이제는 "아무리 탁월한 전문성을 가진 인재라도 협업을 잘하지 못하는 사람은 뽑지 않을 것"이라고 선언했다.[14] 비단 구글만이 아니다. 세계적 기업들이 원하는 인재는 스타형 인재가 아니라 협업형 인재다. 구글은 설문으로 협력 방식을 개선하고 있다. 이런 식이다.

특정 조직에서 협력에 문제가 발생했습니다. 여기에 효과가 있었던 제도는 분기별 2가지 질문을 하는 것이었습니다.

1) 내가 도움을 청했을 때 그는 나를 도왔는가?

2) 그는 내가 도움이 될 수 있을 때, 나에게 협력을 요청했는가?

구글의 모든 구성원은 조직에 속한 다른 구성원에 대해 위 두 가지 질문에 답해야 한다. 그리고 순위와 결과를 모두에게 공개한다. 다른 조치 없이도 문제가 있던 팀원들은 스스로 협력 방식을 개선했다. 그리고 칭찬은 'gThanks'를 통해 공개적으로 한다. 나의 평가에 의해 동료에게 보너스를 보낼 수 있는 동료 보너스Peer Bonus도 있다. 동료에게 도움을 준 직원으로 뽑힌 경우 150달러가 다음 달 월급과 함께 (회사 돈으로) 지급된다. 지급 사유는 상사에게는 눈에 띄지 않을 작은 일들이 대부분으로, 신청 시 특별한 결제 과정도 필요하지 않다. 동료 보너스 제도는 10년 이상 실시 중이다.[15]

네트워킹하고 협력하는 환경은 특히 젊은 연령대의 사람들에게 더 중요하다. 사회정서적 선택성 이론socioemotional selectivity theory에 따르면, 시간의 제약에 따라 사람들이 세운 정서적 의미와 관련된 목표가 변화한다. 젊은 사람일수록 미래 지향적이어서 새로운 지식이나 관계를 추구하고, 나이가 들수록 감정과 의미를 추구한다는 것이다.

영국 옥스퍼드대학 연구진은 2007년 한 해 동안 유럽 전역에서 무작위로 뽑은 320만 명의 휴대전화 사용 패턴을 조사했다.[16] 여기에는 문자메시지 사용횟수 및 전화나 메시지를 주고받은 사람들의 성별과 나이도 포함돼 있다. 분석 결과 친구들과의 교우관계가 가장 활발한 시기는 25세인 것으로 밝혀졌으며, 이 나이대의 사람들은 다른 나이대의 그룹에 비해 타인과 소통하는 횟수가 가장 많은 것으로 나타났다. 25세에서 인간관계의 정점을 찍은 후에는 20년간 천천히 교우관계의 빈도가 줄어들며, 45세부터 약 10년간은 정체기에 들어서며, 또 55세가 되면 교우관계 빈도가 다시 서서히 줄어들기 시작하는 것으로 분석됐다.

이와 달리, 교우관계가 가장 활발한 시기는 40대라는 통계도 있다. 그러나 이 수치는 커플이 된 이후 커플과 연결된 가족과 친구들을 모두 포함하게 되어서 높아진 것이지, 관계 형성의 의지로 높아졌다고 보기는 어렵다. 결론적으로, 관계 형성에 적극적이어서 관계를 많이 맺는 시기는 20대다. 이렇듯 관계 욕구가 가장 강한 시기인 20대에 콘텐츠와 콘텐츠기업을 수단으로 관계를 형성할 수 있는 기회가 늘어난다면, 그런 공간으로 몰리는 것은 당연한 현상이다. 그 공간이 한국에서는 물리적 공간인 판교로, 가상의 공간인 게임과 SNS로 나타나게 된 것이다. 그곳에서는 물리적 만남, 가상의 만남, 일회적 만남 등 다양한 만남의 형태가 수없이 일어나고 있다. 그리고 아무리 일시적이고 순간적인 만남이라고 하더라도 예의와 호혜에 대한 기대와 실천이 지속적으로 발현되고 있으며 모든 만남의 분위기를 지배하고 있다.

감수성 읽기와 새로운 지역 모델

그렇다면, 만남의 가능성, 네트워킹의 가능성, 호혜의 가능성에서 지방의 상황은 어떨까? 아무래도 부족하다. 그렇지만 이와 관련된 '감수성 읽기'를 제대로 한다면 상황은 얼마든지 역전될 수 있다. 감수성 형성의 역사적·사회적 특징을 잘 파악해 그 시대와 세대의 감수성과 친화력이 있는 제도와 분위기를 제공하면 충분히 가능하다. 이것은 미국이나 유럽의 사례에서 쉽게 확인할 수 있다. 예를 들어, 미국의 시애틀이나 오스틴, 그리고 독일의 졸페라인 등 잘 알려진 지방의 성공 이유를 보면 된다. 흔히 이들 지역에 엄청난 기업의 투자가 이루어졌고 이것으로 지역이 발전했다고 해석하지만, 이것은 성공의 원인이라기보다는 성공의 결과다. 기업의 투자가 이루어지기 전에 기업이 투자할 만한 지역적인 분위기가 형성되어 있었던 것이다.

시애틀의 산업박물관Museum of History & Industry에는 유명 인사가 시애틀이 성장한 이유를 설명하는 영상이 있다. 아마존의 수장인 제프 베조스 등 시애틀의 주요 인사를 연속으로 인터뷰한 것인데, 내용은 대략 이렇다. 시애틀 지역과는 아무 관련이 없는 베조스—그는 텍사스에서 태어났고 동부의 프린스턴대학을 나왔다—가 1994년에 시애틀에서 창업하게 된 이유로 그 당시 시애틀의 생활비가 높지 않았던 것과 더불어 무엇보다 '값싼 좋은 인력'

이 많은 도시의 분위기를 언급했다. 워싱턴대학의 컴퓨터학과는 우수한 학생들을 배출하고 있었고, 또 당시 위기에 처한 보잉사에서 많은 엔지니어가 쏟아져 나왔는데, 그들 중 많은 이가 시애틀을 떠나지 않고 머물렀기에 '좋은 인력'을 풍부하게 활용할 수 있었다고 한다. 그들이 일자리를 찾아 다른 곳으로 떠나지 않은 이유는 무엇일까? 시애틀은 미국의 다른 도시보다 개인의 개성을 존중할 뿐 아니라 공동체성이 강한 전통을 갖고 있었다. 원주민 문화와 북유럽 이민자 문화가 공존하던 시애틀이 자신들 특유의 공동체적 분위기를 개인주의와 결합시키면서 하이테크 인력에게 매력적인 도시가 되었고, 엔지니어들은 임금이 낮더라도 기꺼이 시애틀에서 살기를 원했던 것이다.

오스틴도 유사하다. 오스틴 역시 공동체 문화로 유명하다. 그리고 음악공연산업도 오래전부터 자리를 잡았다. 오스틴의 공동체 문화는 밴드와 창작자들을 포용하는 기반으로 작용했다. 《이코노미스트》의 분석에 따르면, 오스틴의 리더들은 음악이 이 도시의 결정적 특징이며, 도시의 성장과 번영을 형성하는 데 필수적인 역할을 해왔음을 인정했다. 2003년부터 2009년까지 오스틴의 시장이었던 윌 와인Will Wynn은 음악이 오스틴의 발전에 중요한 역할을 했음을 강조했다. 실제로 오스틴은 인구 84만 명의 작은 도시였을 때부터 250개의 라이브 음악 공연장이 있었다. 이는 도시의 관광산업을 촉진하는 데 큰 도움이 되었고, 음악뿐만 아니라 영화와 텔레

표 1 2013년 세계 도시별 라이브뮤직 공연장(2013 World cities report)

도시	인구	공연장 수	공연장당 주민 수
LA	1,000만	510	16,380
파리	1,170만	423	27,660
도쿄	1,310만	385	34,000
런던	780만	349	22,350
뉴욕	820만	277	29,600
(위 리포트에 없는 도시)			
오스틴	84만 3,000	250	4,125
내슈빌	62만 7,000	100	6,270

출처: Baker, Andrea Jean. "Music scenes and self branding Nashville and Austin," *Journal of Popular Music Studies* 2016, 28(3): 334-355.

비전, 게임 및 기타 시각예술 분야에 걸쳐 약 5만 개의 예술 관련 일자리가 생겼다. 그 덕에 2008년 경기 침체 때에도 오스틴은 인구와 일자리를 잃지 않을 수 있었다.

오스틴에 '기존에 존재하던' 지역적 분위기가 재정적 지원 및 제도적 지원과 결합하면서 자본과 기술 인재들이 유입되었고 애플과 삼성 같은 유명 기업을 포함한 다른 기업을 신규 유치할 수 있었다. 결국 와인 씨가 중요하게 지적하는 것은 새로운 투자가 도시의 창의적인 분위기를 만든 것이 아니라는 점이다. 오히려 그 반대였다. "이런 젊고 지적이고 잘 교육받은 테크 인재들이 도시에 들어왔을 때 창조성은 이미 존재했습니다. 테크 전문가들이 도시의 이미지를 만든 것이 아니라 이미 그런 이미지가 존재하고 있었습니다."[17]

독일의 도시재생 관광지인 졸페라인 거주자들도 마찬가지다. 1986년 독일 에센 시의 졸페라인Zollverein이 문을 닫기 전부터, 독일 최대의 탄광지대였던 이곳을 어떻게 개발하고 보전할 것인가에 관한 이야기가 오랜 시간 오갔으나 이곳 전체를 있는 그대로 보전하기로 결정한 것은 지역 주민들의 의지였다. 루르 지역에서 폐광 전까지 광부로 일하다가 현재는 졸페라인의 프리랜서 가이드가 된 후베어트 하이니히Hubert Heinig 씨는 "당시 일자리를 찾아 이곳을 떠난 사람들도 있었지만, 많은 주민이 우리가 살아온 곳을 스스로 지키고 발전시켜 나가자는 데 결의했다."며 "시민단체들이 결성됐고, 주 정부와 정치인들이 함께하면서 관광지로 변모하게 됐다."고 말했다.[18]

개체성의 욕망을 존중하는 윤리는 도시에 특별한 분위기를 산출한다. 도시에 산다는 것에서 자유로운 느낌을 얻기 때문이다. 그런 도시라면 창작의 열망은 더 불타오를 것이다. 그런 도시의 분위기는 바로 '상대방을 존중하며 가볍게 예의를 지키는 사람들'이 많을 때 만들어진다. 상대방에게 예의를 지키는 태도들이 모이면 도시는 특유의 분위기를 형성한다. 친절한 스몰톡이 있는 거리의 가게들, 지나가는 사람에게도 스치는 눈인사들, 바쁜 타인을 위해 양보하는 사람들, 친절하게 문손잡이를 잡아주는 중년들이 많은 곳은 관용의 분위기가 넘치고 그런 작은 예의들이 도시의 분위기를 형성한다.

대도시의 사람들은 신경과민에 예민함을 달고 살지만, 그런 신경과민으로부터 유래하는 특유의 '예의 바른 무관심'은 거리의 분위기를 만들고, 그런 관용으로부터 자신의 모습을 과감하게 표현할 수 있는 여건을 확인한다. 타인과의 멀지 않은, 그러나 일정한 거리가 나의 자유로운 공간을 만드는 것이다. 이웃이 나를 간섭하지 않고, 나를 침범하지 않는 거리에서 베푸는 친절이 확인되면 그만큼 안전하게 나를 표현할 수 있다. 그런 거리를 유지하는 것은 쉽지 않다. 그러나 어떤 도시의 분위기도 한번 그렇게 형성되면 경로의존의 트랙처럼 쉽게 자리 잡히기도 한다.

혈연, 학연, 흡연 그리고 세연: 문제는 세계관이다

담배 피우는 사람들끼리는 쉽게 유대감을 형성한다. 담배를 함께 피우는 상황은 자연스럽게 생각과 가치를 나누는 분위기를 만든다. 사회학자 콜린스Collins는 담배처럼 특정 상황에서 사용되며 사람들의 유대감을 형성하는 어떤 것을 '의례적 물질ritual material'이라고 불렀다. 의례적 물질은 관심 있는 사람들 간에 '초점 공유 mutual focus'를 불러일으키고, 초점 공유를 하는 순간부터 사람들 간의 신뢰가 쌓이며, 그런 신뢰는 자연스럽게 소통을 늘리고 정보를 교환하도록 만든다. 흡연은 혈연이나 학연만큼이나 강하다. 담배가 건강에 해를 끼치는 것은 사실이지만, 인간관계의 매개체로서는 죄가 없다.

의례적 물질에는 담배나 토템 같은 물질이나 동물만 있는 것이 아니다. 세계관도 의례의 물질이 될 수 있다. 어떤 특정한 세계관을 물질처럼 공유한 사람들 사이에서도 초점 공유가 일어나 새로운 역사적 현상이 일어날 수 있다. 베버는 자본주의의 발생을 고찰하며 가장 중요한 요인으로 '세계관을 공유한 집단'을 강조했다.

오늘날 자본주의적 경제 질서는 개인들이 태어나 그 안으로 내던져지는 거대한 우주인바, 이 우주는 개인들에게 그들이 살아가야만 하는 사실상의 불변적인 껍데기로 주어진다. 그 우주는 개인들이 시장에 관련되는 한 자신의 경제적 행위의 규범을 강요한다. 이러한 규범에 적응할 수 없거나 적응하려고 하지 않는 노동자는 실업자로 길거리에 내던져지듯이, 이러한 규범에 지속적으로 대립해 행위를 하는 공장주는 경제적으로 반드시 제거된다. 그러니까 경제적 삶을 지배하게 된 오늘날의 자본주의는 경제적 도태 과정을 통해 필요한 경제주체—기업가와 노동자—를 교육하고 창출하는 것이다.

그러나 바로 여기에서 역사적 현상을 설명하는 수단으로서의 '도태' 개념의 한계가 분명하게 드러난다. 자본주의의 특성에 적응된 종류의 생활양식과 직업관이 '선택'될 수 있으려면, 즉 다른 종류의 생활양식과 직업관에 대해 승리를 거둘 수 있으려면, **우선 그것이 형성되어 있어야만 함은 명백하다.** 그것도 고립된 각 개인들 사이에서가 아니라 '인간집단에 의해 담지되는 세계관'의 형태로 형성되어 있어야만 한다.[19]

브로델이 잘 지적했듯이, 통상적으로 돈과 재물을 추구하는 인간은 '충동에 충실한 인간'일 뿐, 세계관 같은 것은 없다. 그래서 공유할 것도 없다. 오직 개인적 차원에서 재물을 추구할 뿐이다. 그렇게 오직 돈만을 추구하는 개인과 집단은 어떤 과거의 시대나 사회에도 존재했다. 또 그 반대의 지점에는 인간의 '본성상' 더욱 많은 돈을 벌기를 원하는 것이 아니라, "다만 살기를, 지금까지 살아온 대로 살기를, 그리하여 그에 필요한 만큼만 벌기"[20]를 원하는 집단도 있다. 이들도 마찬가지로 어느 시대에나 존재했다. 재물을 추구하는 집단과 필요한 만큼만 벌기를 원하는 집단은 늘 존재하며 서로를 비하하고 서로를 힐난했다. 이들에게서 역사적 변화는 일어나지 않았다.

그런데 이상한 집단이 등장했다. 노동, 일을 무한히 추구하는 집단이다. 재물을 추구하는 집단에게 노동, 일은 돈을 벌기 위한 수단이고, 필요한 만큼만 벌기를 원하는 집단에게 노동, 일은 생계를 위한 수단이었다. 그런데 노동과 일이 수단이 아닌 목적으로 등장했다. 노동, 일 그 자체를 잘하려는 세계관을 가진 집단이 나타난 것이다. 자본주의는 그런 '세연'에 의해 만들어졌고, 또 변화되어 간다.

게임에서 게임을 만드는 사람들: 불만을 분해하는 감수성

기술은 원래 의도한 대로 이용되기도 하지만 그러지 않을 수도 있다. 원래의 목적과는 다르게 사용될 때, 이를 탈대본de-scription이라고 한다.[21] 탈대본이 가장 활발하게 일어나는 콘텐츠가 게임이다. 콘텐츠의 이용자 영역에서는 대개 '죽도록 즐기기', '팬덤 만들기'라는 과정이 나타나게 마련인데, 게임은 유저들이 그런 과정에 덧붙여 모드mode라는 특별한 영역을 생성시킨다. 모드는 특정 게임 유저들이 게임을 플레이한 후 이를 변형한 새로운 버전의 게임을 만들어 유저들끼리 공유하는 것이다. 모드를 만드는 것은 게임계의 오랜 전통이다. 모드를 만드는 사람을 모더moder라고 부르는데, 이런 모드로부터 발전한 새로운 게임이 탄생하기도 한다. 모더들이 모드를 만드는 동기는 무엇일까?

모더들은 우선 자기가 플레이한 게임에서 문제가 있다고 생각한 것을 개선해서, 혹은 그 게임의 요소 중에서 자기가 좋아하는 것을 극대화해서 모드로 만든다. 모드는 문제 해결을 하려는 의지의 소산이다. 그리고 그 문제 해결을 통한 이익을 다른 사람들과 공유하려는 특성을 갖기도 한다. 자신이 문제 해결을 한 모드에 다른 사람들이 지지를 보내며 플레이한다면 그것으로부터 만족을 얻는 것이다. 자신이 만든 모드 게임이 타인에게 인정받는다는 것은 자신의 내면을 표현한 결과물이 인정받는다는 것을 뜻한다. 모더들은 모드를 만들 때 자신이 좋아하는 것, 자신이 표현하고 싶은 것을 담기 때문이다. 자기가 좋아하는 게임들을 서로 결합하는 경우도 있고, 다른 게임의 캐릭터만을 가져와 모드에 넣는 경우도 있다. 모더들은 모드를 통해 '자유로움'을 행사한다고 느낀다. 또 그러한 이유로 자발적으로 노동하며 동시에 유저들의 평가에도 민감하다.

그런데 모더들이 말하는 '자유로움'에는 어떤 특성이 있다. 자신이 갖고 있는 기술을 어떤 정해진 틀에 맞추어 끼워 넣는 것이 아닌, 자신의 기술을 발휘할 수 있는 개인 작업의 결과물을 내고 싶다는 의미에서의 '자유로움'이다. 모드를 개발한 한 모더는 이렇게 말한다.

제 본업이 게임 3D 모델러입니다. 정해진 틀에 맞춰진 회사 작업보다 조금 더 자유로운 작업을 하고 싶었습니다. 모딩을 통해 제 캐릭터들의 이야기를 더 고유하게 만들 수 있었습니다. 장비, 텍스처, 맞춤형 집 등을 추가하며 캐릭터를 더욱 특별하게 만들었죠. 저는 '게임에서 보고 싶은 것을 먼저 만들어라.'는 모딩 철학을 믿고 있습니다.[22]

모드는 탈대본의 과정이자 결과다. 기존의 게임이 아무리 인기가 있다 해도 그것의 허점을 찾아내고, 더 나은 방식을 고민한 결과물이다. 일반적인 상품처럼 생산자는 생산하고 소비자는 사용만 하는 것이 아니고, 소비자도 세밀하고 구체적으로 생산자의 대본을

다 파악하고서 문제점을 찾아 탈대본의 길로 들어선다. 이때, 대본은 완전히 해체되기보다는 분해되고 재조합된다. 탈대본의 모드에서는 '전인적 인간'이 자본이다. 자신이 갖고 있는 지식을 발휘하며 자유로움을 느끼고, 그 자유로움을 통해 타인과의 관계를 만들어가기 때문이다.

현존감의 두 얼굴: 중독과 치료

디지털 공간과 컴퓨터 게임이 '중독'을 일으키는 주범이라는 것은 너무 오래된 얘기다. 중독이라는 말은 그 단어와 결합된 어떤 것도 긍정적인 의미로 쓰이기 어렵게 한다. 그 어떤 착하고 아름다운 여인이어도 '마녀'라는 말이 붙는 순간 모든 긍정적 측면은 사라지고 죽임을 당해야 할 사람이 되듯이 말이다. 그러나 디지털 공간과 컴퓨터 게임을 중독의 프레임에서 치유의 프레임으로 옮기려는 세력도 점점 커지고 있다.[23]

디지털을 몰입과 치유의 프레임으로 보는 대표적인 학자로는 스탠퍼드대학의 베일렌슨이 있다. 그의 《두렵지만 매력적인》에 따르면, 디지털이 구현하는 가상현실은 '현존감presence'이 주는 생생함 때문에 사람들의 뇌에 막대한 영향을 끼친다.[24] 그 영향 중에는 당연히 어두운 측면에서 전망하는 것들도 많다. 사람은 특정 행위를 보는 것만으로도 그를 따라 할 확률이 높아지는데, 생생하게 느낀 가상현실에서 본 것을 따라 할 가능성은 더욱 크다. 만약에 어떤 사람이 가상현실에서 '지속적으로 폭력적인 게임'을 반복 플레이한다면, 그는 실제로도 폭력적인 성향을 보일 수 있다. 반대로, 가상현실이 현실에 비해 근사하고 즐거울 경우 실제 삶에서 도피할 수도 있다.

이런 면들 때문에 가상현실 자체를 용도폐기하자는 주장도 있지만 이는 기술에 대한 잘못된 접근이다. 가상현실은 그저 훌륭한 도구일 뿐 그것을 활용한 결과가 선한지 악한지는 어디까지나 '인간이 기술과 어떻게 관계를 맺는가'에 달려 있다. 베일렌슨은 가상현실을 활용할 때 "그것이 꼭 필요한 경험이며 오직 가상현실로만 구현될 수 있는 것인가"를 자문해보라고 제안한다. 타인을 살해한다거나 하는 등의 가상현실은 그 생생함 때문에 정신을 망가뜨릴 수 있다. 따라서 이런 것은 만들 수 있다 해도 만들지 말아야 한다. 반면에 환경오염의 심각성을 전달하는 메시지라든가, 실제 경기 이전의 실전훈련을 구현하는 가상현실은 효과를 기대할 수 있기에 만들어야 한다.

꼭 필요하고 오직 가상현실로만 구현될 수 있고 효과를 기대할 수 있기에 만들어야 하는 가상현실로 대표적으로 꼽히는 것이 각성제 관련 대체물이다. 미국 등 서구권에서는 성인 주의력결핍과다행동장애(이하 ADHD) 치료에 애더럴Adderall이라는 각성제가 주로 처방되는데, 이 애더럴의 주성분은 암페타민이다. 중추신경계를 흥분시키고 기민성을 증가시키는 효능을 갖고 있다. 과거에는 아돌프 히틀러가 애용한 것으로 유명했고, 집중력을 높여준다는 점 때문에 미국 대학생들이나 스포츠 선수들 사이에서 널리 사용됐던 오래된 약물이다. 암페타민은 흔히 필로폰으로 불리는 메스암페타민과는 전혀 다른 물질이지만, 부작용이 뚜렷하고 남용 우려가 있기 때문에 2급 규제 약물로 처방전이 필요하다. 테바 파마슈티컬 같은 암페타민 제조업체들은 미 마약단속국DEA의 철저한 모니터링을 받으며, 각 회사에서 생산할 수 있는 약물의 양에 대해서도 엄격한 제한을 받는다.

그런데 ADHD 치료제 시장에 약물이 아닌 게임이 나타났다. 2020년에 아킬리 인터랙티브Akili Interactive에서 어린이 ADHD를 치료할 수 있도록 만든 비디오게임 〈인데버 알엑스EndeavorRx〉가 미 식품의약국FDA 승인을 받았다. 〈인데버 알엑스EndeavorRx〉는 호버보트를 타고 함정을 피하며 달리는 일종의 레이싱 게임인데, 얼핏 보면 다른 게임과 다를 바 없는 화려한 그래픽과 재미 요소를 갖추고 있다. 그러나 이 게임의 설명서는 '약물 사용 설명서'에 가깝다. 7년간의 임상실험 결과에 의하면, 이 게임을 일주일에 5일, 하루에 25분씩 한 어린이 중 3분의 1은 4주 뒤 주의력 결핍이 기준치보다 개선되는 효과가 나타났다. 다만 〈인데버 알엑스〉는 약물 등 다른 유형의 치료와 병행해야 하는 조건이 붙어 있다.

아킬리 인터랙티브는 "〈인데버 알엑스〉는 휴대전화나 태블릿을 좌우로 기울이면서 동시에 엄지로 화면 하단 모서리를 눌러야 하는 등 한 번에 수행하기 힘든 작업으로 구성돼 있다."면서 "이런 강제적인 환경은 사람의 두뇌가 수행하기 어렵고, 이 덕분에 모든 종류의 주의 능력을 향상시킬 수 있다."고 설명하고 있다. 성인용 ADHD 디지털 치료제 〈인데버 OTC〉 역시 아킬리 인터랙티브에서 만들었다. 〈인데버 OTC〉는 〈인데버 알엑스〉와 비슷한 구조이지만, 비처방 치료제이기 때문에 누구나 앱스토어에서 내려받아 사용할 수 있다. 가격은 한 달에 10달러로, 하루 25분씩 주 5일, 최소 6주간의 사용이 권장된다.

고령화 시대에 치매는 가장 큰 고통을 주는 병이다. 치매 앞에 기대수명 연장은 재앙이 된다. 한국에서 연간 치매 관리 비용은 20조 8,000억 원에 달한다. 전체 GDP의 약 1% 수준이다. 중증 환자의 연간 치료비는 3,000만 원이 넘어간다. 그리고 이 숫자는 앞으로 계속해서 커질 수밖에 없다. 보건복지부의 2070년 추정 치매 환자 수는 무려 340만 명이다. 이에 따라 연간 치매 관리 비용도 236조 원으로 폭증할 것으로 예상되고 있다.

알츠하이머는 치매의 가장 흔한 유형으로, 전체 치매 사례의 약 70%를 차지한다. 알츠하이머의 원인은 아직 정확히 밝혀지지 않았다. 현재까지는 뇌에 베타아밀로이드 단백질이 비정상적으로 쌓여 덩어리(플라크)가 생기는 것을 원인으로 보는 '아밀로이드 가설'

이 대세다.[25] 치매약도 있지만 효과와 부작용 면에서 여전히 완벽하지 않다. 인지기능 저하 감소 효과도 대략 30% 내외이며 뇌부종이나 출혈 같은 부작용도 많다.

그런데 미디어 이용과 치매의 관계를 밝히려는 연구들이 있어 흥미롭다. 그중 영국인 50만 명의 건강데이터가 있는 바이오뱅크Biobank를 활용한 연구들이 있는데, 이 연구에서는 모두 텔레비전 시청이 치매의 발생을 높이는 것으로 증명되었다. 반면, 컴퓨터 사용의 경우 치매 발생을 낮추는 것으로 발표되었다.[26] 미국 서던캘리포니아대학 연구팀도 영국 바이오뱅크에 모인 50만 명 이상의 데이터를 분석해 좌식 여가활동과 치매 사이의 상관관계를 조사했다. 연구팀은 치매를 진단받지 않은 60세 이상 노인 14만 5,000명 이상이 즐기는 좌식 여가활동을 조사한 후 12년간 추적 관찰했다. 그 결과, 텔레비전 시청 시간이 긴 사람일수록 치매 위험률이 24% 높았고, 반대로 컴퓨터를 많이 사용하는 사람일수록 치매 위험률이 15% 낮았다.[27]

그렇다면, 컴퓨터는 나이에 따라서 다른 치료 효과를 갖는다는 것인가? 유아와 청소년에게는 중독을, 노인에게는 치유를 준다는 것은 결국 컴퓨터와 콘텐츠 그 자체가 아니라, 그 세대가 처한 사회적 상황이 컴퓨터와 콘텐츠의 좋음과 나쁨을 평가하는 것으로 귀결된다. 사물의 속성은 그것의 고유한 속성이 아니라 그것을 둘러싼 사회적 상황이 결정한다. 콘텐츠도 예외는 아니다.

'세상에서 가장 긴 거리'의 교육적 효과

텔레비전이 바보상자라고 불리지만, 그 콘텐츠가 인간의 사고에 부정적인 영향만을 끼치는 것은 아니다. 텔레비전도 미디어 기술의 집약체이며, 이를 어떻게 활용하느냐에 따라, 그러니까 통념에 빠진 콘텐츠인지 그렇지 않은지에 따라, 콘텐츠와 인간이 갖는 관계에 따라 달라진다. 그 사례로 미국의 대표적인 장수 프로그램 〈세서미 스트리트〉가 있다.

〈세서미 스트리트〉는 50년 이상 방영되고 있는 미국의 유아 프로그램이고, 현재 150개 국가에서 방송되고 있다. 〈세서미 스트리트〉 방영 초기인 1969년과 1970년대에는 시청률이 30%에 육박했다. 〈세서미 스트리트〉는 애초에 공익적 목적으로 제작되었다. 유아들이 볼 수 있도록 재미있게 만들되 언어, 사회포용 등 교육적 목적을 포함했다. 그래서 지금도 제작에 연방정부의 재정 지원을 받는다. 전 세계의 유아들을 교육시킨다는 의미 때문에 '세상에서 제일 긴 거리'라 불리는 〈세서미 스트리트〉에 2021년 11월 15일 한국인 캐릭터인 지영이 등장했다.

지영 캐릭터의 등장은 아시아인 대상의 혐오범죄가 증가하는 것을 고려해서 나온 결정이다. 지영은 타미르와 웨스, 일라이자 같은 머펫(캐릭터)처럼 인종 문제에서 '업스탠더upstander'(침묵하는 것이 편할 때 나서서 행동하는 사람)가 되는 법을 아이들에게 알리고자 등장했다. 지영이 인종 문제만 얘기하는 건 아니고 노래도 하고 연주도 하고 스케이트보드도 타고 부채춤도 춘다.

지영의 등장에 대해, 한국의 높아진 위상 때문에 한국계 캐릭터가 선정되었다는 일부 언론의 보도가 있었다. 완전히 틀린 분석은 아니지만, 실제는 약간 결이 다르다고 할 수 있다. 오히려 아시아계 미국인 중에 한국계인 지영이 선택된 중요한 이유는 한국계 퍼펫티어puppeteer(인형술사)의 존재 때문이다. 제작진들이 아시아계 캐릭터를 출연시키기로 결정하자 아시아계 캐릭터를 연기할 수 있는 인형술사가 필요했는데, 마침 한국계 캐서린 김이 있었다. 머펫을 조종할 수 있는 숙련된 인형술사의 수 자체가 많지 않은 데다 아시아계 인형술사는 더욱 없었던 참에 머펫 인형술을 오랫동안 익혀온 캐서린 김이 눈에 띈 것이다. 캐서린 김은 이민자로서, 가족들끼리 한국말만 썼기 때문에 자신이 영어 공부를 위해 어릴 적부터 〈세서미 스트리트〉를 즐겨 보았던 경험이 있다고 한다.

언어 능력과 공감 능력이 길러지는 중요한 시기인 3~5세의 유아들에게 〈세서미 스트리트〉는 언어와 사회성을 집중적으로 교육한다. 특히 〈세서미 스트리트〉는 따로 영어 공부를 할 시간이나 자원이 부족한 비영어권 이민자 가정 유아들에게 아주 중요한 콘텐츠였다. 머펫 캐릭터는 유아들로 하여금 자연스럽게 콘텐츠에 집중하게 했고, 몰입은 효과를 낳았다.

실제로 이런 〈세서미 스트리트〉의 교육적 효과—흔히 〈세서미 스트리트〉 효과sesame street effect로 불린다—가 어느 정도인지를 측정한 흥미로운 연구가 있다. 2019년 *American Economic Journal*에 발표된 이 연구의 접근 방법은 좀 특별했다. 〈세서미 스트리트〉가 처음 미국에서 방영되었을 때 모든 지역에서 방송된 것이 아니고 UHF 채널이 설치된 특정 지역에서만 방송된 것에 착안했다. 〈세서미 스트리트〉가 방송된 지역과 방송되지 않은 지역의 미취학 아동들에 대해 취학 후 언어 성적을 상호 비교한 것이다.[28]

〈세서미 스트리트〉는 1969년 첫 방영 즉시 큰 성공을 거두었고, 1970년 1월까지 500만 가구 이상이 〈세서미 스트리트〉를 시청했다. 그 당시 미국 인구의 약 3분의 2가 〈세서미 스트리트〉가 방영되는 지역에 살았는데, 1970년에는 2~5세 인구 중에 28~36%가, 1971년에는 33~42%가 〈세서미 스트리트〉를 시청했다고 한다. 그 당시 유아 프로그램은 많이 있었지만, 언어 교육을 본격적으로 담은 프로그램은 〈세서미 스트리트〉가 유일했다.

분석 결과는 놀라웠다. 〈세서미 스트리트〉를 시청한 지역과 그러지 않은 지역의 코호트별 초등학교, 중학교, 고등학교 언어 성적을 비교했을 때, 시청한 지역이 평균 약 14% 더 높은 점수를 얻었다. 〈세서미 스트리트〉 시청 여부로 인한 점수 격차는 남녀 공히 나타났으며, 백인과 아시아계에서보다 흑인과 히스패닉에서 더 크게 나타났다. 경제적으로 취약한 인종에게 〈세서미 스트리트〉 효과가 더 크게 나타난 것이다. 이러한 차이는 〈세서미 스트리트〉를 시청한 유아들이 성인이 되어서도 그에 상응하는 더 높은 임금을 받을 수 있다는 것을 의미한다.

〈세서미 스트리트〉 효과에 대한 이 연구는 〈세서미 스트리트〉와 같은 콘텐츠와 그것에 접근할 수 있는 인프라가 매우 중요함을 시사한다. 〈세서미 스트리트〉처럼 재미있으면서도 효과적인 학습이 가능하고, 즐거우면서도 사회적 포용력을 기를 수 있는 양질의 콘텐츠에 접근할 수 있는 기회가 많을수록, 구체적으로 말하면 그런 기회를 제공하는 곳에 쉽게 접근할 수 있는 위치에 있을수록 그 이용자가 계층이동을 할 수 있는 기회도 늘어날 것이다. 쉽게 접근할 수 있는 사람이 누구인가만큼이나 쉽게 접근할 수 있는 콘텐츠가 무엇인가가 그 사람의 지위를 결정하는 것이다.

8장

이동하기
문화 엘리트의 공간들

'창조성 민주주의'의 파동

2024년, 콘텐츠업계에서 세간의 주목을 받는 사건이 일어났다. 바로 한 아이돌그룹 기획사 대표의 '기자회견'이었다. 그는 엔터테인먼트업계를 호령하는 대기업과 그 오너에게 '맨땅에 헤딩'하듯 돌진했다. 그 대기업의 '일개 계열사' 대표이면서 말이다. 그가 기자회견에서 한 말의 옳고 그름, 사실과 거짓, 배경과 이유를 따지기 전에 주목할 만한 부분은, 이 사건이 보여주는 '일을 대하는 한국인의 정신'이다. 그것은 한국이 지금까지 가져온 대기업에 대한 인식과 그에 딸린 계열사 기업의 관계에 관한 '일반적인 태도'에 대한 것이다. '하청 계열사'는 대기업 오너와의 위계를 스스로 수용하고 받아들여야 하는 것이 우리 경제의 역사이자 행위자의 통념인데, 그는 그러지 않았다. 모기업을 위해 복종하고 희생하는 일차적 전략이 아닌, 공영공생을 명분으로 일탈하고 저항하는 '이차적 전략'을 썼기 때문이다. 지금까지 한국 기업 문화에서 이차적 전략은 곧 소멸의 길이었다. 이차적 전략의 동기조차 욕망 속에 생성되지 않았다.

그런데 콘텐츠 분야에서는 달랐다. 이차적 전략이 콘텐츠업계에서만 '예외적으로' 나타난 이유는 콘텐츠라는 분야 자체가 가지는 특징 때문이다. 콘텐츠는 창작의 영역이고, 그래서 콘텐츠가 산업이 된다는 것은 그 창작의 영역이 더욱 강력한 영역으로 구축된다는 뜻이다. 이른바 개인이 생산수단을 소유하고 통제하는 창작자경제creator economy가 콘텐츠산업에서 꽃피는 것이다. 창작은 결국 내면에서 나오고 개인 내면의 표현은 바로 자유와 직결되기 때문에, 콘텐츠산업은 그 산업이 커질수록 개인 고유의 특성이 더 강력하게 투영된다고 볼 수 있다.

창작의 힘이란 일정 부분 돈으로부터 거리를 둘 수 있는 능력이다. 돈이 있다고 창작 능력이 바로 발휘되는 것도 아니고, 창작 능력을 돈 벌기만을 위해 쓰는 것도 아니다. 창작 능력 자체는 자기 존중과 연결되어 있고 이것이 투자와도 연결된다. 예를 들어, 창작자들은 다른 조건이 동일하다면 사사건건 창작에 개입하는 투자자보다 창작의 자유를 확실하게 보장해주는 투자자를 훨씬 더 선호한다. 새로운 투자방식은 기존의 구독 모델에서 후원 모델로까지 확대되고 있다. 미국의 페이트리언Patreon 같은 플랫폼은 창작자들을 위한 크라우드 펀딩으로 팔로워 집단으로부터 직접 수익을 창출할 수 있다. 콘텐츠가 이끌고 있는 창작자 중심 경제는 제작의 방식만이 아니고 투자의 방식도, 나아가 일하는 사람들의 네트워킹 방식도 바꾸고 있다.

다중격차의 시작: 2015년 체제

콘텐츠산업은 애초 작은 산업이었다. 한국의 경우, 콘텐츠산업의 규모가 급격히 성장한 시기는 2015년 이후다. 바로 게임과 케이팝이 이끄는 콘텐츠산업이 한국의 산업에서 괄목할 만한 두각을 보인 것이다. 그렇다면, 콘텐츠산업과 그것이 끼친 변화가 왜 2015년에 와서야 두드러졌을까?

한국의 경제는 수출을 주도하는 제조 대기업에 크게 의존하고 있으며, 이들 제조 대기업은 글로벌 수요에 기반하고 있다. 그래서 산업이 발달하더라도 내수 시장의 확대로 바로 연결되지 못했다. 한국의 경제에서 내수 시장 기반의 산업은 상당히 취약했다. 그러나 2010년 이후 스마트폰의 등장은 내수 시장의 공식을 완전히 바꾸었다. 스마트폰을 필두로 한 온라인 상거래와 유튜브가 등장하면서 국내의 소비가 글로벌 수요와 바로 연동되기 시작한 것이다. 아마존에서 물건을 구매하고, 안드로이드와 IOS를 통해 글로벌 콘텐츠를 바로 구독해서 보는 시대가 되었다. 이 시점에 한국에서는 온라인 상거래 대기업이 탄생했고, 콘텐츠 관련 글로벌 기업이 등장하기 시작했다.

특히 콘텐츠는 글로벌 수요를 기반으로 드라마틱하게 성장했다. 콘텐츠기업들은 장비보다는 인력에 전폭적으로 의존하고 있어서 '성장이 곧 고용'으로 이어졌다. 2010년 이후 한국의 산업에서 고용은 콘텐츠 관련 산업이 이끌어갔다고 해도 과언이 아니다. 한국 100대 기업의 고용 증가 현황을 보면, 콘텐츠기업이라 할 수 있는 네이버와 카카오, 넥슨, 엔씨소프트 등의 고용 인력은 지난 20여 년간 극소수에서 시작해 수천 명으로 증가했다.

2010년 이후 소비 영역의 확대는 스마트폰의 영향이 컸다. 아이폰에서 시작된 스마트폰의 글로벌 확산은 전 세계 국가 중에서도 한국에서 가장 두드러졌다. 한국은 스마트폰이 최단시간에 전 국민에게 보급되는 기록을 세웠다. 메가 도시화, 도시 집중화로 인한 높은 인구밀도 덕택이다. 내 손 위에 펼쳐진 거대한 가상의 공간에는 백화점, 마트보다 수백 배 더 큰 공간이 들어섰다. 내 손 위에서 글로벌 환경이 펼쳐진 것이다.

구매도 가상의 환경에서 이루어졌다. 온라인 쇼핑이 대세로 자리 잡았고, 가상환경은 빠르게 물적 환경을 대체하기 시작했다. 사람들은 음반을 사러 가지도, 영화를 보러 가지도, 오락실에 들르지도 않게 되었다. 반면, 매달 나가는 고정비용에서 OTT, 영상, 음악, 게임 등에 대한 구독 비용이 큰 폭으로 증가했다. 최근 4년간의 통계만 보더라도 국내 가구가 매달 지출하는 콘텐츠 구입비는 2019년 1만 8,812원에서 2023년 2만 3,304원으로 4년 사이에 23.9%나 늘었다. 특히 40세 이하 젊은층 가구의 경우 지출 상승률은 40% 가까이 늘어나 2023년 3만 4,395원까지 증가했다.[1]

이러한 소비의 전환은 바로 고용의 변화로 나타났다. 고용 면에서 보자면 반도체와 배터리, 자동차 분야도 그동안 크게 성장했지만, 이들 산업에서의 인력 고용은 기술 및 공학 분야에 한정되었고, 또 이들 제조업체는 수도권 외곽이나 지방에 공장을 두는 경우가 많았다. 또한 기업의 성장만큼의 취업유발 효과도 크지 않았다. 반도체의 취업유발계수(경제활동이 10억 원 늘어날 때 직·간접적으로 창출되는 고용자 수)는 2.1명 정도인 반면, 콘텐츠산업의 취업유발계수는 14명으로, 반도체산업의 7배에 달한다.

한편, 콘텐츠산업 중 게임 시장은 산업 성장률이 2015년부터 급속히 높아지기 시작하는데, 국내 게임 시장 규모는 2015년 10조 원에서 2021년에 20조 원으로, 6년간 100%, 연평균 약 14%씩 성장했다. 그런데 2021년 기준 게임 제작 및 배급 종사자는 45,262명으로, 이는 2015년의 온라인·모바일 게임 제작 및 배급 종사자 34,306명보다 1만 명 이상 증가한 수치다. 여기에 PC방 직원까지 더하면 2021년의 게임 관련 산업 종사자 수는 약 8만 명에 달한다.

게임 시장을 필두로 한 콘텐츠 시장의 성장은 제조업과 달리 공장 부지가 필요 없어 대부분의 매출액과 고용 창출이 서울과 수도권(86%, 2019년)에서 이루어졌다. 그러니까 2015년부터 2021년까지 6년간 콘텐츠 분야에서만 신규 고용이 3만 명 이상 증가했는데 대부분의 일자리가 수도권에서 창출되었고, 그 지역도 서울 강남과 강서, 서울 이남 수도권 지역에 집중되어 있다.

콘텐츠산업은 대부분 중소규모 업종이고 청년 세대의 창작과 기획 역량에 의존하기 때문에 인력 확보가 용이한 수도권에 터를 잡게 된다. 청년들은 '주변에 사람이 없는 넓은 사무실'보다는 '주변에 사람이 북적이는 좁은 사무실'을 더 선호하기 때문이다. 이렇게 '청년 친화적 일자리'를 찾아 수도권으로 이주하는 청년이 급격히 증가했다. 그런데 문제는, 콘텐츠산업의 성장에도 불구하고 한국 청년들의 삶은 계속 열악해지고 있다는 것이다. 아니, 오히려 한국 청년들이 직면한 사회환경의 열악함이 콘텐츠산업을 열망하도록 만들고 있다는 말이 맞을 것이다. 이런 한국 사회의 열악함이 폭발한 것이 바로 2015년이기도 한 것이다.

그렇다면 왜 2015년일까? 사회현상이란 천재지변처럼 갑자기 나타나지 않는다. 사실 천재지변일지라도 인간이 알아채지 못할 뿐,

물리적 동학의 축적으로부터 발생한다. 일자리를 둘러싸고 한국 사회에 '축적된 동학'을 읽을 필요가 있다.

한국의 사회경제적인 구조는 몇 가지 점에서 2000년 이후 급격히 바뀌고 있다. 앞서 스마트폰을 통해 소비 측면의 변화를 살펴보았으니, 여기서는 대기업과 중소기업의 격차를 통해 생산 측면의 변화를 살펴보자. 2000년 이후 생산 영역에서의 가장 눈에 띄는 큰 변화는 대기업과 중소기업 간의 격차가 꾸준히 확대되어 2015년 정점에 다다랐다는 점이다. 그것은 이윤과 임금의 격차인데, 2000년 이후 대기업의 이윤은 계속 늘어갔고 중소기업의 이윤은 계속 줄어가다가 2015년에 와서 그 차이가 극대화한다.

이에 따른 임금 격차도 심화했다. 대기업 대비 중소기업의 임금 평균은 1990년대 70%였으나 2003년 67.9%로 떨어졌고, 2015년 53.1%로 거의 반토막이 났다.[2] 50%의 임금 격차는 '동등한' 소비가 불가능하게 만든다. 중소기업에 다녀도 최저임금 이상을 받기는 하겠지만, 상대적 박탈감은 극대화되는 것이다. 한국 경제에서 고용의 큰 몫을 담당하는 중소기업의 일자리는 2015년에 이르러 더 이상 '괜찮은 일자리'가 아님을 판정받은 셈이다.

대기업과 중소기업의 이윤 격차, 임금 격차 확대는 결과적으로 수도권으로의 집중을 심화하는데, 이유는 제조 대기업의 하청 역할을 수행하는 중소기업 대부분이 지방에 소재하면서 지방의 산업과 고용을 담당하고 있기 때문이다. 그래서 중소기업의 경쟁력

붕괴는 곧 지역 경쟁력의 붕괴로 직결된다. 청년들이 괜찮은 일자리를 찾으려면 서울로 갈 수밖에 없는 것이다. 1960~70년대 서울로의 이동으로 강남 개발이 추진된 것처럼, 이번에는 서울이 꽉 차 그 주변인 수도권이 거대 팽창하게 된 것이다.

좋은 일자리를 두고 벌이는 경쟁은 모든 분야로의 경쟁으로 확대되었다. 초등학교 입학 전부터 학원 뺑뺑이를 돌며 지출되는 엄청난 사교육비는 한국인으로 하여금 연애, 결혼, 출산 같은 '비경제적 활동'을 뒤로 미루게 만든다.

이러한 상황은 한국인의 인생관에도 그대로 반영된다. 2001년에서 2016년으로 15년이 흐르는 동안 1인당 GDP는 1만 1,000달러에서 3만 달러로 상승했지만, "인생은 고역이다."라고 생각하는 사람들의 비율이 25.9%에서 32.4%로 증가했다. 15년 동안 청년들의 인식 변화는 더욱 극적이다. "돈이 많은 사람이 성공한 사람"이라는 시각이 20대(2001년 36.7%→2016년 54.2%)와 30대(2001년 34.8%→2016년 54.2%)에게서 더욱 뚜렷해진 것이다.[3] 격차의 확대로 인해 물질주의 가치관은 청년층에 고착되었다. 한국 청년들의 마음의 특징이 '낭만성'에서 '조바심'으로 바뀐 것이다.

그간 우리 사회를 지배해온 경쟁의 논리는, 대기업과 중소기업의 이런 격차를 정당화한다. 이런 격차를 이겨내기 위해 더욱 노력해야 한다고 말이다. 그런데 과연 대기업과 중소기업의 격차는 정당할까? 대기업이 중소기업보다 그만큼 잘해서 이런 격차가 발생했을까?

대기업의 연도별 생산성 상승 자료를 검토해보자. 대기업 성장률의 연도별 추이를 보면 전체 기업 규모별로는 대기업의 생산성이 높게 나타나지만,[4] 다른 지표들은 이를 부정하고 있다. KDI의 한 보고서는 2006~15년 상용노동자 50인 이상, 자본금 3억 원 이상 기업을 대상으로 생산성 둔화요인을 분석했다. 그 결과, 기업 간 자원배분 효율성이 감소하며 전체 기업의 생산성 증가율이 매년 0.4~0.7%포인트씩 낮아진 것으로 분석됐다. 분석 기간을 2011~15년으로 좁히면 증가율 하락폭이 1.5~1.8%포인트에 달했다.

자원배분 효율성은 생산성이 높은 기업에 얼마나 많은 자원이 투입됐는지를 나타내는 지표다. 자원배분 효율성 악화는 생산성이 낮은 기업에 자원이 쏠리고 있다는 의미다. 자원배분 효율성 하락은 특히 대기업 집단에서 두드러졌다. 보고서는 "대기업 집단의 자원배분 효율성은 2007년 이후 악화 추세에 접어들었다."며 "2015년에는 국내 기업 전체의 노동생산성 증가율을 2.4%포인트, 총요소생산성 증가율을 3.7%포인트 낮췄다."고 설명했다.[5] 총요소생산성은 노동, 자본 등 '물적' 생산요소를 얼마나 효율적으로 활용하고 있는지를 측정하는 지표로, 우리나라 경제의 총요소생산성 증가율은 2011년 이후 연평균 1%를 밑도는 것으로 나타났다.

대기업의 생산성 저하와 고용 없는 성장 속에서도 대기업 종사자의 임금은 계속 증가했고, 이로 인한 중소기업 종사자들의 박탈감이 커지면서 인력 유입에도 한계가 노정되었다. 중소기업의 위축과 저고용의 확산은 결과적으로 괜찮은 일자리의 축소로 나타났고, 소수의 괜찮은 일자리를 두고 벌이는 경쟁이 격화되어 결국 '초경쟁'의 시대로 접어들었다. 이는 괜찮은 일자리와 괜찮은 일자리를 얻을 수 있는 학력과 스펙을 갖출 만한 환경이 있는 수도권으로의 대규모 이동과 비수도권의 공동화라는 결과를 낳았다.

공동화된 비수도권에 거주하는 사람들은 물론, 좁은 수도권에 모여든 청년들의 삶 또한 전례 없이 열악해졌다. 일자리를 찾아 '인서울'한 청년들은 오히려 더 불행해졌다. 인서울 청년층은 외로움과 만족도 등 모든 삶의 질 지표에서 최하위로 떨어졌다.*

이처럼 2015년 전후는 대기업과 중소기업의 격차 확대, 그리고 괜찮은 일자리의 붕괴, 수도권으로의 청년 대이동 등 일련의 사회

---

* 2023년 국회미래연구원이 전국 7대 도시에 사는 청년들을 대상으로 삶의 만족도를 조사한 결과 부산이 10점 만점에 7.34점을 획득해 가장 높았고, 인천은 6.14점을 기록해 가장 낮았다. 대전(7.04점)이 부산에 이어 2위에 올랐으며 그 뒤로 대구(6.86점), 서울(6.82점), 울산(6.66점), 광주(6.50점) 순이었다. 여러 조건 가운데 특히 출퇴근 시간과 외로움·우울감이 만족도에 큰 영향을 끼친 것으로 나타났다. 외로움 항목에서는 인천이 4점 만점에 1.40점으로 가장 외로움을 많이 느꼈고, 뒤이어 서울(1.33점), 광주(1.25점), 대전(1.20점), 대구(1.18점), 부산(1.16점), 울산(1.13점) 순으로 나타났다. 평균 통근 시간은 서울이 71.77분으로 가장 길게 나타났고, 그다음이 인천(66.01분)이었다. 부산(43.97분), 울산(43.39분), 광주(39.85분), 대구(38.40분), 대전(34.37분)은 큰 차이가 없었다. 이는 일자리를 찾아 수도권으로 온 청년들이 타지 생활을 하면서 느끼는 외로움이 삶의 질을 떨어뜨리는 요인으로 작용한 것으로 분석된다. 2022년 한 해 동안 서울은 2만 6,359명, 인천은 1만 1,408명 순유입이 발생했다.[6]

경제적 현상의 상호 연동으로 다중격차가 발흥했고, 이는 결과적으로 수도권 일극주의로 나타나면서 부동산부터 교육시스템까지 모든 '한국적 부조리'를 심화시켰다. 이러한 다중격차의 체제가 이후 한국 사회의 특성을 규정하게 되므로 이를 '2015년 체제'라고 명명할 수 있겠다.

대도시의 중산층

'품위 있는 일자리'는 점점 줄어들고 있지만, 품위 있는 일자리에 대한 선망은 점점 더 한국 사회를 지배하는 문화가 되었다. 문화는 대중이 바라보는 시선에 의해 형성되고, 그 시선이 한곳을 향하면 그곳이 모방의 근원지가 된다. 그리고 어느새 품위 있는 일자리의 대표 모델은 대기업이 차지했다. 대기업을 긍정적으로 바라보는 인식은 대중의 시선을 쉽게 빼앗는 대중문화를 통해 급가속했다.

한국 드라마의 직장 배경은 예외 없이 대기업과 전문직이다. 특히 상속 경영자는 한국 드라마에서만 존재하는 캐릭터다. 사회에서는 한 줌의 비율도 안 되는 존재가 드라마에서 차지하는 비중은 30%가 넘는다. 그런데 드라마에서 기업인과 기업 상속자는 2010년 이후에 더 많이 등장하고 또 성격도 바뀌고 있다. '악한 부자'에서 '착한 부자'로 변화한 것이다. 예컨대 과거 드라마에서 재벌이 악하게 나왔던 이유가 있다. 그 재벌이 악하다 해도 주변 사람은 돈과 지위를 위해 그에게 복종해야 하기에 그런 관계가 갈등을 그려내기에 적합했기 때문이었다. 그런데 이제 드라마 속 재벌은 능력과 인성 모두 괜찮게 그려진다. 재벌에 대한 동경은 높아졌고, 대기업은 '시선 독점'의 대상이 되었다.

미디어가 지속적으로 대기업의 이미지를 화려하고 세련되게 그려냄으로써, 우리 의식도 그런 이미지에 젖어드는 중이다. 계층 인식이 대표적이다. 통계는 우리 사회에서 중산층이 조금씩 늘어왔고, 중산층이라고 생각하는 사람도 꾸준히 늘어왔다는 것을 보여준다.* 그런데 다른 조사를 보면 중산층이 늘어난 것은 분명하지만, 특이하게도 거의 상층에 속하는 사람들임에도 불구하고 자신을 중층이라고 얘기한 사람이 많아졌다는 점을 알 수 있다.** 심지어 객관적으로 상층에 속하는데도 자신을 하층이라고 인식하는 비율도 12%나 있었다. 상층인데도 실제보다 자신의 계층이 낮다고 인식하는 경향이 두드러지게 된 것이다.

그 이유는 계층상승의 욕망이 증폭되는 동시에 계층상승의 기

---

* 2011~21년까지 소득중위 60%의 소득점유율은 시장소득과 처분가능소득 기준 모두 일정 수준으로 유지되고 있으며, 다른 나라와 비교하여 양호한 수준이다. 주관적 중산층 인식추이도 2013년 51.4%에서 2021년 58.8%로 점진적으로 증가했다.[7]
** 2021년 기준 월평균 소득 700만 원 이상인 가구의 구성원 중 단 11.3%만이 자신을 상층으로 인식하고 있고, 76.4%가 자신을 중층으로, 심지어 12.2%는 하층으로 인식하고 있었다.[8]

대가 줄면서 능력의 개념과 범주가 바뀌고 있기 때문이다. 부유한 사람들의 생활이 노출되고, 그것을 찬탄하는 이미지들이 늘어나고, '강남의 건물'이 아니면 언젠가 무너질지 모른다는 불안감이 '더 많은 물욕'을 부추기면서 능력주의조차 밀리는 추세다. 지금까지 능력은 학력으로 대표되었지만, 학력은 상속되지 않으며 심지어 학력조차도 부모의 자산을 만나야 성취할 수 있는 시대가 된 것이다. 우리 사회의 가족주의는 1인 가구가 급격히 늘어나는 추세에도 불구하고 여전히 가장 강력한 관념이다. 이는 앞서 언급한 조사에서 주목할 만한 데이터와 연결된다.

객관적인 상층 중에서 스스로를 상층으로 인식한 소수의 그룹(11.3%)은 어떤 특징을 공유하고 있는데, 이들은 객관적으로 자신의 지위를 자식에게 물려줄 가능성이 높고, 또 스스로도 높다고 생각하는 그룹이다. 그런 '계층 대물림의 효능감'이 높은 그룹이 주관적으로도 스스로를 상층으로 분류하고 있었다. 이들은 '교육에 자신의 수입의 반 이상을 쓰는' 그룹이라는 특징도 있는데, 이들은 자신의 수입과 자산을 기반으로 적극적인 미래 투자를 행함으로써 불안감을 효능감으로 바꾸었다.

5.8km에서 580km까지: '강남 궁정'의 탄생

서울특별시의 송파구는 대규모 아파트 단지가 전국에서 가장 많은 지역 중 하나다. 이곳에 전국에서 가장 큰 규모의 아파트 단지가 있는데, 이 단지에 사는 주민만 3만여 명이다. 2024년에 실시된 총선에서 이곳의 현역 국회의원은 재선을 위한 선거운동 당시 자신이 추진했던 사업의 성과를 내세웠고, 지역 주민들에게 상당한 반향을 불러일으켰다. 그것은 바로 옆 동네인 대치동으로의 직행버스 노선 신설이었다. 결과적으로 그 국회의원은 재선이 되었다(전통적으로 보수세가 강한 지역이니 그것 때문에 재선되었다고 보기는 어렵지만 상당한 영향이 있었을 것으로 추정된다). 노선버스 신설이 확정되었던 당시 그 국회의원의 일성은 이렇다.

헬리오시티는 국내 단일 아파트단지 중 최대 규모(9,510세대)다. 약 3만 명이 거주하는 매머드급 단지지만 강남구 대치동 방향으로 운행되는 시내버스 노선이 없어 주민들이 큰 불편을 겪었다. 불과 5.8km 떨어진 거리지만 헬리오시티에서 대치동 학원가까지 이동하려면 버스와 지하철 모두 최소 1회 이상의 환승을 거쳐야 했다. 주민들은 직행노선 개설 시 환승 대기시간 축소 및 다른 지역으로 돌아가는 시간 감소로 이동시간이 20분 정도로 단축될 것으로 기대하고 있다. 배 의원은 "헬리오시티와 대치동 학원가를 잇는 버스 노선 확충은 지난 총선 당시 지역

주민들로부터 지속적인 요청을 받았던 사안"이라며 "헬리오시티 주민 숙원사업인 대치동 학원가 버스 노선 확충 요청이 실현된 것을 진심으로 환영하며, 이번 버스 노선 신설을 결정한 서울시의 입장을 환영한다"고 밝혔다.[9]

국회의원은 자신의 성과에 환호했지만, 이것은 한국인 내면에 깊이 자리한 중산층의 불안감에서 유래한 것이다. 어떻게 나의 지위를 '대대손손' 유지하고 나아가 상승시킬 것인가에 대한 초조함, 언제 나의 지위가 추락할지 모른다는 두려움이 헬리오시티와 대치동 사이 '5.8킬로미터 직행 노선'이라는 물리적 근접성으로 실현되었다. 그리고 노선버스가 확정되는 시점부터 헬리오시티에 산다는 것은 하나의 자산이 되어 자식에게 '좋은 환경을 물려주는 좋은 부모'로 만들어준다.

이제 지자체의 중요한 정책 중 하나는 '일타강사'를 우리 지역에 모셔 오는 것이다. 일타강사가 오는 것은 학습 능력이 부족한 학생에게 큰 도움을 주는, 좋은 정책일 수도 있다. 문제는 일타강사가 오면서 일타강사의 윤리도 같이 온다는 점이다. 괜찮은 일자리를 차지하기 위한 정신무장이다. 소설책에, 만화책에, 게임에, 유튜브에, 그리고 친구들에게 한눈팔지 말고 직진하기다. 일타강사들은 학생들에게 이렇게 주문한다. "경쟁이 너무 심하다느니, 입시가 사람을 잡는다느니, 친구하고 노는 것도 필요하다느니 하는 말들은 몰입에

방해가 될 뿐이다. 오직 앞만 바라보고 다른 사람보다 더 좋은 점수를 받기 위한 목표만이 있을 뿐이다. 정신 집중을 놓치는 순간 모든 것을 놓친다. 핑계와 변명 없이, 합리화와 정당화 없이, 다른 곳으로 빠지지 않고 참고 견딘 자만 보상을 받을 수 있다." 입시 경쟁 체제를 수험생 자신과 일체화시키는 '정신 몰입'은 초경쟁 체제의 승리 지표다. 만약 수험생이 그것 이외의 다른 것을 생각하는 순간 나락으로 떨어진다고 다그친다. 일타강사는 서열이라는 우리 사회의 통념을 콘크리트로 만드는 '타설 공신'이 되었다.

그렇게 헬리오시티의 직행 노선은 지역 발전의 상징이 되고, 그 버스는 버스로 그치지 않고 한국 사회를 규정한다. 그것은 5.8km 보다 더 먼 곳으로 뻗어가서 수도권을 형성하고 580km의 한국을 수도권 중심의 동심원에 가둔다.* 서울 강남이라는 구심이 한국 사회 전체의 구조가 되어버린 것이다. 한국의 중산층은 동심원 구조의 중심으로 빨려 들어간다. 물론 그 와중에 많은 사람은 주변으로 튕겨나간다. 위와 아래가 중요했던 위계의 세계는 이제 중심과 주변이라는 위치의 세계로 바뀐다. 어디에 살고 어디에 있는지가 개인의 삶에서 점점 중요해진다.

---

* 대한민국의 북쪽 끝에서 남쪽 끝까지의 길이는 대략 580km다. 국토대장정(國土大長程)은 국토를 북쪽 끝에서 남쪽 끝까지 걸어서 완주하는 행사를 말하는데, 강원도쯤에서 전라남도까지 약 580km를 코스로 잡고 약 3주에 걸쳐서 진행된다.

확산자, 옴니보어

계층상승 욕구는 사회이동이 생기는 가장 강력한 기반이다. 계층상승 욕구는 주로 정규 교육과정과 '괜찮은 직업' 획득을 통해 해소되었다. 지금은 여기에 콘텐츠가 추가되었다. 계층상승 욕구는 이제 직업의 영역에서 여가와 소비로까지 확장하고 있다. SNS와 유튜브를 주축으로 한 콘텐츠가 계층상승의 새로운 출구가 되었다. 그동안 계층상승이 오직 직업 획득을 통해서만 성공할 수 있었다면, 지금은 여가와 소비라는 개인의 일상 활동을 포괄하고, 이것을 통해 성취를 과시하는 시대가 되었다. 이를 매개하는 것이 바로 콘텐츠다.

콘텐츠가 산업이 되기 이전에 콘텐츠의 소비자가 먼저 존재했다. 오래전부터 콘텐츠 소비층은 단단하게 형성되어 있었다. 할리우드 영화와 팝음악, 일본 애니메이션과 게임 등이 수입되어 들어와서 한국에 대중문화를 즐기는 소비층을 넓혀놓았다. 그 후 국내 콘텐츠산업이 규모를 갖추게 되면서 콘텐츠를 소비하는 집단이 넓어지고 깊어졌다. 이들은 가격이 비싸더라도, 접근이 어렵더라도, 콘텐츠만 좋다면 기꺼이 돈을 지불하고 즐기는 집단이 되었다. 이러한 경향은 특정 장르나 영역에 국한되지 않는다. 창의적인 콘텐츠가 있는 곳이라면, 이들 핵심적인 소비층은 가상이든 현실이든 구애받지 않고 직접 경험해보고 자신의 경험담을 표현하고 네트워크에 노출시킨다.

이러한 '유식한 소비자' 그룹은 특정한 장르에서 혁신적인 분파가 출현하고 발전하는 데 결정적인 역할을 한다. 이들 그룹은 학력 수준이 높고 정규직이며 평균 소득도 높다. 이들은 고전 예술에서 대중문화까지 공히 좋아한다. 이들에게 일터는 안정된 수입을 보장하고 워라밸을 실현하는 곳이며, 여가는 자신의 문화적 소양과 경험을 풍부하게 하는 기회의 시간이다.

2021년에 필자가 조사한 데이터(그림 6 참고)에서 한국인의 여가 활동에서 새롭게 떠오르는 한 그룹이 포착되었다. 소위 옴니보어 Omnivore라고 하는 그룹으로, 특정 장르의 여가만이 아니라 다양한 활동을 모두 즐기는 사람들이다.

세라는 클래식 음악과 미술 애호가입니다. 그녀는 또한 전통적으로 '대중' 영역으로 간주되는 문화도 즐깁니다. 그녀는 라디오헤드를 좋아하고, 자기 지역 아트하우스 영화관을 자주 방문하며, 비평가들의 찬사를 받은 최신 HBO 드라마에 자주 몰두합니다. 그러나 그녀는 리얼리티 TV, 팝콘 블록버스터 및 교육 수준이 낮은 사람들이 즐기는 대중문화는 경멸합니다.[10]

유럽이나 미국에서는 이미 세라Sarah처럼 '잡식하는' 다중취향 그룹인 옴니보어가 예전부터 있었는데, 한국에서도 이제 구획 가

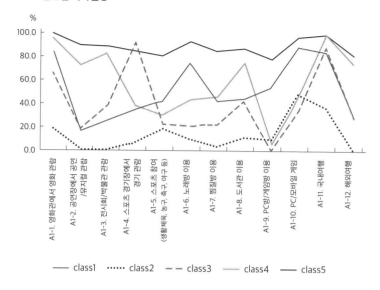

그림 6 **집단별 여가활동**

능한 집단으로 떠오르기 시작한 것이다. 해당 조사는 전국 17개 광역시도의 19~69세 성인 남녀 5,055명을 대상으로 2021년에 약 두 달간 시행되었다. 조사 결과에 따르면, 옴니보어 그룹은 5개 집단으로 분류한 여가활동 집단 중 하나로, 전체의 7.7%를 차지했다(그림 6에서 Class5). 모집단을 확대해서 한국의 5,000만 인구에서 성인 인구를 4,000만 명 정도로 잡고 고령자를 제외한 수치로 환산하면 대략 200만 명 정도다.

위의 조사에서 분류한 한국인 여가집단은 옴니보어 그룹 외에 영화관과 노래방을 많이 이용하는 '대중문화 집단'(Class1), 여가

활동을 거의 하지 못하는 '여가 빈곤 집단'(Class2), 스포츠 경기 관람과 국내여행을 많이 하는 '직관 추구형 여가 집단'(Class3), 전시회/박물관 관람과 도서관 이용이 많은 '탐구형 여가 집단'(Class4)이 있다. 이 중 모든 여가활동 지표에서 높은 활동성을 보이는 것이 '옴니보어 여가 집단'(Class5)이다.[11]

옴니보어 여가집단은 교육 수준이 높고, 수입도 높으며, 주로 서울 및 수도권에 거주하고 있다. 다른 집단에 비해 정규직이 많고, 국내/해외여행을 즐기며 SNS도 많이 이용하는 것을 특징으로 한다. 이들은 적극 소비층으로서, 안정된 수입에다 충분한 여가시간을 확보하며 일상의 이벤트를 찾아다니는 '시간의 포틀래치'들이다.* 옴니보어 그룹이 다른 그룹에 비해 유일하게 뒤처지는 여가활동은 게임과 직관(경기장에 직접 찾아가 스포츠 관람하기)뿐이다.** 여기서 게임의 경우도 다른 집단에 비해서는 많이 하지만, 다른 여가 장르와 비교해서는 가장 적었다.

이들은 한국의 문화엘리트 그룹이라고 할 수 있는데, 바우만에 따르면 오늘날의 문화엘리트는 "최대한 많은 것을 용인하고 까탈

---

* '시간의 포틀래치'는 자기 시간을 다른 사람에게 쪼개거나 혹은 주거나 하는 모든 행동을 포함하며, 항상 상징적 가치를 유지하는 모든 종류의 여가도 어느 정도로는 '느긋하게 시간을 보낸다'는 사실에서 확증되는 시간과 돈을 지배하는 능력, 즉 하찮은 것을 위해 귀중한 시간을 소비할 수 있는 능력에서 생겨난다는 점에서 물론 여기에 포함된다.[12]
** 이 데이터는 2021년의 것으로, 2024년 프로야구 관객층에 젊은 층이 대거 유입되면서 '직관' 부분도 상당히 증가했을 것으로 생각된다.

스럽게 굴지 않는 그룹"[13]이다. 우리에게도 바로 그런 그룹이 생겨났다. 문화적 속물근성은 거부되고 잡식성이 문화적 엘리트주의의 원천으로 등장한 것이다. 문화소비 계층으로서 옴니보어의 부상을 적극적으로 주창했던 미국의 사회학자 피터슨Peterson은 자신의 20년간의 연구를 요약하며 이렇게 말한다.

> 엘리트 집단에 속한 지식인은 '고상한 체하며 비천하고 상스럽거나 대중적으로 인기 있는 모든 문화를 업신여기던 태도'에서 '고상하고 수준 높은 예술 형태뿐만 아니라 광범위한 대중적 형태를 모두 소비하는 잡식성의 태도'로 변했다. 이제 문화의 위계질서에서 한 가지만 소비하는 사람은 문화의 가장 밑바닥 사람이 되어버렸다.[14]

이제 최첨단 예술을 하는 사람은, 예컨대 터너상*을 받을 자격이 있는 예술가는 "뒤틀린 상상력과 전기톱과 같은 저열한 수단으로 할 수 있는 일"[15]을 놀라운 방식으로 보여주는 사람이다. 이들 현대 예술가의 그로테스크는 옴니보어 소비자들과 한 쌍을 이루고 있다. 옴니보어들의 개방적이고 적극적인 태도 덕분에 예술 생산자들의 낯선 창작물들이 강력한 전파력을 얻게 된 것이다. 물론 이들 옴니

---

* 터너상(Turner Prize)은 영국의 테이트 브리튼(Tate Britain)이 주관하는, 영국에서 가장 권위 있는 현대미술상이다. 한 해 동안 가장 주목할 만한 미술 활동을 보여준 50세 미만의 영국 미술가에게 수여된다. 1984년에 제정되었다.

보어가 개방적이고 다중적이라고 해서 모든 예술과 여가활동을 즐기는 것은 아니다. 다양성도 시대에 따라 선별된다. 세라처럼, 영화를 보긴 하지만 '팝콘 블록버스터' 같은 특정 장르의 대중문화에는 폐쇄적이기도 하다.*

옴니보어, 과시 계급이 되다

그렇다면 지금 시대를 사는 한국인 옴니보어는 어떤 특징을 가지고 있을까? 세라의 경우와는 좀 달라 보인다. 개방적이고 적극적인 면보다는 과시적이고 물질적인 면이 더 두드러져 보인다. 이들은 SNS의 사진 한 장을 위해서라면 아무리 멀리 있어도 기꺼이 찾아다니는 사람들이다. 이로써 이들은 가장 넓게, 가장 적극적으로 우리가 소비해야 할 것들을 '채굴해서 시현dig and display'해준다. 그들은 드라마를 몰아보고, 미술관을 탐방하면서 현실감각을 익히고 사람들을 설득할 만한 활동과 품목들을 선정해서 전파하는 사람들이다. 우리가 실현해야 할 '꿈의 소비'를 사회적 규범으로 만드는 그룹이다.

---

* 옴니보어 가설도 이러한 세라의 개방적 행위를 일정 한계 내로 범주화하는 강한 해석(strong interpretation)과 장르 구분 없이 개방적으로 포용하는 약한 해석(weak interpretation)으로 나뉘기도 한다.

영국의 사회학자 콜린 캠벨Colin Campbell은 소비의 동기에 관해 이렇게 말한다.

현대의 소비자들이 사물을 소비하고자 하는 탐욕스러운 욕망을 가지고 있다는 관념은 사람들이 재화를 탐내도록 강제하는 메커니즘을 심각하게 오해하고 있다. 소비의 기본 동기는 사람들이 상상 속에서 이미 맛본 즐거운 드라마를 현실에서 경험하고자 하는 욕망이며, 각각의 새로운 제품은 그 같은 열망을 실현할 가능성을 제공한다.[16]

사람들이 맛봐야 하는 즐거운 드라마와 스토리를 장르 가리지 않고 미리 경험하고, 시간이 부족한 사람들에게 집약적으로 전달하는 것은 이제 한국의 옴니보어가 갖춰야 할 중요한 능력이 되었다. 그들은 다양한 경험을 직접 느끼고 그 경험을 고급스럽게 만들며, 그런 경험에 돈 쓰기를 주저하지 않는다. 그리고 SNS를 통해 그것을 노출하고 과시하기를 좋아한다. 그렇게 옴니보어의 소비 습관은 '자연적이고 정상적인natural and normal' 소비 행위로 등극한다.[17]

이들 옴니보어를 다른 여가집단과 비교할 때 가장 차별적인 활동으로 꼽을 수 있는 것은 해외여행과 공연 관람이다. 통계에 의하면 한국인의 해외여행객 수는 2000년 550만 명 이후 계속 조금씩 증가하다가 2005년 1,000만 명을 넘기고 2014년 이후 급증하여, 2014년 1,600만 명, 2016년 2,200만 명, 2018년 2,870만 명으로 급증한다. 해외여행은 한국 중산층을 규정하는 기준 중의 하나로 꼽히기도 한다. 한국 중산층은 1년에 한 번은 해외여행을 가야 한다는 것인데, 옴니보어 집단이 이를 가장 잘 구현하고 있었다.

해외여행 폭발의 시발은 특정 드라마와도 관련이 깊다. 2000년 이후 해외 촬영 트렌드가 드라마에 도입되었고, 소비자는 일부 부류의 여가였던 해외여행을 자연적인 것으로 받아들이기 시작했다. 2004년 드라마 〈파리의 연인〉과 〈프라하의 연인〉의 릴레이 대성공은 콘텐츠가 여행산업과 결합되는 추세를 가속화했다. 드라마가 해외여행이라는 가장 스펙터클한 소비를 대중화하는 계기를 만든 것이다. 그 후 스마트폰의 SNS가 만드는 손가락 스펙터클과 결합하면서 2014년 이후 해외여행은 폭증했다.

손가락 스펙터클은 해외여행만이 아니라 스펙터클과 결합하기 좋은, 즉 여행과 유사한 모든 것을 끌어들였다. 여행 중에 할 수 있는 활동으로 보이는 골프도, 캠핑도 손가락 스펙터클과 결합하면서 참여 인구가 증가해 이제 중산층의 '워너비 여가'가 되었다. 2012년의 조사만 보더라도 '시간이 있으면 하고 싶은 여가' 1위는 영화 보기였다.* 그러나 영화 보기는 곧 쇠퇴했다. 극장에서 영화를 보는 것이 SNS와 잘 결합하지 않기 때문이다. 영화는 개인의 내

---

* '2012년 국민여가활동조사' 결과에 따르면, 국민들이 희망하는 여가활동은 영화 보기(41.4%), 해외여행(31.4%), 스포츠 경기 직접 관람(17.7%) 순으로 나타났다.

면과 결합하는 서사의 속성만 있지 사진 한 장으로 드러나는 과시의 속성이 없다. 반면, 골프와 캠핑은 여행이 갖는 스펙터클적 요소와 결합하며 자신의 소비력을 과시할 수 있는 여가의 최전선이 되었다. 시간도 많고 돈도 많으면서 '진지한 여가serious leisure'*도 보내는 자신을 전시하기에 그만한 것도 없었다.

그래서 서구의 옴니보어가 다양한 문화에 개방적이라면 한국의 옴니보어는 '문화적인 개방성'보다는 '폐쇄적인 과시성'에 경도되어 있을 수 있다. 해외여행과 공연 관람 같은 많은 돈이 드는 여가활동이 SNS와 결합되어 있기 때문이다. 이는 금전적 과시에 빠진 유한계급적 태도와 유사해 보인다. 베블렌은 《유한계급론》에서 반짝이는 모든 것이 아름다운 것은 아니라고 말한다.

신사모나 신사용 가죽 구두의 반짝거림이나 닳아빠진 소매의 반짝거림은 똑같이 본질적 아름다움을 가지고 있지 않다. 그렇지만 교양 높은 사람들은 본능적이고도 무의식적으로 전자(신사모와 신사용 가죽 구두의 반짝거림)는 아주 아름다운 것으로 여기지만, 후자는 아주 혐오스러운 것으로 여기면서 피하려 한다.[19]

---

* '진지한 여가'란 특수한 기술과 지식, 경험을 자기가 노력해서 얻어내는 형태다. 재미가 있으며, 몰입이 가능하고, 실력과 경력을 꾸준히 쌓아갈 수 있는 활동을 말한다. 그 과정에서 돈과 시간의 사용이 불가피하지만, 이에 구애받지 않고 온전히 관심을 쏟아야 하는 활동이다. 반대의 개념으로는 '일상적 여가'가 있다. 별다른 노력이나 특수한 훈련이 필요 없는 여가를 말한다.[18]

결국 아름다움의 과시는 고급스러움의 과시이고, 이는 돈이 충분히 있음을, 부자임을 과시하는 것과 상통한다. 옴니보어가 확산시키는 스펙터클의 욕망은 결국 부자가 되고 싶은 욕망과 밀접하게 연결된다. 그러나 유한계급의 시대와 지금의 시대는 달라졌다. 이제 이미지가 주입한 스펙터클의 욕망을, 과시의 욕망을 실현시키려면 돈을 많이 버는 재테크 능력을 부지런히 키워야 한다. 그렇게 허구의 이미지는 '과잉현실'을 만들었다. 이미지는 스스로의 이미지를 벗고 현실의 물질로 환전되는 것이다.

9장

무사무욕
통념을 비트는 '케트맨'

부차선 이데올로기의 허점

자본주의를 보편적으로 특징짓는 것은 노동과 자본의 대립이다. 반면, 자본과 자본의 대립은 자본주의를 특수한 유형으로 결정짓는다. 자본과 자본의 대립에는 자본끼리의 경쟁도 있지만, 더 근본적으로는 서로 성격이 다른 자본끼리의 대립이 있다. 대표적인 것이 경제자본과 문화자본의 대립이다. 학벌이나 학력 같은 사회자본과 문화자본은 경제자본으로 전환 가능하기 때문에 경제자본과 대립하기보다는 결합하는 것이 더 용이하다. 그러나 새롭게 생성되는 문화자본은 경제자본과 극단적으로 대립하기도 한다. '부차선' 이데올로기와 콘텐츠산업 간의 대립이 대표적이다.

돈벌이 능력만을 강조하는 '부의 추월차선(부차선) 이데올로기'는 당장 돈이 되지 않는 문화자본을 철저하게 압살한다. 부의 추월차선 이데올로기는 오직 생산에만 집중하라고 말한다. 이때의 생산은 나의 일과 관계없이 혼자서 돈이 열리는 돈나무 묘목을 심을 수 있는 사업을 하라는 얘기다. 대표적으로 부동산임대업이 있다. 자기계발 서적은 여러 멋진 말들을 쏟아내지만 결국 소비자로 살지 말고 건물주로 살라는 얘기를 한다. 노동과 월급이 아닌 자산의 가치로 부를 일구라고 한다.

부차선 이데올로기의 주장에 따르면 대중매체와 콘텐츠는 주의를 분산시켜 부를 획득하는 데 방해물이 될 뿐이다. 오직 부에만 집중해야 한다. 대중매체에 빠지는 순간 당신은 부를 놓치게 된다. 예컨대 영화와 게임은 주의 분산의 대표적인 대상이다. 거기서 웃고 떠들고 울어봐야 아무 소용없다. 각본 속의 삶일 뿐이고 실제 돈벌이와는 아무런 상관이 없다. 어느 핫한 드라마의 시즌2가 나오면 당신은 넋이 나가고 각오와 꿈은 사그라진다. 그 시간 동안 당신의 능력도 부식된다.

부차선 이데올로기로 경제자본을 얻은 자는 경제자본이 없는 자를 비아냥거린다. 사실 그렇게 부자가 된 자들은 그런 행동을 할 수밖에 없다. 부차선으로 부를 축적하는 동안, 경험과 예절을 갖출 만한 시간이 없었고 그만큼 배려나 호혜의 윤리와 문화자본을 획득할 기회도 없었다. 돈에 대한 인식과 관념이 타인과의 경쟁에서의 승리, 그에 따른 패자를 향한 모멸에 기반을 두고 있어, 타인과의 사회자본을 형성할 여지도 별로 없다. 경제자본은 얻었어도 체화된 문화자본, 인맥의 사회자본을 놓치면 자본 총량은 시간이 갈수록 오히려 감소할 가능성이 크다. 그러나 현실은 정반대다.

자본은 희소한 것이지만, 그렇기 때문에 에너지이기도 하다. 희소한 자원을 얻을 때 사람들은 에너지를 얻는다. 또한 희소하기 때문에 교환과 소통이 생긴다. 에너지는 희소한 것을 얻을 수 있다는 미래에 대한 기대로부터 나온다. 현재의 지위에서 희소한 지위로 상승할 수 있다는 욕망은 에너지를 생성하는 중요한 조건이다. 그래서 상승의 기회는 중요하다. 그렇지만 객관적으로 지위 상승의 욕망을 충족시킬 가능성은 거의 없다. 격차는 점점 더 벌어지고 있다. 경제자본을 획득할 기회는 전 세계적으로도, 그리고 한국에서도 그 가능성이 점점 줄어들고 있다. 기술의 급속한 발전은 자본의 이익을 늘리고 불평등을 가속화하고 있다.

피케티는 지난 100년간 자본수익률은 노동수익률을 초과했고 그 격차는 계속 커지고 있다는 것을 증명했다.[1] 유럽도, 미국도, 한국도 학력 간 소득 격차는 커지고 있다. 기술 발전에 따른 숙련 편향이 학력 격차를 더욱 벌리고 있는 것이다. 이러한 경향은 학력자본에의 투자를 더욱 부추겼다. 한국에서도 입시는 이미 경제자본에 의해 결정되고 있다. 공부를 통해 지위를 상승하겠다는, 개천에서 용 나기의 이데올로기는 어느덧 지나간 신화가 되었다. 경제자본에 지배받게 된 학력자본은 문화자본으로서의 자율적인 에너지 생성에 실패했다.

그런데 제도화된 학력으로부터 이탈된 하나의 장이 형성되기 시작했다. 새로운 능력이 형성되는 곳이 생겨났다. 바로 콘텐츠 분야다. 여기서는 오직 이 장에 적합한 능력을 갖춘 사람들이 인정받는다. 창작의 능력과 이를 소비하는 대중의 감각이 직접적으로 만나는 장이다.* 콘텐츠는 인간의 표현 능력을 다양하게 포괄하고 있어서, 스스로가 표현하기에 가장 최적의 영역을 '적합성fitness'의 기준으로 선택하면 된다. 적합성이란 자기의 능력과 타인의 관심이 만나는 지점이다. 그것은 소리, 움직임, 글, 그림, 이야기까지 많은 종류의 양식modality을 포괄한다.

이러한 개인의 표현 능력이 적합성을 띠게 된 것은 아이러니하게도 '자본주의의 발전' 때문이다. 개인의 표현 능력을 요구하는 새로운 시장이 분업의 진척에 따라 탄생한 것이다. 사람의 천부적 재능의 차이는 사실상 우리가 생각하는 것보다 훨씬 작다. 상이한 직업에 종사하는 성인들이 발휘하는 매우 상이한 재능은, 많은 경우 분업의 원인이라기보다는 결과다.[3] 애덤 스미스가 국부론에서 예측했

---

* 자율적인 문화 생산 장은 무사무욕을 세계관으로 체화한 구성원들을 생산해낸다.[2]

듯이, 자본주의의 발전은 곧 분업의 진척이고 분업의 진척이 지속될수록 인간의 다양한 능력을 포용할 가능성은 높아진다.

열정은 확률을 거부한다

창업은 결코 쉬운 일이 아니다. 가게 하나를 차리더라도 생각하고 챙기고 손볼 것이 많다. 그리고 실패하면 잃는 것도 많다. 투자한 돈과 시간을 회복하기는 거의 불가능하다. 그렇지만 콘텐츠 분야는 다르다. 내가 머릿속에 그렸던 아이디어를 큰돈 들이지 않고 혼자서도 구현할 수 있다. 영상만 하더라도 1인 창업자들이 수없이 늘었다. 코로나는 이런 추세를 더욱 강화했다. 그들의 삶은 불안하지만 자신의 아이디어를 스스로 만들 수 있는 가능성은 어느 때보다 커졌다. 실패조차 지식과 경험 그리고 기억으로 남는다.

그리고 콘텐츠 분야에서의 기술은 자동차나 반도체 같은 다른 첨단 제조업 분야와는 다르다. 육체와 연결된 기계나 기술이 아닌, 지식과 아이디어라는 내면과 연결된 기술이어서 소자본 창업의 가능성을 높여준다. 한 영화 촬영감독은 이런 얘기를 전해준다.

지난 한 5년간 돌아보면은 사실 카메라가 점점 더 작고 좋아지고 하다 보니까 많은 사람들이 움직이는 노동 집약적인 어떤 프로세스가 아니라 진짜 작은 카메라로 1인이 되게 빨리 이렇게 움직여서 예전에 비하면 되게 훌륭한 콘텐츠를 만들 수 있는 거예요. 그러다 보니 이제 웬만한 광고는 그냥 기존처럼 막 고가의 돈을 들이지 않더라도 드론도 혼자 날리고 하면서 찍는 그런 업체들이 많아졌더라고요.[4]

콘텐츠 분야의 기술은 "열정이 직업이 되는passion to profession"가능성을 열고 있다. 경제자본이 압박하는 시대이지만, 콘텐츠 분야에서 인간의 지식과 아이디어의 외형화 가능성이 열리면서 그것을 기반으로 자율적이고 독립적인 영역이 나타나고, 그곳에서 에너지를 얻는 사람들이 늘어나고 있는 것이다. 콘텐츠는 기술과 결합하면서 오히려 자율적인 장의 특성을 갖추게 되었고 2010년 이후 관련 산업이 폭발적으로 성장하고 있다. 특수한 장비와 자산을 가진 이들이 아니라 아이디어와 기획력이 있는 보통 사람들도 접근이 가능해졌고, "나도 하면 될 것 같다."라는 신화가 콘텐츠산업에 움트게 되었다. 물론 다른 분야처럼 콘텐츠 분야에서도 성공하는 사람은 극소수다. 그래도 자기 또래의 친구들이 인기와 명성을 얻는 것을 보고 들었을 때, 조바심이나 부러움과 함께 에너지도 샘솟는다. 나도 할 수 있다는 희망과 욕망의 에너지가 생성되는 것이다.

열정은 비합리적 판단이다. 원한다고 해서 내가 원빈이나 톰 크루즈가 될 수는 없다. 그러나 열정이 기술과 결합되고, 내 주변의 사람이 성취하는 것을 보면 얘기가 달라진다. 여기서 중요한 지점은 그러한 모방의 정신이 보통 사람들에게 깃들게 될 때다. 비합리적인 희망의 번성은 사실 뉴노멀 시대의 자본주의가 가장 의지하는 것이기도 하다. 성장률 제로의 시대에 특정 영역을 성장시킨다는 것은 새로운 정신을 요구한다. 그것은 "내가 하고 싶은 것을 내가 만들어본다."는 창작의 정신이다. 콘텐츠 시대에 창작의 정신은 곧 창업의 정신으로 이어진다.

뉴노멀 시대에 '내가 하고 싶은 것을 위해 스스로 위험을 감수하려는 의지', 예컨대 창업하려는 의지는 사실 객관적이고 합리적인 판단과는 거리가 있다. 그런 의지는 근거 없는 낙관주의에 편향되어 있다. 카너먼에 따르면, 창업자들은 생존율을 과도하게 높게 평가한다. 창업자들에게 "당신이 세운 기업의 성공률은 얼마나 될 것이라고 예상하는가?"라고 질문하면, "반드시 성공한다."라고 응답하는 비율이 60%에 달했지만, 이들이 창업한 기업의 5년 뒤 생존율은 35%에 불과했다.[5] 신규 창업의 성공률은 그리 높지 않다. 그러나 창업자들은 자신에게는 그런 일이 일어나지 않을 것으로 확신한다. 이러한 '자신감' 때문에 창업자는 새로운 사업에 뛰어든다. 그리고 성공한 사업보다 실패한 사업이 훨씬 많다는 것을 알면서도, 사람들은 끊임없이 새로이 창업한다.

이렇듯 비합리적인 열정이 성장의 가능성을 연다. 합리적으로 판단하면 창업을 하면 안 된다. 그렇지만 비합리적인 낙관이 창업의 열기와 혁신을 북돋운다. 그 누구도 자신이 3명 중 2명이 될 것으로 생각하지 않는다. 그것을 정확히 예측하는 것은 불가능하다. 다만 3명 중 1명에 들어가려고 애쓸 뿐이다. 결국 예측 불가능성은 위험을 뜻하지만, 창업은 손실이 있어도 이를 받아들이는 자세와 연결된다. 위험과 예측 불가능성이 '비합리적인 열정'을 주는 것이다.

르봉Le Bon은 "인간이 이성적으로만 판단하고 행동했다면, 환상에 사로잡혀 열정적이고 대담하게 문명의 길로 인류를 끌어가지는 못했을 것이다."라고 말한다. 우리를 끌어가는 것은 무의식의 산물인 열정이다. 그래서 어떤 민족들의 운명을 결정짓는 법칙은 그 정신에 깃든 비이성적인 충동으로부터 나온다. 그 결과 "마침내 도토리가 참나무가 되고, 혜성이 궤도를 그리며 운행하도록 작용하는 것과 비슷한 신비로운 힘"을 모든 민족이 따른다.[6]

활기찬 사회를 만든다는 것은 더 많은 위험을 감수할 수 있는 의지가 늘어난다는 것이며, 성공만큼 실패도, 실패만큼 성공도 많다는 것이다. 창업은 결국 위험의 증가인데, 창업하는 인원이 많아진다는 것은 위험이 증가한다는 것이고 동시에 위험을 감내할 수 있다는 자신감이 늘어나는 것이기도 하다.

애커로프Akerlof와 쉴러Shiller의 《야성적 충동》에 따르면 자신감은 경기순환에 중요한 역할을 한다. 자신감은 합리적 의사결정을 넘어선다. 사람들은 자신감이 높을 때 자산을 사고 자신감이 낮을 때 자산을 판다. 이런 비합리적 선택은 거품을 가져오기도 하지만 역동적인 사회의 기초가 되기도 한다. 왜냐하면 자신감은 퍼져나가며 집단을 만들고 미래를 밝게 그리기 때문이다. 쉴러는 "허리케인 카트리나가 뉴올리언스를 휩쓸고 난 후 거주자들이 다시 집을 짓고 싶어하지 않으면 당연히 다른 사람들도 뉴올리언스에 집을 짓고 싶어하지 않을 것이다. 누가 이웃도 상점도 없는 곳에서 살고 싶겠는가? 그러나 많은 사람이 다시 정착한다면 다른 사람들도 동참할 것이다."라고 말한다.[7] 자신감을 키우고, 그 자신감이 통할 수 있는 사람들끼리 엮일 수 있는 곳이 있다면, 객관적인 미래 예측이 어긋날 수도 있는 것이다.

그렇다면, 이런 위험을 감내하는 자신감은 어떤 메커니즘으로 설명 가능할까? 제도적으로 복지를 보장해주면 될까, 아니면 대학에서 창업 과목을 늘리면 될까? 사실 그것은 그런 제도적이거나 교육적인 것으로 결정되기 어렵다. 창업은 자기 인생이 달린 문제이고, 여기에는 기존과는 다른 직업과 창업에 대한 생각, 어떤 고정관념으로부터의 일탈이 요구된다.

의도된 일탈정신: 콘텐츠는 어떻게 기회를 만드는가

경로 의존path dependence이란 한 번 경로가 정해지면 그것이 지속된다는 이론인데, 문제는 '최초의 경로는 어떻게 만들어지는가'다. 그에 대한 답으로 몇몇 학자는 "우연한 사건"이라는 개념을 제시한다.[8] 그러나 일부 학자들은 경로와 '우연한 사건'을 연결시키는 것은 논점을 흐리는 것이라고 비판했다. 개러드Garud와 카노이Karnøe는 새로운 경로란 "의도된 일탈Mindful Deviation"에 의해 시작된다고 본다. 그들은 기업가들이 기존의 관습, 규제 또는 구조로부터 의도적으로 탈피하려는 행위가 새로운 경로의 선택을 가능하게 한다고 주장하면서 이를 '경로 창조path creation'라고 이름 붙였다.[9]

콘텐츠산업의 발생 과정을 보면 이러한 '의도된 일탈'의 경로 창조가 명확하게 보인다. 이것은 콘텐츠산업의 역사와 함께한다. 프랑스 영화와 할리우드 영화의 탄생이 대표적인 사례다. 영화산업 초기부터 프랑스는 고몽Gaumont과 파테Pathé라는 굵직한 두 영화사의 독주와 이에 반항하는 영화 예술가들의 투쟁으로 영화의 상업성과 예술성 사이에서 신경전을 벌였다.

할리우드도 그렇다. 금광에 이끌려 서부로 간 사람들과는 달리, 영화를 하러 서부로 간 사람들은 특정한 윤리를 지닌 집단이었다. 이들은 동부의 보수적인 독점을 피해 아주 멀리 이동해 갔으며, 자신들이 하고 싶은 것을 특정 장소에 세우고 창작하려는 굳센 의지를 가진 집단이었다. 영화 창작에 대한 신념이 자신들만의 자율적이고 독립적인 영역의 설립으로 이어졌고 그곳에서 자신들의 이익을 추구했다. 이들 집단은 노마드적 기질을 바탕 삼아 정착지에 자신들의 창작물을 만들어내기 위한 스튜디오 시스템을 구축했다.

미국의 영화산업이 동부에서 서부로 옮겨 간 이유는 화창한 기후뿐 아니라 에디슨의 특허 독점을 피하려는, 즉 영화 제작 비용을 낮추려는 이유도 있었다. 에디슨의 독점 신탁은 영화의 길이를 1개 또는 2개의 릴로 제한하고, 영화 장비를 사용하는 업체에 로열티(주당 2달러의 수수료)를 부과했다. 플레이어에게는 스크린 크레딧 제공을 거부하고, 피트당 0.5센트의 표준 가격을 설정했다. 이러한 에디슨의 특허 독점을 피하기 위해 먼 길을 가기로 결정한 것이다.

이러한 쉽지 않은 결정이 가능했던 것은 자유로운 지역에서 자신의 창작물에 대한 권리와 이익을 극대화하려는 의욕이 있었기 때문이다. 만약 영화인들이 이윤을 얻는 데만 만족했다면 서부로 가기보다는 특허 독점의 카르텔 내에서 안정되게 적정한 수익을 받아냈을 것이다. 그러나 영화산업에 기술 발전을 접합해 영화 창작의 자율성을 확보하고, 또 이를 기반으로 대형화하려 했던 집단에게는 동부의 독점이 답답했다. 그래서 이들은 과감히 서부로 탈출했다. 그곳은 새로운 기술에 대한 개방적인 태도와 관대한 법이 있었다. 덕분에 거대한 투자를 실행할 수 있었다.

서부에서 초기 영화 스튜디오를 산업으로 성장시킨 인물로 토머스 인스Thomas Ince를 주목할 필요가 있다. 그는 야외세트장을 짓고, 촬영 전에 콘티를 만들어 영화 제작의 분업화·세분화·효율화를 완성했고, 대작을 짧은 시간에 촬영할 수 있는 표준화·대형화 시스템을 구축했다. 특히 '와일드 웨스트 쇼 순회공연단' 등 타 영역을 활용해 배우 수급 문제까지 해결하면서 영화산업의 기술, 인력, 장비,

인프라가 LA로 집중될 수 있는 여건을 마련했다. 이로 인해 LA로의 인구 유입이 폭증하기 시작한 것이다. 여기에 LA의 도시적 인프라(기후부터 법제도, 그리고 자신감 넘치는 지역 분위기까지)도 영화산업의 대형화·산업화에 기여하면서 효율적으로 영화를 만들어내는 소위 '스튜디오 시스템'을 완성할 수 있었다.

미국의 경우와 유사하게, 한국에서도 콘텐츠산업의 초기 역사는 창조적인 인물들의 '자율적이고 독립적인 일탈 성향'이 산업과 결합하면서 움트기 시작했다. 대표적인 인물로 게임회사 넥슨을 창업한 김정주를 꼽을 수 있다. 그는 1994년 카이스트 박사과정을 수료만 하고 바로 넥슨을 창업한다. 그는 이런 얘기를 한다. "창업이 학위논문보다 급한 일이라고 생각했다. 일반 직장에 다니는 게 아무래도 적성에 맞지 않는 것 같아 창업을 결심했다."[10]

지금은 그다지 특이하게 받아들여지지 않는 이 말은 1990년대에 카이스트 박사과정을 다닌 '엘리트 학생'이 하기에는 아주 '드물고 이상한 말'이었다. 그 당시 직장이란, 대학을 졸업하면 그냥 자연스럽게 인생의 다음 코스로 들어가야 하는 곳이었다. 그 당시 적성은 좋은 직장에 들어가기 위한 종속변수일 뿐 독립변수는 아니었다. 직장에 들어가고 나서 그 안에서 자기에게 맞는 적성을 찾아 부서를 배치받을 수는 있었지만, 박사과정을 수료한 학생이 적성을 찾아 창업을 한다는 건 사회 부적응자로 취급될 일이었다. 대부분 졸업 후 조직의 명령에 자신의 적성을 맞췄고, 굳이 적성을 언급한다면 그것은 내가 하고 싶은 것이 아닌, 내가 할 수 없는 것에 대한 정당화의 도구였다. 그런데 결과적으로 성공한 게임회사 창업주의 말, 즉 "적성 때문에 일반 직장에 들어가지 않고 창업을 했다."는 말은 그 자신이 그 시대에 '남다른 정신'을 지닌 '소수자'였음을 드러내는 말이라고 할 수 있다.

그는 한국 최초로 가상의 스크린 속에 회사를 만든 사람이다. 그리고 거대한 기업으로, 또 산업으로 일구었다. 다음과 같은 말에서 그의 정신을 잘 들여다볼 수 있다.

게임사업을 하시는 분들과 이런 얘길 많이 해요. 이 사업은 진짜 중독성이 있다고요. 제조업은 판매하면 기본 수익이란 게 있어요. 투자 대비 80%를 번다거나 다른 비용을 아껴서 120%를 벌거나 하는. 그런데 게임산업은 안 그렇거든요. 접으면 투자비 모두 날려야 해요. 반면 성공하면 몇 천 배 수익이 나죠. 이런 다이내믹한 사업을 전 포기 못 할 것 같아요.[11]

기존의 통념은 이러한 전략이 너무 위험하다고 말한다. 실제 김정주가 최초로 개발했던 게임인 〈바람의 나라〉 초기 동시접속자 수는 20명에 불과했다. 이런 위험한 산업이라면 투자가 끊기고 창업자도 사라져야 한다. 그러나 위험에의 투자는 오히려 더 적극적으로 행해졌고, 그것은 콘텐츠산업을 키우는 중요한 요인이 되었다.

위험이 매력이 된 이유는 그런 위험을 상쇄할 만한 '자유로움의 매력'이 이윤과 결합되어 있기 때문이다. 자기가 좋아하는 것을 자기 내면의 기술로 그대로 구현하면서 이윤을 낼 수 있는 것이다. 이것은 산업으로서는 게임에서 가장 두드러졌지만, 영화, 음악 등 콘텐츠 전 분야가 그런 특성을 갖는다. 콘텐츠산업의 성장에서 위험을 수용하는 태도는 곧 모험과 자율의 정신이 확산되는 것을 뜻한다.

동심원 구조 속의 뒷사람

'중심'을 지향하는 동심원 구조에 갇혀 있어도 이를 그대로 수용하는 '일차적 적응' 그룹이 있는 한편, 중심에 있으면서도 이를 거부하는 원심력 지향의 '이차적 적응' 그룹이 있다. 이차적 적응 그룹은 소위 명문대에 진학했어도 성적보다는 자신의 고유한 내면을 표현하기를 꿈꾸는 자들이다. 대표적으로 무라카미 하루키 같은 인물을 들 수 있다. 그는 '괜찮은 집안'에 '괜찮은 학력'을 지녔지만, 바깥에서 주어진 것을 그대로 수용하기보다는 자신의 의식 속에 있는 것을 표현하고 싶어했다. 하루키의 말에 따르면 이런 일은 '머리가 너무 좋은 사람'에게는 적합하지 않다. 어떤 일을 하기 위해서는 지식도 어느 정도 갖추어야 하지만, 더 중요한 것은 속도에 적응하는 성품이다. 소설가나 영화감독은 느린 속도에 익숙한 사람에게 적합하다. 빠른 지름길이 있음에도 일부러 에둘러 가는 사람이다. 하루키는《직업으로서의 소설가》에서 이렇게 말한다.

효율성 뛰어난 기민함과 효율성 떨어지는 우회하기가 앞면과 뒷면이 되어서 우리가 사는 이 세계가 중층적으로 성립합니다. 그중 어느 쪽이 빠져도(혹은 압도적인 열세여도) 세계는 필시 일그러진 것이 되고 맙니다.[12]

그러면서 하루키는 소설가란 우회하기를 선택한 사람이라며, 후지산을 직접 구경 가는 사람에 비유한다. 후지산 얘기란 이런 거다. 후지산을 구경하러 간 두 사람이 있는데, 두 사람 모두 그때까지 후지산을 본 적이 없었다. 머리 좋은 사람은 산기슭에 서서 몇 가지 각도로 바라보고, '아, 후지산이란 이런 곳이구나. 그래 역시 이러이러한 점이 멋있어.'라고 납득하고 돌아간다. 효율성이 높은 행동이다. 그런데 머리가 별로 좋지 않은 사람은 그렇게 쉽게는 후지산을 이해하지 못하니까, 혼자 남아 자기 발로 정상까지 올라간다. 그러자니 시간도 걸리고 힘도 든다. 체력을 소모해 녹초가 된다. 그리고 그 끝에 겨우 '아 그렇구나, 이게 후지산인가?'라고 생각한다. 그렇게 몸으로 경험하고도 확신하지 못하며, '후지산인가?'라며 짐작하고 이해하려 한다. 하루키는 소설가란 앞사람보다는 뒷사람에 더 적합한 직업이라고 말한다. 효율화를 추구하는 재능보다는 써내고 싶어하는 내적인 충동과 고독감을 견디는 인내력 같은, 재능보다는 특정한 자질을 갖춘 자로 규정한다. 자신도 그런 사람이었다고 말한다.

이타노 칼비노의 소설 《보이지 않는 도시들》에서 마르코 폴로도 그런 사람이다. 쿠빌라이 칸과 마르코 폴로는 서로 얘기한다. 칸은 도시의 지배자이고 모든 도시에서 칸의 초상화를 볼 수 있다. 그러나 쿠빌라이 칸은 자신이 지배하는 도시에 대해 마르코 폴로에게 물어본다. 마르코 폴로는 도시의 전경과 모습들을 자신의 느낌에 근거해 일일이 말한다. 그의 말 속에는 무너져가는 거리 건물의 한 구석에 걸린 아낙네의 빨랫감이, 우연과 바람이 만들어낸 구름의 모습에서 범선과 코끼리의 형상을 구분하는 것이 도시의 기억을 구성한다. 반면, 칸은 도시의 지배를 즐길 뿐이다.

곳곳의 케트맨들

콘텐츠산업의 확장은 사회경제적으로 특정한 영향력을 미친다. 제조 대기업 매출에는 턱도 없지만, 어느새 청년들의 취업 선호도에서는 최우선 순위에 올랐다. 이게 어떤 의미가 있을까?

구조는 인간을 옥죄지만, 인간 개개인은 구조의 지배를 그대로 받아들이지 않는다. 인간은 자신의 자아를 축소시키는 모든 환경에 저항한다. 이는 전체주의를 연구해온 학자들이 깊이 이해하고 있는 바다. 자아 축소에 대항하는 개인의 전략은 거대한 강압의 구조 속에서도 존재한다. 눈에 드러나지는 않지만, 곳곳에 존재한다. 그것은 이른바 '케트맨 전략'이다.

케트맨Ketman은 체스와프 미워시Czestaw Miłosz의 작품에 등장하는 인물로서, 복종하는 듯하지만 은밀히 저항하는 사람이다.* 케트맨 전략은 어떤 것에 대항하여 형성하는 자아실현이다. 내면적 저항은 때로는 정신 건강에 필수적이다. 자아는 무언가에 대항하며 형성되기 때문이다. 즉 기본적으로 조직에서 일하는 인간은 일차적으로 조직과 동일시하는 행위를 해야 하지만, 동시에 조직에 대한 저항도 행한다. 조직에 속한 개인은 이 둘 사이를 무게추처럼 이동하며 끊임없이 균형을 찾아가는 존재다.

지금까지 한국의 제조 대기업 문화는 조직에 대한 동일시 쪽으

---

* 1953년에 전체주의 사회에서 살아가는 지식인의 내면적 삶에 관한 에세이 모음집인 *The Captive Mind*가 출판되었다. 미워시는 이 책에서 '폭정이 생각을 짓밟는다.'는 개념을 겨냥했다. 오히려 그는 반자유주의 정권이 시민들을 자극하여 시민들이 가장 정교한 정신 곡예에 참여할 수 있다는 것을 발견했다. 《전체주의의 기원(The Origins of Totalitarianism)》(1951)에서 아렌트는 전체주의의 이상적인 주체는 "사실과 허구의 구별, 참과 거짓의 구별이 더 이상 존재하지 않는" 사람들이라고 했다. 미워시는 그 반대도 사실임을 발견했다. 전체주의에 의해 생산된 주체들은 어리석은 멍청이들이 아니라, 가장 잘 훈련된 예수회만큼 자기 정당화와 도덕적인 분열을 할 수 있는 능숙한 해체자들 (disassemblers)이었다. 미워시가 이 새로운 재능에 붙인 이름이 케트맨(Ketman)이었다. 사회학자 고프먼은 《수용소》에서 수용소라는 강제된 환경에서도 저항적 전략을 행하는 집단을 지칭하기 위해 케트맨 개념을 차용했다.

로 과도하게 무게추가 옮겨 가 있었다. 그걸 옮기고 싶어했던 사람들이, 내면적 저항이 가능한 분야를 찾다가 콘텐츠산업을 발견한 것이다. 그래서 한국에서 콘텐츠산업의 발생은 '중층결정 overdetermination'의 결과다. 즉, 서로 연결되기 어려운 정반대의 것들이 반대편의 것에 영향을 주고, 독립적인 다양한 원인이 서로 연결되고 선택되고 친화성을 띠면서 발생한 것이다.

콘텐츠를 추구하는 산업의 초기 멤버들은 모두 전통적인 제조 대기업에서 근무했거나, 인턴을 했거나, 입사가 보장된 장학생들이었다. 이들은 창의적이고 자율적인 일을 통해 자아를 확장하려 했던 젊은 시기에, 위계와 권위를 그대로 수용하기보다는 내면의 저항으로 무게추를 옮기고 '우회하기' 전략을 통해 새로운 산업의 발흥에 투신한 케트맨들이었다.

10장

아방가르드
'자유로운 정신'의 사회

'합준적 사고'와 콘텐츠의 발전

'대한민국 3대 남편' 중 한 명이라는 장항준 영화감독. 어떤 인터뷰에서 그는 이런 말을 했다.

공부 못한 내가 선택할 길은 두 가지였다. 하나는 인문계의 아주아주 후진 대학을 가든지, 아니면 돈벌이가 안 되겠지만 내가 좋아하는 영화학과를 가든지였다. 나는 생각했다. 전자를 택해도 망할 인생이고 후자를 택해도 망할 인생이다. 무얼 택하든 어차피 망하게 되어 있으니 좋아

하는 거라도 하자고 마음먹었다. 그래서 영화학과로 갔다.[1]

그는 영화학과로 진학했고, 졸업 후에 영화판에서 작가와 감독으로 열심히 활동했지만 '그의 예상대로' 그렇게 크게 성공하지는 못한 듯하다. 가장 나은 성과가 관객 130만을 기록한 〈라이터를 켜라〉(2002)였다. 그의 성과는 대단치 않았지만, 그의 성실함은 단단했다. 우리는 이러한 태도를 시쳇말로 '항준적 사고'로 명명할 수 있겠다. 항준적 사고란 '나의 앞길은 잘 보이지 않으니 내가 좋아하는 일을 하자. 성과는 대단치 않을 수 있다. 그러나 내가 좋아하는 것이니 열심히 임할 수 있다.'는 것이다. 좀 더 간단히 말하면 '기왕이면 하고 싶은 거 하면서 안 되자.'다.

그의 이력을 보면 정말 자기가 좋아하는 분야에서 열심히 일한 것이 느껴진다. 그가 연출하거나 각색한 영화, 드라마는 좋은 평을 받았다. 그는 자기 분야에서 열심히 일했고 재능도 있었지만 큰 성공을 거두지는 못했다. 그렇다면 그는 실패한 것일까?

수많은 사람이 성공에 대한 얘기를 했지만, 우리는 바라바시를 통해 생각해보자.

복잡계 네트워크의 대가인 바라바시Albert-Laszlo Barabasi는 2018년에 자신의 이론을 성공의 법칙에 적용한《포뮬러》를 출간했다. 학계의 대가가 세간의 성공을 연구한 것이라 무척 기대했지만, 결과는 예상 밖으로 좀 시시했다. 그의 결론은, 성공의 공식이란 '정확하게 측정하는 것이 불가능하니 열심히 일하는 것이 최선'이라는 것이다. 다 아는 이야기였다. 그렇지만 그 공식의 도출 과정은 꽤 흥미로웠다. 그는 와인 감별사의 사례를 들어 성공의 공식을 설명한다.

와인 감별사들은 훌륭한 와인을 식별하는 일을 한다. 와인 감별사의 일은 세상에서 가장 쉬운 일인 듯 보인다. 그냥 와인을 맛보면 되니까 말이다. 그렇지만 그들이 하는 일은 사실 무척 어렵다. 하루에 150가지의 와인 시음을 할 때도 있다. 시음하는 것은 쉽다. 마시고 맛보면 된다. 그러나 문제는 150가지의 와인이 거의 최고 품질이라는 것이다. 아무 표식도 없는 잔에다 코를 들이대고 와인을 입속에서 굴려봐야 그 차이의 우열을 가릴 만한 적절한 근거를 찾기 어렵다. 실제 데이터도 이를 증명했다. 와인 감별사들은 똑같은 와인에 일관성 있는 점수를 매기지 못했다. 4년 동안 실험을 했는데, 일관성 있는 점수를 매긴 비율은 겨우 18%였다.[2]

이와 같은 사례는 모든 분야에 적용될 수 있다. 바이올린 경진대회, 가수 오디션, 문학상 수상자, 화랑의 그림에서 어떤 음악이, 어떤 소설이, 어떤 그림이 최고인지 판단하는 데 객관적인 지표란 없다. 그래서 바라바시는 "상점에 진열된 와인에 붙은 금메달 라벨은 쓰레기 과학의 증표일 뿐"이라고 말한다. 이건 그 와인이 형편없다는 뜻이 아니다. 오히려 정반대다. 상을 탄 와인은 모두 훌륭하기 때문이다. 결국 와인 경진대회에서의 수상은 거의 운이 결정

한다.[3]

바라바시의 결론은, 성공이 운에 의해 결정되고 자의적이라는 면에서 허무할 수 있다. 하지만 바라바시는 희망도 던져준다. 누구나 열심히 하고 기량을 발휘하면 성공할 가능성이 있다는 것이 첫째고, 실패했어도 자신의 문제라기보다는 운의 문제로 돌릴 수 있다는 것이 둘째다. 운의 문제로 돌릴 수 있다는 것은 성공이 필연이라기보다는 확률의 문제라는 얘기다.

그렇다면, 바라바시의 성공론을 '항준적 사고'에 대비시켜보자. 장항준은 자기가 좋아하는 것을 선택했다. 그 근거는 '어차피 무엇을 택하든 망하니까'였다. 영화학과에서 성공하는 사람은 극소수이고, 다른 분야도 마찬가지다. 자기가 좋아하는 것을 선택한다는 것은 자기가 몰입할 수 있는 것을 선택하겠다는 것이다. 그래도 '잘나지 못한' 개인은 망할 가능성이 높다.

그러나 그런 동기로 일하려는 사람이 많아진다면, 관련 분야의 생산성은 높아질 수 있다. 한국은 노동자 동기부여지수가 OECD 국가에서 최저 수준이다(IMD 세계인재순위, 2024). '항준적 사고'를 가진 노동자가 더 많아질수록 노동 동기는 높아질 것이다. '망할 인생'에 대한 감수, 위험을 무릅쓰면서도 자기가 좋아하는 것을 앞장서 하겠다는 사람들이 많아질수록 그 산업은 성장할 것인데, 우리에게는 콘텐츠산업이 그렇다.

몰입에 자유로운 정신

콘텐츠산업은 창의적 아이디어로 상징되는데, 창의적 아이디어는 조직 내 개방적 커뮤니케이션과 비위계적 특징에 의해 촉진될 수 있다. 세계적인 애니메이션 제작사 픽사Pixar의 조직 문화에서 이런 사례를 확인할 수 있다. 픽사의 창의성은 아이디어 짜내기보다는 유능한 인재의 확보와 이들이 창의성을 개발할 수 있는 조직 환경을 제공하는 데서 비롯된다. 픽사의 대표이사인 캐트뮬Edwin Catmull은 창의성을 촉진하는 조직 환경을 이렇게 정리한다. "첫째, 직원에게 아이디어 개발에서의 통제권을 허용하고, 둘째, 동료 문화를 창조하여 구성원들의 협력을 통해 최고의 작품을 만들 수 있도록 격려하고, 셋째, 복잡한 프로젝트의 문제를 해결하기 위해 소통을 원활하게 하여 직원 모두가 어느 누구와도 자유롭게 소통할 수 있게 하고, 넷째, 항상 배우고 있다는 마음 자세를 가지고 픽사 대학을 통해 경력 발전을 지원하고, 마지막으로, 사후평가로부터 잘못된 것을 고칠 수 있는 기회를 부여한다." 개인의 자율성과 협동성을 강조하고, 개방적 의사소통 체계를 만들고, 교육과 실습 과정에서 피드백을 받는 조직 환경이 픽사의 수많은 창의적인 걸작을 만든 원동력이 된 것이다.[4]

실제 한국에서도 콘텐츠 인력 선발에서 창의성의 기준점은 무엇보다 '높은 관심'에서 시작한다. 한 만화 기획자(40대, 여)는 기획 인력을 뽑을 때 다음과 같은 기준을 적용한다고 말한다. "창의적인 사람은 무엇보다도 만화에 미쳐야 한다. 창작력이나 기획력을 떠나 만화가 좋아 죽을 정도의 열정이 필요하다." 창의적인 아이디어를 갖기 위해서는 결국 높은 관심의 척도라고 할 수 있는 '몰입'이 중요하다. 한 영화감독(50대, 남)은 "창의성은 정말 자기의 무의식 속으로 깊이 들어가서 자기도 모르게 뭔가에 몰두해 있는 상태에서 오는 것이다."라고 말한다. 〈킹덤〉의 김은희 작가의 경우도 그렇다. 한 인터뷰에서 김 작가는 어릴 적 "시험 보고 10시쯤부터 만화방에 갔었는데 밥도 안 먹고 물도 안 마시고 만화만 보다가 앞으로 쓰러졌다."고 회상했다. "작가가 된 후 나중에 통인시장 기름떡볶잇집을 갔는데 사장님이 그때 만화방 아주머니였다. '너 그때 만화 보다가 쓰러진 애 맞지?'라고 물어보시더라."[5] 창의성이란 기술적인 숙련도 이전에 몰입에서 나오는 철저한 근면성이다. 이것이 천재성으로 나타난 것이다.

　근면성은 모든 콘텐츠의 생산에 적용된다. 제작 기간이 긴 것은 '긴 호흡의 근면성'을, 쇼츠나 유튜브처럼 짧은 것에는 '짧은 호흡의 근면성'을 필요로 한다. 여기에 '자기도 잘 모르는 꾸준함'은 생산의 양과 질을 보장한다. 생산이 없으면 타인으로부터의 인정도 없고, 인정이 없으면 스스로 관심을 지속하기도 어렵다. 결국 몰입과 즐거움을 추구하고 그것에 꾸준함을 결합하는 일의 윤리가 콘텐츠산업과 인력에 정착하게 된다.

이는 막스 베버가 《직업으로서의 학문》에서 말하는 '열정 Leidenschaft'과 유사하다. 베버에 따르면 "어느 고대 필사본의 한 구절을 옳게 판독해내는 것에 자기 영혼의 운명이 달려 있다는 생각에 침잠할 능력이 있는 사람"만이 학문을 직업으로 삼을 수 있다. 왜냐하면 이런 능력이 있는 사람만이 학문에서 '체험'이라고 부를 수 있는 것을 자기 내면에서 경험할 수 있기 때문이다.[6] 청년들에게 콘텐츠란 베버의 학문처럼 '큰 자산이 없더라도' 자신의 열정을 걸고 자기 내면을 경험할 수 있는 가장 접근 가능하고 실현 가능한 장이 되었다.

그러나 '우리 주변의 한국인'은 아쉽게도 그런 심성과는 거리가 좀 멀다. 삼성의료원 사회정신건강연구소가 한국인의 자아정체성을 분석한 적이 있다. 2005년부터 시작된 이 프로젝트는 몇 년에 걸쳐 한국인 성인 남녀 199명을 심층 인터뷰했는데, 2009년 발표된 연구 결과는 놀라웠다. 이 연구에서는 한국인의 자아정체성을 폐쇄군, 성취군, 혼미군, 유예군의 4가지로 분류했는데, 그중 스스로 묻지 않고 남이 정해준 대로 살아가는 '폐쇄군'이 무려 74.4%나 되는 것으로 밝혀진 것이다.[7] 스스로 삶의 의미를 묻고 자신만의 가치관을 형성하는 '성취군'은 12.6%에 불과했다.*

---

* 수동적이며 무기력한 방관자형인 혼미군은 10.6%, 고민이 많은 대기만성형인 유예군은 2.5%였다. 연령대별로 보면 나이가 많을수록 폐쇄군이 많아졌다. 그리고 학력이 높을수록 성취군이 많고 폐쇄군이 적었다.

핀란드나 미국과 비교할 때 한국의 폐쇄군 비율은 3배 정도 높다. 폐쇄군 자아정체성을 가진 사람은 남의 정체성을 빌려 쓰면서 자기의 정체성에 대해 심각하게 고민하지 않는다. 폐쇄군은 목표의식이 뚜렷하고 안정을 추구하지만, 융통성이 없는 경우가 많다. 특히 이들은 목표 달성이 좌절될 경우 자신을 무가치한 것으로 여기는 특징이 있다. 위기에 취약하고 경험해보지 않은 새로운 환경에서는 주도적인 역할을 해나가기 쉽지 않다. 이러한 연구 결과에 비춰본다면, 한마디로 한국인은 새로운 환경과 위기에 취약한 특성을 지녔다고 할 수 있다.

그런데 콘텐츠 분야는 이런 한국인의 일반적인 특성을 거역하고 있다. 콘텐츠 분야는 자신의 내면에 충실하고 하고 싶은 일의 의미를 생각하며 자신의 가치관을 형성하는 사람들이 모이는 영토가 되고 있다. 무수한 콘텐츠로 채워진 가상의 공간은 실제의 세계에서 본다면 낯설다. 그 이유는 비인간들과도 자유로운 소통을 하기 때문이다. 비인간 뒤에 실제 인간이 있다면 있는 대로, 없어도 있는 것처럼 상상하는 능력의 인간이 탄생한 것이다.

그러나 가상의 공간을 채우고 있는 콘텐츠는 실제의 세계처럼 탁월함을 요구한다. 여기서 인정받는 사람들은 콘텐츠 환경에 맞는 '탁월함'을 발휘하는 사람들이다. 탁월함 자체는 실제와 가상 가릴 것 없이 공통적인 요건이다. 가상공간에서도 수많은 장애가 나타나고 이러한 장애를 극복하는 경험에 가치를 부여한다. 탁월함의 추구는 현실과 가상 구분할 것 없이 자기 삶의 서사에서 중요한 부분이다. 한 편의 영화를 보며 감동을 느끼고, 게임의 한 스테이지를 넘기며 협력의 기쁨을 느끼는 것은 적극적으로 자신의 시간과 감정을 투자한 후에나 가능하다. 가만히 있다면 경험으로부터 느끼는 감동을 누릴 수는 없다. 축구나 야구의 룰을 모르고 이기고 지는 것에만 관심이 있으면 온전히 그 게임을 즐길 수 없다. 게임의 규칙과 기술을 습득하면 게임의 순간들, 게임의 과정에서의 작은 즐거움을 느낄 수 있게 되고, 이는 몰입의 조건을 갖추게 하여 경험으로부터 오는 즐거움을 만끽하게 된다.

가상공간은, 만약 그것이 없었다면 가질 수 없었던 성취 지향의 속성을 가질 수 있게 만들었다. 가상공간에서 일어나는 규칙들은 결국 '가상의 물질적인 환경', 그러니까 가상이 갖고 있는 일정한 환경의 제약과 잘 맞는 것이다. 예를 들면, 가상의 공간에 잘 맞는 속성을 지닌 사람은 우선 모니터를 오래 볼 수 있어야 한다. 아침에 기상하자마자 모닝커피를 마시는 대신 모니터 앞에 먼저 앉고, 커피는 그다음에 마시는 사람이다. 눈뜨자마자 모니터부터 본다면 세인의 통념으로는 '중독자'다. 그러나 가상 세계가 부여하는 '물리적 제약'은 그런 환경이다. 오래 앉아 모니터를 볼 수 있는 능력. 그리고 그 모니터를 멍하니 바라보는 것이 아니라 몰입하며 집중할 수 있는 능력이다. 그런 능력을 기반으로 가상공간에서 많은 관계를 쌓을 수 있는 역량을 획득한다.

그래서 가상 세계와 친화성을 발휘하는 정신은 따로 있다. 그것은 바로 '자유로운 중독자' 정신이다. 중독자라는 통념의 낙인에도 불구하고, '자유로운 중독자'는 중독을 스스로의 자유를 증진하는 데 활용할 줄 안다. 중독자의 원래 의미는 자신을 통제하지 못하는 정신의 소유자다. 반면, '자유로운 중독자'는 얼핏 중독자처럼 보이지만 특정한 활동에서 몰입감과 통제감을 발휘하며 탁월함을 키워나가는 사람이다. 예컨대 스크린을 오래 보면 건강도 안 좋아지고, 눈도 안 좋아질 수 있지만—사실 이건 책을 읽거나 글을 쓸 때도 마찬가지다—'스크린을 오래 보기 위해' 몸 건강, 눈 건강을 따로 챙기는 사람이다. 그렇게 되면 중독은 해로움에서 이로움으로 전환한다. 해로운 중독은 시간을 투자할수록 잃는 것이 더 많아지지만, 이로운 중독은 시간을 투자할수록 얻는 것이 많아진다.

글로벌 소통에 민감한 정신

경제 구조가 뉴노멀의 장기 저성장에 접어들게 되면서, 노동자는 기업의 성장에서 삶의 의미를 찾기보다 자신의 내면에서 삶의 의미를 찾게 되었다. 이 과정에서 내면의 주의력을 끌어들이는 대상에 대한 새로운 요구가 생기게 되는데, 시선과 주의력이 향하는 공간이 오프라인에서 온라인으로, '내 손 위의 스크린'으로 점차 전환되면서 이 요구를 수렴했다.

콘텐츠 창작자 집단이 새롭게 펼쳐진 무주공산의 독립된 공간으로 몰려갔고, 거대 테크기업부터 작은 창작자 집단까지 생겨났다. 수백 년 되는 자본주의 산업의 역사에서 20년도 채 안 되는 시기에, 다수의 소비자와 극소수의 생산자에서 다수의 생산자와 다수의 소비자를 갖는 산업으로의 재편이 이루어졌다.

콘텐츠자본의 등장은 기존의 전통적 자본에 대항한다. 대표적으로는 학력자본이다. 이를 상징적으로 보여주는 사건이 TV 프로그램의 한 연예인의 말에서 확인된다. 예능프로 〈아는 형님〉에 고정 출연하고 있는 김희철은 2023년 방영된 한 퀴즈코너에서 사회자가 "다음 코너는 사자성어 맞추기입니다."라고 했을 때 당당히 손을 들고 "그건 불공정합니다."라고 항의한다. "저는 사자성어를 하나도 모릅니다. 배운 적이 없습니다."라고.

이런 모습은 기성세대에겐 몹시 낯설다. 〈장학퀴즈〉 세대는 사자성어 퀴즈가 불공정하다는 것을 이해할 수 없다. 그런데 김희철은 대중음악 관련 퀴즈에는 뛰어난 '성적'을 보였다. 〈장학퀴즈〉 세대에게는 없는 능력이다. 그런데 특정한 분야에 발휘되는 그의 특별한 능력에 대해 출연진과 제작진은 아무도 불공정하다고 말하지 않았다. 출연진 모두 음악에 대해서는 기본 상식이 있기 때문이다. 그가 사자성어 퀴즈에 대항했을 때 사회자 반응도, "그렇습니까? 그럼 이건 빼지요."라며 쉽게 받아들였다. 사자성어 퀴즈는 출연진에게는 상식이 아니었고, 상식에 반하는 것은 불공정하니 제작진도 간단히 수용한 것이다.

전통적인 학력자본에 반대한 김희철의 문제 제기는 쉽게 수용되었다. 이건 작은 사건이었다. 그러나 발언하는 사람이 있고 받아들이는 사람이 있다는 것은 그것이 사회적으로 합의 가능한 지점이라는 뜻이다. 새로운 상식이자 희소재로서 콘텐츠의 영역에 대한 합의다. 사자성어로 상징되는 학력자본은 여전히 공고하고 강력하지만, 한정된 자원을 배분하는 자본주의에서 새로운 영토가 생겼고 그만큼 경쟁은 다각화·다기화하고 있다.

다양성으로 인해 복잡해진 사회는 진화하고 있는 사회다. 학력자본과 콘텐츠자본의 경쟁을 비롯한 경쟁의 다각화는 한국인에게 특별한 의미를 갖는다. 왜냐하면 한국인은 지금까지 하나의 경쟁 원리, 즉 사람들이 받아들이는 통념만을 두고 경쟁해왔기 때문이다. 통념은 우리가 눈치채지 못하는 사이에 "'집단적 기대들'과 사회적으로 주입된 믿음들에 토대하기 때문에 복종들로 지각조차 되지 않는 복종들을 강요하는 폭력"이다.[8] 지금까지의 콘텐츠도 그러한 통념에 근거한 제1의 콘텐츠였다. 반면 '통념의 상징폭력으로부터의 자유'에 기여하는 제2의 콘텐츠가 소통의 가능성을 높이며 새로운 가치를 드러내고 있다.

그렇다면, 지금의 세대가 사자성어로 상징되는 학력자본의 문제를 공정함의 문제로 여기는 이유는 무엇일까? 예전 세대에겐 그것은 상식의 문제였지, 결코 공정함의 문제가 아니었다. 사자성어로만 평가받던 사람들에게 사자성어를 배제하고 음악퀴즈를 끌어들인다는 것은 상상하기 어렵다. 그러나 연예인 김희철의 네트워크는 이제 학교라는 제도에 종속되기보다는 그것과는 결별한, 완전한 자율과 독립의 영역이 되었다. 그런데 그 네트워크가 자율성을 갖게 된 이유는 무엇일까? 이제 국내의 연예인 네트워크가 특정 직업과 지역에 갇히지 않은, 스마트폰 세대의 콘텐츠가 갖는 글로벌 감각의 소산이기 때문이다.

이제 유튜브, 게임, SNS를 통해 글로벌한 네트워크를 형성하며 관련 지식을 습득하고 그것에 맞는 자신들의 감각을 형성할 수 있는 시대가 되었다. 관련 네트워크의 참여자 수가 많아진다는 것은 그만큼 시장의 크기가 넓어진다는 것이고, 그에 따라 공정함의 감각도 확장된다는 것이다. 이는 자본주의 시장의 특성이 궁극적으로 실현된 것으로 볼 수 있다. 자본주의 이전에도 시장이 있었지만, 이 시장은 시장 외적인 논리가 지배했다. 특정 지역을 벗어나지 않기 때문에 그 지역을 지배하던 영주가 막강한 권한을 행사할 수 있었다. 예컨대 영주는 자기 영지에 들어오려는 상인 등에게 통행세를 받을 수 있었다. 그러다가 시장이 커지고 화폐도 통일되면서 영주의 통행세는 정당성을 잃었다. 보편적인 단일 시장은 16세기 접어들어 구성되기 시작했다. 그리고 결정적으로 암스테르담에 설치된 상품 및 증권 거래소가 단일 시장 형성에 가장 큰 영향을 미쳤다.[9] 시장이 커질수록 협력도 늘어나고 공정함에 대한 감각도 점차 커진다.

행동경제학 실험에 최후통첩 게임Ultimatum game이 있다. 이 게임에서는 참여자 A와 B가 주어진 돈을 둘로 나누어 가지는데, A가 제안하면 B는 이 제안을 수락하거나 거절하는 것이다. B가 거절하면 둘 다 돈을 갖지 못한다. 이 규칙은 A는 자신의 이익을 최우선으로 고려하게 하고, B에게 거절은 0을 의미하기에 조금이라도 이익을 얻으려면 A의 어떤 제안도 수락하리라 전제되었다. 연구자들은 A는 99:1이거나 많아야 90:10을 제안할 것이라고 예상했다. 그러나 결과는 달랐다. A에 위치한 사람들은 자신의 이익뿐만 아니라 타인의 이익도 고려했기에 적정한 배분선을 제시했다. 대부분 5:5 내지는 6:4였다. 극단적인 비율을 제시한 참가자들은 거의 없었다. B에 위치한 사람들이 거절한 A의 배분 비율은 대략 8:2였다. B에게 그 비율은 기분 나쁜 정도를 넘어 협상을 깨는 행위였다. 자신에게 2만큼의 이익이 생기는데도 말이다.

인류학자 조지프 헨리치Joseph Henrich는 이 최후통첩 게임을 원주민 부족들의 거래에 적용해보았다. 그랬더니 경제활동의 범위가 넓을수록 상대방에 대한 고려가 높았다. 공정성의 감각이 높아진 것이다. 가축을 사고파는 거래가 일상화돼 있는 케냐 오르마 부족 사람들은 상대방에게 평균 44%, 즉 6:4 정도의 배분선을 제시함으로써 이들이 의사결정에서 공정함을 중요하게 고려하고 있음을 보여주었다. 반면, 가족 단위로 경제활동을 수행하고 친족 범위를 넘어선 협력은 거의 이루어지지 않는 페루 마치겡가 부족 사람들의 배분 행동은, 고도의 협력이 요구되는 작살 고래잡이가 주업인 인도네시아의 라말레라 사람들의 행동과 크게 달랐다. 시장 거래가 실생활에서 별로 의미가 없는 탄자니아 하드자 부족 사람들도 공정함을 그다지 고려하지 않는 것으로 나타났다.[10] 큰 시장에 노출된 집단일수록 공정함에 대한 감각이 높았다는 얘기다.

큰 시장이란 참여자의 수가 많은 시장이다. 많은 사람이 특정한 상품에 대해 평가하며, 그 평가의 빈도, 강도, 규모가 엄청나게 큰 곳이다. 토마셀로Tomasello는 《도덕의 기원》에서 아이들은 혼자 있을 때보다 또래 아이가 보고 있을 때 다른 아이를 더 많이 도와주고 그 아이의 물건은 덜 가져갔다고 했다.[11] 지켜보는 사람이 많다는 것은 더 많은 사람이 자기를 더 좋은 협력자로 간주할 기회라는 것이고, 그렇게 되면 협력에 호의적인 사람으로 평가될 수 있기 때문이다.

지금 시대는 시장의 크기와 평판의 크기를 가상공간, 콘텐츠 분야가 결정하고 있다. 콘텐츠 분야는 대중매체, 특히 자아-대중 소통 기술을 매개로 대중에게 전달된다. 콘텐츠의 번성은 그만큼 시장이, 평판이 커졌다는 것을 방증한다. 오늘 한국에서 생산된 유튜브 뮤직비디오는 바로 내일 남미의 한 작은 소도시에서 소비되고 평가된다. 소비 시장이 극단적인 규모로 커진 것이다. 가상공간을 무한히 확장하는 소통 기술에 의해, 콘텐츠는 흥미와 속도 면에서 유례없는 수준으로 유통되고 있다.*

그래서 소위 셀럽은 실시간의 관심을 받으며 정치인보다도 더한 공적 매너를 요구받게 되었다. 드넓게 모든 것을 커버하고 다방면으로 영향력을 미치는 콘텐츠의 시대로 인해 공정함에 대한 감각이 전례 없이 극단화된 것이다.

극단화된 감각은 즉흥적으로 적용되어 피해자를 낳기도 한다. 너무 빨리 사건이 퍼지고, 너무 많은 사람이 그에 대해 나름대로 평가하기 때문에, 실제의 잘잘못을 따질 겨를이 없다. 나중에 오해로 인한 것이었다고 해명해도 이미 나빠진 이미지를 복구하는 데에는 그보다 몇 배 많은 시간과 비용이 든다. 공정함의 감각이 과도해지면 이해와 토론 그리고 회복의 시간이 삭제되고 일방적이고 단순한 '기계식 적용'만이 남게 된다.

결국 무차별적인 기계적 확산에 대응하는 새로운 전략은 '실시간 대항 전략'이 될 가능성이 높다. 새로운 미디어가 콘텐츠를 빛의 속

---

* 2022년에 한국의 한 청소년 관련 공공기관에서 중·고등학생 메타버스 체험자 198명을 대상으로 친구 관계를 실험한 적이 있다. 여기서는 메타버스 체험이 친구 관계에 어떤 변화를 가져오는가를 독재자 게임(dictator game)으로 실험했다. 실험은 이렇게 진행되었다. 응답자에게 다음의 질문을 했다. "귀하의 온라인(또는 오프라인) 친구 중 한 명을 상상해 봅시다. 누군가 귀하에게 1만 원을 주면서 이 친구와 나누어 가지라고 했다고 가정해봅시다. 귀하께서는 본인의 몫과 친구의 몫으로 각각 얼마를 배정하시겠습니까?" 결과는 메타버스 체험을 한 청소년이 체험을 하지 않은 청소년에 비해 온라인 친구에 대한 금전적 자원 배분을 증가시키는 것으로 나타났다.[12]

도로 전파함으로써 공정함의 감각 또한 속도에 대한 감각으로 발전하는 것이다. 그렇게 공정함에 대한 감각과 속도에 대한 감각은 사람들의 일상적인 상호작용에 뿌리내리게 되고 일상의 윤리로 자리 잡는다. 빠른 반응, 빠른 리액션, 치고 빠지기 같은 속도에 대한 숭배가 콘텐츠 시대의 세대에게 새로운 윤리가 되는 것이다.

도시와 지역의 바이브 정신

시대별로, 각 산업의 발전을 대표하는 도시가 있었다. 미국의 발전을 특정 시기로 나눠 보면 동부의 루트128* 지역이 발전하는 시대가 있었고, 실리콘밸리가 발전하는 시대가 있었고, 그리고 지금처럼 시애틀과 오스틴이 발전하는 시대가 있다. 우리의 경우도 부산, 대구, 구미가 발전하는 시대가 있었고, 울산이 발전하는 시대가 있었다. 그리고 지금처럼 수도권과 판교가 발전하는 시대가 있다. 각각에 제조업, 인프라와 소프트웨어, 콘텐츠와 콘텐츠 관련 '소부장'(서버, 반도체 등 소재, 부품, 장비) 산업이 대응한다.

이제 지역과 도시의 발전은 콘텐츠와 관련 기술이 결정하고

---

* 매사추세츠주 보스턴 외곽 지역을 지나는 국도. 보스턴 지역에 있는 첨단 산업단지를 상징한다.

있다. 그리고 콘텐츠산업은 다른 산업보다 '자유로운 정신'을 추구하는 인재가 좋아하는 영역이다. 현대를 사는 청년들은 '자기 내면을 자유롭게 표현하려는 정신'을 추구한다. 그것이 소통과 워라밸 중시의 풍조로 나타났다. 그들이 워라밸을 추구하는 이유는 단순히 쉬기 위함이 아니다. 개인의 고유한 표현이 중시되는 세계에 적극적으로 접속하여 소통하기 위한 의지이고, 그것을 위한 시간의 확보가 그들 삶의 목표가 되었기 때문이다.

콘텐츠기업의 문화도 자유로운 정신을 가진 인력을 확보하기 위해 변해가고 있다. 미국 테크기업 엘리트들의 사고와 윤리를 연구한 캐럴린 첸Carolyn Chen은 미국의 초격차 기업이 '종교 기관'처럼 변해가고 있다고 말한다. 그들은 개신교 교회, 유대교 회당, 불교 사찰을 떠나고 있지만 종교를 포기한 것은 아니다. 첸은 오히려 고도로 숙련된 테크 인력이 이전에 종교적 이념에 바치던 많은 시간과 에너지를 지금은 직장에 바치고 있다고 봤다. 일과 일터가 한때 종교가 제공했던 소속감, 정체성, 목적, 초월에 대한 요구를 충족시키는 장소가 된 것이다. 첸은 하이테크 기업이 직원의 생산성을 높이기 위해 불교에서 영감을 받은 마음 챙김 수행과 같은 영적 보살핌까지 제공하고 있다고 주장한다.[13]

하이테크 기업의 생산성이란 곧 근무하는 이들의 높은 '정서적 에너지'에 근거하며, 이들의 정서적 에너지는 회사의 산출물에 직접 영향을 미친다. 콜린스도 《사회적 삶의 에너지》에서 정서적 에너지가 높은 사람을 "자기의 고유한 리듬을 만들고 주도적으로 참여하며, 소속감과 자긍심을 갖는 사람"이라고 정의했다. 이전 시대에는 이러한 에너지를 종교로부터 얻었다면, 지금 시대의 사람들은 오히려 직장과 일로부터 얻고 싶어한다. 직장 바깥의 취향 집단에 소속되려는 욕망이 현실적으로는 더 강하지만, 그러한 개인의 욕망은 사회적 열망으로 확장되어 직장으로 스며들었다. 직장에서 소속감과 자긍심을 느끼며 일하고 싶어하는 것이다. 때로는 직장에 '영혼까지 투자하고' 싶어하며, 그런 곳에 기꺼이 소속감을 느끼려한다.

그런 면에서 워라밸의 부상과 그것과 함께 등장한 콘텐츠산업의 부상은 직장 바깥에서 자신의 고유한 내면과 리듬을 찾는 것뿐 아니라 그 방향이 직장 내로도 향하고 있다는 것을 방증한다. 정서적 에너지의 추구는 이제 여가활동을 넘어 직장으로까지 영향을 미치고 있는 것이다.

그래서 도시와 지역도 자유로운 정신을 보호하고 고양하는 분위기를 만들어야 한다. 그런 지역에서 직장과 여가생활을 보낼 수 있는 것이 이 시대의 인재가 요구하는 인프라다. 한국처럼 제조업 전통의 가부장적 기업 문화가 전체 산업의 분위기를 장악하고 있는 곳에서는 특정 지역의 자유로운 정신 고양이 더욱 적극적으로 요구된다. 그래야 개인에게 정서적 에너지를 부여할 수 있다. 이러한 여건의 조성은 콘텐츠에 대한, 콘텐츠에 의한 '빅푸시big push'에 의해 가능하다.

자유로운 정신으로 정서적 에너지를 고양하는 산업으로는 콘텐츠가 가장 강력하며, 특히 제2의 콘텐츠라면 그 가능성은 훨씬 높아진다. '자유로운 정신'의 콘텐츠가 곳곳에서 일어나고 그 결과로 특정 지역이 하나의 거점으로 떠오르면 도시의 분위기를 바꿀 수 있기 때문이다. 큰 도시는 당연하고 작은 도시에서도 활력의 바이브를 만들어낼 수 있다. 콘텐츠산업은 그것이 가진 고유한 창발적 속성으로 도시의 경계를 흐리며 크게 확산하기 때문이다.

현대를 상징하는 모든 기술로 인해 지역과 지역 간의 물리적 거리는 압축되었다. 매력적인 곳이라면 누구도 알 수 있고 어디든 갈 수 있는 시대가 되었다. 큰 도시와 작은 도시라는 경계선 자체의 의미가 점점 사라지고 있다. 예컨대 미국 미주리주의 브랜슨Branson은 인구 1만 명 정도의 소도시인데, 뉴욕 브로드웨이보다 많은 5만 7,000개의 공연장 좌석을 갖고 있다. 서커스부터 뮤지컬까지 다양한 공연이 소규모 공연장과 대형 공연장 가릴 것 없이 매일 펼쳐진다. 이곳의 공연장은 브랜슨 주민들끼리의 오순도순 모이는 공간이 아닌, 미국 전역에서 공연 팀과 관객이 모여드는 네트워킹 허브다. 영국 스코틀랜드에 자리 잡은 던디Dundee도 인구 15만 명의 작은 도시이지만 게임회사가 200개나 있다. 걸출한 스타 게임 개발자의 열정과 지역 대학의 과감한 인력 투자가 영국 전역의 게임 창작자들을 모아낸 결과다. 미국의 오스틴도 여전히 미국에서 주민 수 대비 가장 많은 소규모 공연장을 갖고 있으며 그 공연장에서 흐르는 록과 재즈가 지역의 바이브를 만들어 무더운 지역임에도 '핫한' 도시다.

이처럼 변방의 지역이 주도적으로 그리고 선도적으로 다양한 문화와 가치의 공존을 추동하고 지역 간의 경계와 문턱을 낮추는 '파괴적 혁신'의 실험을 실천하고 있다. 이제 어쩌면 모든 도시가 콘텐츠 덕분에 자신의 현재 조건을 극복하고 특별해질 수 있는 인프라를 갖춘 것이다. 그렇게 '지역들의 발레'가 시작되면 그 사회 자체의 역동성이 커질 것이다.

콘텐츠, 사회 활력소

라디오 수신기 내부의 도면 묘사는 이런 것들에 대해 아무런 지식도 없는 사람에게는 뜻 없는 선들의 뒤범벅일 것이다. 그러나 그가 그 장치와 그것의 기능을 알게 되었다면, 저 도면은 그에게 뜻이 있는 그림이될 것이다.[14]

언어철학자 비트겐슈타인의 말이다. 두 사람에게 같은 도면이 다르게 보이는 이유는 도면의 본질이란 없고 관계만이 있기 때문이다. 같은 도면이 한 사람에겐 뜻이 있는 그림이고, 다른 사람에겐 뒤범벅으로 보이는 것은 각각의 사람이 도면과 도면의 선을 서로 다른 맥락과 상황에서 쓰기 때문이다. 이는 각각의 사람이 속한 집단의 생각, 이미지가 그 도면에 녹아 있다는 것을 뜻한다.

콘텐츠의 세계도 비트겐슈타인의 생각을 빌려 말할 수 있다. 우리 사회의 '위세 높은 직업'을 가진 사람들이 가상 세계에 빠진 청년들의 삶에 우려의 목소리를 쏟아내고 있다. 그들에겐 그것이 뒤범벅으로 보일 뿐이다. 일견 걱정스러운 것도 사실이다. 지하철에서도, 걸어가면서도 스마트폰만 쳐다보고 있고, 하루 종일 자기 방에서 잘 나오질 않으니 말이다.

그러나 이것도 도면을 보는 각각의 눈과 같다. 청년들에게 거실에 놓인 텔레비전에서 나오는 통속적 프로그램과 부모가 하는 강요하는 말들은 낡고 퀴퀴하다. 야외에서 활발히 몸을 쓰고 싶다 해도 인기 있는 야구나 축구, 농구 같은 스포츠는 접근성에서나 비용 면에서 언감생심이다. 그래서 그들은 현명하게 '나니아 연대기의 장롱' 전략을 택했다. 장롱 문을 열면 엄청난 세상이 펼쳐지듯, 자기 손 위의 스크린을 열었다.

그곳은 완전히 새로운 영토다. 그들은 그곳에서 이루어지는 수많은 상호작용에서 삶에 필요한 정서적 에너지를 공급받고 있다. 그래서 청년들에게 콘텐츠는 산업이기도 하지만, 일상이고 관계다. 베이비부머들이 모여 모 씨의 '작위와 건물' 이야기를 나눌 때, 청년들은 자신이 본 영상과 소셜미디어, 게임의 신박함과 어이없음에 대한 이야기를 나눈다. 물론 그들도 때로는 쇼츠를, SNS를, 게임을, 유튜브를, 챗봇을 손에서 놓지 못하는 자신의 의지박약을 탓하기도 하지만, 그런 콘텐츠는 이미 일상생활에서 관계를 만들어가는 데 큰 의미를 구성하고 있다. 그리고 이들은 이런 콘텐츠를 실생활에, 업무에 적극적으로 활용하고, 또 생산하는 데 주저함이 없다.

청년들이 가상 세계에만 빠져 있다고 비난받고 있을 때, 그들 스스로 심하게 빠지지 않으려고 노력하며 실생활에서의 활용도를 높이려 할 때, 어느덧 가상 세계는 비인간과 인간의 네트워크로 촘촘하고 즉각적인 영향력을 만들어내며 현실 세계 위에 군림해버렸다. 그러한 세계의 도래를 미리 알고 '모든 기이한 것'을 수용하고, 이들을 앞세운 미국의 기업과 도시들은 계속 성장하고 있다.

그러나 여전히 우리 사회는 순수와 본질, 전통과 정통의 추구를 최상의 가치로 내세우며 모든 괴상하고 이상한 것이 발도 붙이지 못하게 하자고, 그래서 오직 홀로 책상에 앉아 머리 박고 달달 외우는 공부만이 살길이라는 관념이 여전히 강력하다. 이러한 윤리는 '가장 안전하게' 출세하는 패스트트랙 전략이다. 당연히 여기에 수많은 재정과 노력과 시간이 투자된다. 사교육비는 사실 그 자체가 너무 커서 가계와 국가 경제에도 큰 부담이지만, 오히려 더 큰 문제는 그렇게 엄청나게 투자한 많은 돈이 사회에 유용한 인재 양성에 별반 도움이 되지 않는다는 데 있다. 이제 한국의 교육열은 열병이자 열등한 제도가 되고 말았다.

바우만은 "예상 밖의 존재에 대한 관용과 공감이 축소"될수록 도시 생활의 활기와 다양성, 열정을 마주하고 이해하고 즐기고 음미할 가능성은 축소된다고 갈파했다.[15] 완벽한 안전만을 추구하는 것은 아이들이 완벽하게 안전한 상태에서 수영을 배우게 하겠다며 수영장의 물을 전부 빼내는 것과 다를 바가 없다.

청년들의 세상은 기성세대가 보는 것과 다를 수 있다. 그들은 말주변도 없고, 자기에게로 침잠하는 듯 보이지만, 한편으로는 전 세계에서 한국의 청년 세대만큼 풍부하고 빠른 소통의 네트워크를 가진 집단도 찾아보기 어렵다. 한국의 청년 세대는 아마도 전 세계에서 가장 활발하게 비인간과 교류하며 인간과의 소통 방식을 새로운 경계로 진입시키는 집단일 수 있다. 그것이 소위 K컬처를 세계적으로 꽃피운 근본 이유일지도 모른다.

그래서 그들이 갖고 있는 내면의 힘을 펼칠 수 있도록, 콘텐츠를 매개로 활발히 펼쳐놓는 그들의 자유로움과 소통의 능력을 가상에서뿐만 아니라 현실의 모든 영역에서도 마음껏 펼칠 수 있도록, 그리고 비인간과의 연결 기회를 얻지 못해 배제된 이들이 언제든 지식과 경험을 습득하여 새로운 것들을 시도할 수 있도록, 관용과 환대의 정신으로 모든 분야의 아방가르드를 포용하고 촉진하는 일은 이제 무엇보다도 시급하고 중요한 일이다.

출처

들어가며: 콘텐츠가 둘러싼 사회

1 장 프랑수아 리오타르, 유정완 옮김,《포스트모던의 조건》, 민음사, 2018, 36쪽.

2 위의 책, 36쪽.

3 이미령,《고맙습니다 관세음보살》, 불교시대사, 2008, 7쪽.

1장. 일루지오: 50억 명의 경험기계

1 김홍중,《사회학적 파상력》, 문학동네, 2016, 216쪽.

2 데이비드 흄, 강준호 옮김,《도덕 원리에 대한 탐구》, 아카넷, 2022, 216쪽.

3 Chomsky N., "On the nature, use, and acquisition of language," In *Handbook of child language acquisition*, Brill Academic Pub, 1998, pp. 33-54.

4 피에르 부르디외·로익 바캉, 이상길 옮김,《성찰적 사회학으로의 초대》, 그린비, 2015, 246쪽.

5 머니투데이, 〈카이스트 출신 방송국 PD는 왜 유튜버가 됐을까?〉, 2020년 11월 1일 자.

6 매일경제, 〈AI에 관심있다면 2024년 이것에 주목〉, 2023년 12월 8일 자.

7 움베르토 에코, 이세욱 옮김,《세상의 바보들에게 웃으면서 화내는 방법》, 열린책들, 2021.

2장. 구별짓기: 손가락 스펙터클

1 주디스 리치 해리스, 곽미경 옮김,《개성의 탄생》, 동녘사이언스, 2007, 335쪽.

2 EBS, 〈EBS 초대석: 나는 까칠하게 살기로 했다, 양창순 정신건강의학과 전문의〉, 2023년 1월 13일 방영.

3 버나드 맨더빌, 최윤재 옮김,《꿀벌의 우화—개인의 악덕, 사회의 이익》, 문예출판사, 2010.

4 Festinger, L., "A theory of social comparison processes", *Human relations*, 1954, 7(2), 117-40.

5 발터 벤야민, 최성만 옮김,《기술복제시대의 예술작품(발터 벤야민 선집2)》, 길, 2007.

6 미셸 푸코, 심세광 옮김,《주체의 해석학》, 동문선, 2007, 332쪽.

7 한국일보, 〈'딥테크 넘어 딥소트 물결 온다' 에피카 과학자문 맡은 이관민 싱가포르 난양공대 교수〉, 2024년 2월 14일 자.

8 테일러 스위프트, 헬레나 헌트 엮음, 김선형 옮김,《테일러 스위프트-나의 이야기로 우리를 노래하다》, 마음산책, 2024.

9 조르주 페렉, 김명숙 옮김,《사물들》, 웅진지식하우스, 2024, 28쪽.

10 송도영,《인류학자 송도영의 서울읽기》, 소화, 2004.

11 손지성,《한국 빈곤층 남성들의 연애와 결혼 포기에 대한 연구: 빈곤 경험과 생계부양 책임감을 중심으로》, 고려대 사회학과 석사논문, 2017.

12 씨네21, 〈파묘, 장재현 감독, 현실의 범주를 벗어나고 싶지 않았다〉, 2024년 3월 1일 자.

13 질 리포베츠키·엘리에트 루, 유재명 옮김,《사치의 문화》, 문예출판사, 2018, 50쪽.

14 애덤 스미스·러셀 로버츠, 이현주 옮김,《내 안에서 나를 만드는 것들》, 세계사, 2015, 136쪽.

15 위의 책, 137쪽.

16 앨버트 허시먼, 노정태 옮김,《정념과 이해관계》, 후마니타스, 2020, 171쪽.

17 위의 책, 173쪽.

18 페르낭 브로델, 주경철 옮김,《물질문명과 자본주의2》, 까치, 1996, 697쪽.

19 위의 책, 701쪽.

20 위의 책, 700쪽.

21 가브리엘 타르드, 이상률 옮김, 《모방의 법칙》, 문예출판사, 2012, 287쪽.

3장. 분류하기: 알고리즘이 만든 군집

1 동아일보, 〈AI 시스템, 드라이브스루 맞선… 눈물겨운 日의 저출산 대책〉, 2021년 1월 28일 자.

2 https://en.wikipedia.org/wiki/Split_Up_(expert_system).

3 Bainbridge, L., "Ironies of automation," *Automatica*, 1983, 19: 775-779.

4 MIT Management, "When AI Gets It Wrong: Addressing AI Hallucinations and Bias", *MIT Sloan Teaching & Learning Technologies*, 2024. (https://mitsloanedtech.mit.edu/ai/basics/addressing-ai-hallucinations-and-bias)

5 중앙일보, 〈이혼당하고 목숨 끊고, 내각은 총사퇴… 네덜란드서 AI가 벌인 짓〉, 2023년 12월 30일 자.

4장. 길들이기: 감언 생산자로서의 비인간

1 https://sssseul.tistory.com/288.

2 이다원·유승호, 〈게임플레이에서 협력의 진화〉, 《한국게임학회 논문지》 2020, 20(2): 101-112.

3 조선일보, 〈이세돌 이긴 AI, 아직 임요한의 벽 넘지 못한 까닭은〉, 2024년 1월 5일 자.

4 Reeves, B., and C. Nass, *The media equation: How people treat computers, television, and new media like real people and places*, Cambridge University Press, 1996, chap. 8.

5 동아사이언스, 〈자신이 토대 닦은 AI 위험성 경고한 '딥러닝 대부' 힌턴〉, 2024년 10월 8일 자.

5장. 접합하기: 콘텐츠는 외로움을 먹고 산다

1 박소현·천혜정, 〈50대 중년 여성들의 모바일 캐주얼 게임 경험: 애니팡을 중심

으로〉, 《여가학연구》, 2013, 11(2): 1-129.

2 Barreto, M., Victor, C., Hammond, C., Eccles, A., Richins, M. T., Qualter., P., "Loneliness around the world: Age, gender, and cultural differences in loneliness", *Personality and Individual Differences*, 2021, 169: 110066.

3 정한울, 〈한국인의 외로움 인식 보고서: 한국에도 외로움 장관(Minister for Loneliness)이 필요할까?〉, 《여론 속의 여론》, 2018, 5월 23일 자.

4 마크로밀엠브레인, 《2022 외로움 관련 인식 조사》, (주)마크로밀엠브레인, 2022, 1~25쪽.

5 한국EAP협회·비폭력대화연구소, 〈직장 내 무례함 경험 실태〉, 2022.

6 센딜 멀레이너선·엘다 샤퍼, 이경식 옮김, 《결핍의 경제학》, 알에이치코리아, 2014, 101쪽.

7 Cacioppo, J. T., Fowler, J. H., Christakis, N. A., "Alone in the Crowd: The Structure and Spread of Loneliness in a Large Social Network", *Journal of Personality and Social Psychology*, 2009, 97(6): 977-991.

8 Morrish, N., Mujica-Mota, R., Medina-Lara, A., "Understanding the effect of loneliness on unemployment: propensity score matching", *BMC Public Health*, 2022, 22(1): 740.

9 Buecker, S., Ebert, T., Götz, F. M., Entringer, T. M., Luhmann, M., "In a lonely place: Investigating regional differences in loneliness", *Social Psychological and Personality Science*, 2021, 12(2): 147-155.

10 Kim, M. H., An, J. H., Lee, H. R., Jeong, S. H., Hwang, S. J., Hong, J. P. "Social isolation, loneliness and their relationships with mental health status in South Korea", *Psychiatry Investigation*, 2021, 18(7): 652-660; 김혜정·박혜림, 《부산 시민의 외로움 실태 및 예방을 위한 지원 방안》, 부산여성가족개발원, 2020.

11 박은아, 〈경제적 어려움이 청소년의 외로움 및 사회적 고립에 미치는 영향: 디지털 소통·협력의 조절효과〉, 《생애학회지》, 2024, 14(1): 63-78.

12 오마이뉴스, 〈"오늘도 하이랄로 젤다 휴가" 떠나는 사람들〉, 2023년 6월 25일 자.

13 알랭 드 보통, 박중서 옮김, 《프루스트가 우리의 삶을 바꾸는 방법들》, 청미래,

2023.

14 https://dudug.kr/89.

15 정의준,〈게임 과몰입, 진짜 이유는 무엇인가?〉, 2019 게임문화포럼, 국립중앙박물관 교육관, 2019, 4, 6.

16 제러미 베일렌슨, 백우진 옮김,《두렵지만 매력적인》, 동아시아, 2019.

17 서영석·안수정·김현진·고세인,〈한국인의 외로움(loneliness): 개념적 정의와 측정에 관한 고찰〉,《한국심리학회지》, 2020, 39(2): 205-247.

6장. 시빌리테: 예의 바른 콘텐츠

1 설혜심,〈품격이 필요해: 엘리아스의《문명화 과정》과 18세기 영국의 매너〉,《영국연구》, 2022, 48: 41-76.

2 피에르 부르디외, 최종철 옮김,《구별짓기(하)》, 새물결, 2006, 862쪽.

3 위의 책, 863쪽.

4 김혜영·이혜미·유승호,〈청소년 게임 이용자의 인정욕구에 관한 연구: 아들러의 개인심리학을 중심으로〉,《한국게임학회 논문지》, 2017, 17(3): 93-106.

5 〈로스크아크 공략. 클래스 및 캐릭터. 로스트아크 클래스별 시너지 한짤 요약 간단 정리 (feat. 파티 짜는 법)(작성자: Valena)〉, 2023년 10월 23일. (https://m-lostark.game.onstove.com/Library/Tip/Views/145672?page=1&libraryStatusType=0&librarySearchCategory=0&searchtype=0&searchtext=&ordertype=latest&LibraryQaAnswerType=None&UserPageType=0)

6 인벤, 2021년 11월 19일 자.

7 변혜린·유승호,〈칭호를 통해 본 온라인 게임의 문화자본: 로스트아크(Lost Ark)를 중심으로〉,《인문콘텐츠》, 2024, 72: 127-158.

8 요하이 벤클러, 최은창 옮김,《네트워크의 부》, 커뮤니케이션북스, 2015.

9 김민옥·조관연,〈선물경제 축제, 쿨라링과 버닝맨의 형식과 내용 비교연구〉,《인문콘텐츠》, 2024, 73: 29-49.

10 홍태영,〈몽테스키외의《법의 정신》에 대한 정치적 독해〉,《한국정치학회보》, 2007, 41(2): 141-160.

11 존 스튜어트 밀, 박문재 옮김,《자유론》, 현대지성, 2018, 182쪽.

12 이호규, 〈존 스튜어트 밀의 자유 개념에 관한 논의: 개별성 개념을 중심으로〉, 《커뮤니케이션 이론》, 2022, 18(2): 52-84.

13 동아일보, 〈"한국 스포츠 발전 최대 걸림돌은 체육계 내부의 정치화"〉, 2024년 8월 26일 자.

14 정정현·유승호, 〈온라인 FPS게임에서의 협력 메커니즘에 대한 연구〉, 《사이버커뮤니케이션학보》, 2017, 34(1): 49-106.

15 로버트 액설로드, 이경식 옮김, 《협력의 진화》, 시스테마, 2024.

16 https://brunch.co.kr/@chacha0401.

17 미션잇 편집부, 《MSV 소셜임팩트 시리즈 05호: 시니어 세대의 디지털 접근성과 포용적인 디자인》, 미션잇, 2023, 146~155쪽.

18 디멘시아뉴스, 〈②전 세계 치매 마을의 롤 모델, 네덜란드의 호그벡〉, 2024년 1월 15일 자.

19 전혜림, 〈가면과 '공적 인간'의 탄생: 《라모의 조카》에 나타난 아렌트의 정치행위론〉, 《건지인문학》, 2018, 23: 291-325.

20 Feldman, G., Lian, H., Kosinski, M., Stillwell, D., "Frankly, We do give a damn: The relationship between profanity and honesty", *Social psychological and personality science*, 2017, 8(7): 816-826.

21 조은하, 〈디지털 시대와 아이돌의 기호적 소비: 가상 아이돌 '하츠네 미쿠'를 중심으로〉, 《글로벌문화콘텐츠》, 2017, 29: 203-218.

22 Lu, Z., Shen, C., Li, J., Shen, H., Wigdor, D., "More kawaii than a real-person live streamer: understanding how the otaku community engages with and perceives virtual YouTubers", In Proceedings of the 2021 CHI Conference on Human Factors in Computing Systems. 2021. 5. 6. (pp. 1-14).

23 Aronson, E., Linder, D., "Gain and loss of esteem as determinants of interpersonal attractiveness", *Journal of Experimental Social Psychology*, 1965, 1(2): 156–171.

24 Reeves, B., and C. Nass, 앞의 책, chap. 8.

25 정나은·이승제·이병민, 〈게임 공간의 장소적 특성 연구〉, 《한국게임학회 논문

지》, 2019, 19(2): 67-82.

26 노르베르트 엘리아스, 박미애 옮김, 《문명화과정1》, 한길사, 1996, 154쪽.

7장. 위치감각: 길을 여는 감수성

1 마이클 루이스, 이창신 옮김, 《생각에 관한 생각 프로젝트》, 김영사, 2018, 205쪽.

2 이혜미·유승호, 〈문화콘텐츠의 인정 효과: 성소수자에 대한 인식변화를 중심으로(1920-2017)〉, 《한국콘텐츠학회 논문지》, 2018, 18(7): 84-94.

3 라이프인, 〈"서로가 서로의 안전망이 되는 마을을 꿈꿔요" — 김선아 협동조합 청풍 이사 인터뷰②〉, 2022년 4월 13일 자.

4 시사IN, 〈청년인구 집중의 핵심 키워드, 20대 여성의 상경〉, 2023년 11월 15일 자.

5 유자영·이경은·안혜경, 〈경남 20대 인구 유출에 대한 세부 원인 분석과 대책〉, 한국지방행정연구원 정책이슈리포트, 2023.

6 오마이스타, 〈tvN 나온 나영석, 솔직히 이렇게 잘될 줄 몰랐다〉, 2023년 12월 31일 자.

7 잡플래닛, 2023.

8 한경비즈니스, 〈판교 직장인 4인의 솔직 토크… "자유로운 문화지만 확실한 성과 평가"〉, 2021년 10월 26일 자.

9 아시아경제, 〈100대기업 양성평등 1위 LG생활건강… 꼴찌는 한온시스템〉, 2024년 4월 30일 자.

10 한국연구재단, 〈청년 눈높이에 맞는 좋은 일자리 창출방안〉, 한국연구재단 이슈리포트, 2018.

11 뉴시스, 〈20대 취준생 선호 1위 업종은 IT·통신… 문과도 가장 선호〉, 2022년 6월 9일 자.

12 한국경제, 〈'젊은 친구들이 돈 독 올랐다?'… MZ세대, 퇴사하는 진짜 이유〉, 2021년 12월 11일 자.

13 https://www.eroun.net.

14 수닐 찬드라 구글 채용 담당 부사장이 2016년 샌프란시스코 구글 개발자 회의에서 한 말.

15 The Rippling Team, "The HR guide to employee recognition programs", 2024.

16 Bhattachary, K., Ghosh, A., Monsivais, D., Dunbar, R. I. M., Kaski, K., "Sex differences in social focus across the life cycle in humans", *Royal Society*, 2016, 3(4): 160097.

17 *Austin Music People*, February 2013.

18 강원도민일보, 〈[폐광 그 후-다시 찾은 미래] 19. 에센 졸페라인의 성공 요인〉, 2024년 8월 29일 자.

19 막스 베버, 김덕영 옮김,《프로테스탄티즘 윤리와 자본주의 정신》, 길, 2010, 79쪽.

20 위의 책, 84쪽.

21 Akrich, M., "The De-Scription of Technical Objects", In Bijker, W. E., and J. Law, Eds., *Shaping Technology/Building Society: Studies in Sociotechnical Change*, MIT Press, 1994, pp. 205-224.

22 윤영빈, 〈디지털 게임 온라인 커뮤니티 내 이타적 행동의 발생 동기에 관한 연구〉, 강원대 영상문화학과 Working Paper, 2024, 9쪽.

23 김민규, 〈게임문화정책의 효과에 대한 성찰과 제언〉,《한국게임학회 논문지》, 2018, 18(6): 98-110.

24 제러미 베일렌슨, 백우진 옮김,《두렵지만 매력적인》, 동아시아, 2019.

25 https://www.amc.seoul.kr/asan/depts/psy/K/bbsDetail.do?menuId=862&contentId=206024.

26 Zhuang, Z., Zhao, Y., Song, Z., Wang, W., Huang, N., Dong, X., Xiao, W., Li, Y., Jia, J., Liu, Z., Qi, L., Huang, T., "Leisure-Time Television Viewing and Computer Use, Family History, and Incidence of Dementia", *Neuroepidemiology*. 2023, 57(5): 304-315.

27 Raichlen, D. A., Klimentidis, Y., Sayrea, M. K., Bharadwaje, P. L., Lai, M. H., Wilcox, R. R., Alexander, G. E., "Leisure-time sedentary behaviors are differentially associated with all-cause dementia regardless of engagement in physical activity", *Proceedings of the National Academy of Sciences*,

2022, 119(35): e2206931119.

28 Kearney, M. S. and P. B. Levine, "Early Childhood Education by Television: Lessons from Sesame Street", *American Economic Journal*, 2019, 11(1): 318-350.

8장. 이동하기: 문화 엘리트의 공간들

1 2024년 통계청 마이크로데이터 참고.

2 중소벤처기업연구원,《대-중소기업 간 노동시장 격차 변화 분석(1999~2019)》, 2021.

3 마크로밀엠브레인,《'전통적인 가족체계'와 '가부장적 사고'에 균열이 생긴 한국 사회》, 트렌드모니터, 2016.

4 고영선,〈더 많은 대기업 일자리가 필요하다〉,《KDI Focus》, 2024.

5 조덕상,〈기업집단을 중심으로 한 우리 경제의 자원배분 효율성 하락〉, KDI 정책포럼, 2018.

6 국회미래연구원,《대도시 청년들의 삶의 만족도: 7대 광역시를 중심으로》, 2023 참고.

7 이영욱,〈우리나라 중산층의 현주소와 정책과제〉,《KDI Focus》, 2023.

8 황수경·이창근,《한국의 중산층은 누구인가》, 한국개발연구원 연구보고서, 2024.

9 매일경제,〈1만가구 대단지의 힘? 헬리오시티, 버스 노선 추가로 '대치학세권' 된 사연〉, 2021년 2월 23일 자.

10 De Vries, R., Reeves, A., "What does it mean to be a cultural omnivore? Conflicting visions of omnivorousness in empirical research", *Sociological Research Online*, 2022, 27(2): 292-312.

11 유승호·박인영·장안식,〈한국인의 여가활동과 문화자본: 잠재집단을 중심으로〉,《문화경제연구》, 2022, 25(1): 105-131.

12 피에르 부르디외, 최종철 옮김,《구별짓기(하)》, 새물결, 2006, 862쪽.

13 지그문트 바우만, 윤태준 옮김,《유행의 시대》, 오월의봄, 2013.

14 Rossman, G., Peterson, R. A., "The instability of omnivorous cultural taste over time", *Poetics*, 2015, 52: 139-153; 위의 책, 12쪽.

15 바우만, 앞의 책, 27쪽.

16 콜린 캠벨, 박형신 옮김, 《낭만주의 윤리와 근대 소비주의 정신》, 나남, 2010, 89쪽.

17 Johnston, J., Baumann, S., Oleschuk, M., *Omnivorousness, distinction, or both?*, Oxford University Press, 2019.

18 로버트 스테빈스, 최석호·이미경·이용재 옮김, 《진지한 여가》, 여가경영, 2012.

19 소스타인 베블렌, 이종인 옮김, 《유한계급론》, 현대지성, 2018, 135쪽.

9장. 무사무욕: 통념을 비트는 '케트맨'

1 토마 피케티, 장경덕 옮김, 《21세기 자본론》, 글항아리, 2014.

2 이상길, 《아틀라스의 발》, 문학과지성사, 2018, 142쪽.

3 애덤 스미스, 김수행 옮김, 《국부론》, 비봉출판사, 2007, 20쪽.

4 이경원, 《한국 영상산업의 공간적 변화와 사회적 관계: 1994-2024》, 서울시립대 도시사회학과 박사학위논문, 2025.

5 조선비즈, 〈대니얼 카너먼 대담〉, 2012년 3월 31일 자.

6 귀스타브 르 봉, 강주헌 옮김, 《군중심리》, 현대지성, 2021, 137쪽.

7 조지 애커로프·로버트 쉴러, 김태훈 옮김, 《야성적 충동》, 알에이치코리아, 2009, 37쪽.

8 Arthur, W. B., *Increasing returns and path dependence in the economy*, University of Michigan Press, 1994.

9 Garud, R., Karnøe, P., *Path dependence and creation: Path creation as a process of mindful deviation*, Psychology Press, 2001.

10 한국경제, 〈(신세대 창업만세) 김정주 넥슨 사장〉, 1997년 11월 3일 자.

11 데일리게임, 〈컴퓨터가 모닝커피〉, 2022년 3월 3일 자.

12 무라카미 하루키, 양윤옥 옮김, 《직업으로서의 소설가》, 현대문학, 2016, 24쪽.

10장. 아방가르드: '자유로운 정신'의 사회

1 JTV ON, 〈토크콘서트 화통: 자기장단에 춤을 춰라, 영화감독 장항준〉, 2015년

2월 16일 방영.

2 앨버트 라슬로 바라바시, 홍지수 옮김,《포뮬러》, 한국경제신문, 2019, 118쪽.

3 위의 책, 120쪽.

4 한국콘텐츠진흥원,《콘텐츠 산업의 창의인력육성과 일자리창출 방안에 관한 연구》, 2011.

5 허프포스트코리아,〈한때 순정만화 좋아했던 김은희 작가가…〉, 2021년 9월 5일 자.

6 김홍중,〈꿈에 대한 사회학적 성찰: 부르디외와 벤야민을 중심으로〉,《경제와 사회》, 2015, 108: 32-72.

7 의약뉴스,〈한국인 4명 중 3명, '자아정체감' 취약〉, 2009년 10월 8일 자.

8 하홍규,〈취향, 계급, 구별짓기, 그리고 혐오: 혐오 사회학을 위하여〉,《사회와 이론》, 2022, 41: 199-230.

9 자크 르고프, 안수연 옮김,《중세와 화폐》, 에코리브르, 2011.

10 한겨레,〈두 얼굴의 시장, 당신은 어느 쪽을 믿고 싶나요?〉, 2019년 10월 19일 자.

11 마이클 토마셀로, 유강은 옮김,《도덕의 기원》, 이데아, 2018, 119쪽.

12 최용환·좌동훈,《메타버스의 활용경험이 청소년의 행동변화에 미치는 영향》, 한국청소년정책연구원, 2023.

13 Chen, C., "Work Pray Code: When Work Becomes Religion in Silicon Valley", *Work Pray Code*, Princeton University Press, 2022.

14 루트비히 비트겐슈타인, 이영철 옮김,《쪽지》, 책세상, 2022, 71쪽.

15 지그문트 바우만, 조은평·강지은 옮김,《고독을 잃어버린 시간》, 동녘, 2012, 252쪽.